手此一册，淳安主要文献或可了然于胸矣。

『人文淳安』
系列丛书

RENWEN CHUNAN
XILIE CONGSHU

淳安著述录

刘志华 编著

中国出版集团 现代出版社

图书在版编目（ＣＩＰ）数据

淳安著述录／刘志华编著. －－北京：现代出版社，
2024.1

ISBN 978－7－5231－0760－7

Ⅰ.①淳… Ⅱ.①刘… Ⅲ.①古籍－汇编－淳安县
Ⅳ.①Z422

中国国家版本馆 CIP 数据核字（2024）第 007219 号

编　　著	刘志华	
责任编辑	杨学庆	

出 版 人	乔先彪	
出版发行	现代出版社	
地　　址	北京市安定门外安华里 504 号	
邮政编码	100011	
电　　话	（010）64267325	
传　　真	（010）64245264	
网　　址	www.1980xd.com	
印　　刷	北京荣泰印刷有限公司	
开　　本	710mm×1000mm　1/16	
印　　张	23.5	
字　　数	270 千字	
版　　次	2024 年 1 月第 1 版　2024 年 1 月第 1 次印刷	
书　　号	ISBN 978－7－5231－0760－7	
定　　价	88.00 元	

《人文淳安》系列丛书编纂委员会

总序

书页翻处，得见风骨

邵红卫

"人文淳安"系列丛书，包涵《淳安老物件》《淳安古道》《淳安书院》《淳安著述录》，清样早已摆在案头，我有幸先睹为快。今日阅毕，阖上书册，思绪却未能从中抽离，一些浮想，仍在字里行间盘桓，缱绻。

淳安多山，县志曰，环万山以为邑。但巍峨的大山脉，主要分布在四周边境，有西北部的白际山脉、南侧的千里岗山脉和北边的昱岭山脉，它们"致广大"地围出了淳安的一方疆域，成就了一个大桃花源；又"尽精微"地用无数余脉对这一方疆域进行分割，形成了无数小桃花源。桃花源中，旧时淳安人日出而作，日入而息，过着舒缓而拙朴的生活。除山间田野较肥沃外，淳安大部分土地皆是坡地，十分贫瘠。旧时曾把这样一个底子薄弱的山区县，于勤勉间，变成了浙江省的"甲等县"，农耕时代淳安人吃苦耐劳的秉性，有口皆碑。

王丰在《淳安老物件》里写到的生产、生活用具，是淳安农耕文化的鲜明符号。当这些代代相传的用具，以这样的形式与我们相遇时，我们依稀看到了众多熟悉的身影，祖父母，父母，邻居，村人，甚至自己。犁田、车水、斫柴、榨油、春米、磨浆、养蚕、绩麻、纺线、槌衣……这些劳动场景，一一来到眼前。如影随形的，还有各种香味：春茶的，夏麦的，秋栗的，冬蔬的；火炉里煨的红薯的，饭甑里蒸的糯米的，汤瓶里炖的豆腐的，石臼里打的麻糍的；米羹的，麦糕的，艾馃的，箬粽的……王丰笔下的农耕时代，场景皆水墨，物象是诗篇，极有味道。作者用凝练的笔触，细镂着老物件里的旧时光。人是老物件的魂魄，写老物件，其实是写人，人的劳动、人的生活、人的追求、人的命运，悲与喜、哀与乐、福与患、生与死……故事写完了，不尽之意，见于言外：日头从人的汤汤汗水中晒出盐来，这种盐，又苦又咸，却调出了人间百味。

可以说，农耕日子人畜艰辛。然而，我们看到的情景是，旧时淳安人"一箪食，一瓢饮"，却也"不改其乐"，日子过得充实。

此中真意，《淳安老物件》里已见端倪。

而鲁永筑的《淳安古道》、鲍艺敏的《淳安书院》，则把我们的目光引入淳安历史腹地，让我们于旧时两种物象中，一见淳安人的胸襟。

书页翻处，清风徐来。我们发现，有34条古道、18座书院分别进入了作者的视野。通过作者的探赜索隐，我们对旧时淳安人的精神追求，有了进一步的了解。

《大戴礼记·保傅》称，"古者年八岁而出就外舍，学小艺焉，履小节焉"。

淳安人对于读书的重视，是来自骨子里的。

前面说过，淳安的物理空间几乎是封闭的，但淳安人却并不故步自封。这得益于新安江。旖旎的新安江划过淳安县境，以柔克刚，打开了大山的屏障，使山里与山外联系起来。淳安人的目光，随着迤逦的江水向远方延伸，便懂得了山外有山、天外有天、人外有人的道理。

因此孩子一落生，淳安人心里就种下了希望的种子。看着孩子从赤子、襁褓、孩提一路成长，心里的希望便越发强烈。始龀之年说到就到了，孩子该入学读书了。

正月农事未起、八月暑退、十一月砚冰冻时，都是旧时淳安学子农闲开学的时辰。

但上学是需要束脩的。据《礼记·少仪》记载："其以乘壶酒、束脩、一犬赐人。"郑玄注："束脩，十脡脯也。"束脩在春秋以前就存在了，《论语·述而》中已有"自行束脩以上，吾未尝无诲焉"。束脩标准不一，据说秦朝贫困生给私塾打工还"贷学金"，隋唐人砸锅卖铁交学费。旧时淳安人，则有"卖了茅司也要衬儿子读书"之说，俗俚中，表达的是对于读书的态度。

众山豪横地为淳安人画地为牢时，也大方地馈赠淳安人以丰饶的物产。旧时，茶叶、药材、干水果、粮食、山珍、毛竹、木材等，被人肩挑背驮，通过大山里长长短短的古道，汇聚到新安江沿岸的码头上，最后被泊在江岸的大船，遡洄而运抵徽州；或遡游，运往杭州，甚至经京杭大运河，远销苏州、南京、上海、北京……也有众多小商贩或农人，挑着货担,翻越大连岭、歙岭到徽州,出昱岭关到杭州,过辽岭至寿昌、衢州……他们在古道上奔波,货殖之利,除日常开销外,大都花在民居的营造和孩子的教育上。

《淳安古道》,从通州、达府和远足、近涉四个部分,细致地叙述了34条古道的前世今生。作者笔下的古道,是一种历史的纵深,喧闹与沉寂,同样引人入胜。跟随作者的脚步,由今天走入过去的时光,峰回路转,我们看到,古道的价值,不仅体现在生活、经济和军事上,更体现在文化上。

旧时学子受教育的场所,一是官学,一是私学,还有一种介于两者之间,这便是书院。

鲍艺敏在《淳安书院》中写道:"书院的学田,既有官府划拨,也有私人捐赠等多种形式,从而成为中国古代社会独立的教育系统,为中国官场培养输送了大量人才。"

淳安书院鼎盛于宋、明两朝,境内书院遍布,人才济济,文运昌炽。据《淳安著述录》之附录《科举录》记载,光宋、明两朝,淳、遂两县正奏名进士就达273人之多,其数量占到科举时代淳、遂正奏名进士总数的百分之八十多,他们绝大多数是从书院走出来的。

脱颖的书院,遂安当属瀛山书院,淳安则为石峡书院。这两座书院,是新安江流域的双子星,是淳、遂古代教育史上两座高耸的丰碑。

"瀛山书院,在县西北四十里。宋熙宁间,邑人詹安辟建于山之冈,凿方塘于麓,其孙仪之与朱晦翁往来论学于此。"这是《万历遂安县志》

的记载。朱熹于瀛山书院讲学期间赋《咏方塘》："半亩方塘一鉴开，天光云影共徘徊。问渠那得清如许？惟有源头活水来。"一诗吟处，八百多年云蒸霞蔚。更幸运的是，那瀛山的源头活水从朱熹诗中流过，便成了文化之水、美学之水、哲学之水，它清澈，剔透，淙淙潺潺，流过宋元，流过明清，一直流到现在，不知滋润了多少读书人的心灵。

《嘉靖淳安县志》自然也少不了石峡书院浓墨重彩的一笔："石峡书院，在县东北五里蛟峰之麓，乃宋蛟峰方先生讲道之所也。堂二，曰知行，曰颜乐。斋四，曰居仁，曰由义，曰复礼，曰近知。燕居之后为周、程、张、朱四先生祠在焉。从游士常数百人。咸淳七年，先生复入侍讲闱，度宗御书'石峡书院'额以赐。"是年，方逢辰51岁，丁母忧，去职归隐石峡讲学，由此奠定了一代理学家、教育家的地位和形象，实现他不在庙堂之上，也能致君泽民的理想和人生价值。

石峡书院出过状元、榜眼、探花，造就了无数栋梁之才，科举成就出类拔萃。淳安古为严陵首邑，不管以文论，还是以进士之多寡论，首邑之名都当之无愧。这其中，石峡书院功不可没。

通览《淳安书院》，发现书院的创始人，绝大多数是通过科举，走上仕途的读书人，他们被罢官、辞职或致仕后，返回故里，又创办更多的书院，让这片土地上特有的文化因子融入更多人的血液，薪火相传，生生不息，如：

瀛山书院创建者詹安(举人)，官浦江主簿，年轻时曾进入开封的太学；

融堂书院的创建者钱时(宋嘉熙元年,理宗特赐进士),是南宋著名理学家杨简的得意弟子,曾做过秘阁校勘、浙东仓幕、史馆检阅等官;

石峡书院的初创者是谁,历来有争议,但将书院发扬光大的,无疑是状元方逢辰(宋淳祐十年进士),他曾累官兵部侍郎、国史修撰兼侍读、吏部侍郎、户部尚书;

合洋的柘山书院,是曾任大理寺卿的榜眼黄蜕(宋淳祐七年进士)创建的;

易峰书院,是探花何梦桂(宋咸淳元年进士)归隐文昌易峰庵后创建,他历官太常博士、监察御史、大理侍郎。

仙居书院,是明朝"三元宰相"商辂(明正统十年进士)罢官返归里商期间创建,致仕后主讲于此;

静乐书院虽非曾任工部尚书的徐贯(明天顺元年进士)所创,但他既是书院的受益者,又是书院的传承者和光大者。

南山书院,是应颙(明正统十年进士)致仕归贺城后创建,他曾官至布政使司左参政。

蛟池书院,是曾任广东左右布政使的王子言(明弘治九年进士)归乡环水后创建;

翰峰书院是曾任湖广按察司金事的吴钦(明正德三年进士)致仕回云峰重建;

吾溪书院,是徐楚(明嘉靖十七年进士)致仕归老蜀阜后创建,他曾任四川参政;

五峰书院，是徐廷绶（明嘉靖四十一年进士）致仕回乡后重建，他曾任陕西按察使；

……

这样的人创建的书院，这样的书院培养出来的淳安读书人，风骨傲然，素为世人尊崇。

明成化十四年（1478），司礼太监汪直设西厂，横恣无比，权倾朝野。商辂不顾个人安危，上疏抗言，力罢西厂。

宪宗览疏不悦："朕用一内臣，焉得系国安危乎？"

商辂力谏："朝臣无大小，有罪皆请旨取问。汪直辈擅自抄收三品以上京官，擒械南京留守大臣，扰得大臣不安于职，商贾不安于市，行旅不安于途，士卒不安于伍，庶民不安于业，如此辈不黜，国家危乎、安乎！"

商辂的声音，如黄钟大吕，振聋发聩，穿过五百多年时光，犹让我们心头为之一震。

俯拾时光，皆是斑斓。

海瑞曾于嘉靖三十七年（1558）被任命为淳安知县，在淳安的四年里，推行清丈、平赋税，并屡平冤假错案，打击贪官污吏，深得民心，成了基层治理的模范官僚。

嘉靖四十一年（1662）海瑞离任前往嘉兴，淳安百姓夹道送行。众人推举新中进士徐廷绶写了《海刚峰先生去思碑记》以颂其德，并题刻"去思碑"以志思念。

《海刚峰先生去思碑记》，只是徐廷绶与海瑞之间一段佳话的小引。

嘉靖四十五年(1566),海瑞任户部主事时,冒死上疏,批评世宗迷信道教、不理朝政,被打入死牢继而重疾缠身,身为刑部主事的徐廷绶,不惧牵累,不避霉气,调药端汤,悉心救治。淳安人知恩图报、义薄云天的风骨,让满朝文武为之动容。

与海瑞同时代的淳安进士徐楚,初授工部主事,后升工部郎中。历官辰州知府、广西副使,以政绩著称。后调任山东兵备道副使,跋涉沙石滩、盐碱地中,为朝廷绘制《塞垣图》,并疏陈《备边六策》,朝中大臣竞相推荐,称他"有文武材,宜节钺重镇"。徐楚秉性刚直,与当时宰相抗礼,仅补云南屯田副使。后调四川参政,任上决心革除贿礼等陋习,送上司一把"清风徐来"折扇而遭忌恨,丢了官职。

> 垣屋萧萧锦水涯,舟人指点海公祠。
> 风波自不惊三黜,暮夜谁能枉四知。
> 虎口脱离濒死日,龙颜回顾再生时。
> 百年借寇天阍远,惟有棠阴系去思。

这首诗,是徐楚从四川返里,乘船逆新安江而上,途经海公祠的有感而发。徐楚借用"三黜""四知""借寇""棠阴"的典故,褒扬海瑞,又何尝不是藉诗明志!思念海瑞的平仄里,得见的,也是徐楚的风骨。

如许风骨,是淳安父老从瘠薄的土地上种出的五谷,喂养出来的;是行走古道,被白际山、千里岗、昱岭以及大大小小的青山,磨砺出来的;是被秉持自由讲学、独立自修精神的书院,熏陶出来的;更是被追求"立德、立功、立言"三不朽的人生,历练出来的。

《左传·襄公二十四年》曰:"太上有立德,其次有立功,其次有立言,虽久不废,此之谓不朽。""立言"是读书人对成功的最高追求之一,旧时淳安的知识分子也不例外,在历史的天空中,他们的名字灿若星辰:皇甫湜、詹至、钱时、方逢辰、何梦桂、鲁渊、徐尊生、商辂、胡拱辰、徐贯、徐鉴、王宾、徐楚、徐廷绶、徐应簧、方尚恂、毛际可、方象瑛、方粲如……他们为政之余或去职、致仕之后,呕心沥血,笔耕不辍。当"黄花庭院,青灯夜雨,白发秋风"的意象成为他们晚景的修辞时,犹著书不止。他们留下了众多传世之作,如《皇甫持正集》《瀛山集》《融堂周易释传》《蛟峰文集》《潜斋文集》《策府枢要》《怀归稿》《商文毅公集》《山居杂咏》《馀力稿》《徐钝斋公文集》《西山集》《青溪诗集》《河溪集》《凤谷诗集》《留耕堂文集》《松皋文集》《健松斋诗文集》《十三经集解》……

刘志华编著的《淳安著述录》开篇说:"天地间清淑之气萃于淳遂,山川毓秀,人文蔚起,历来心怀天下的读书人多,登科入仕者多,'文章合为时而著,歌诗合为事而作'者亦多。初查,从南北朝迄明清有作者328人,著作698部,近现代作者222人,著作910部……"

一代又一代先贤创下了丰厚的文化家底,为淳安赢得了"文献名邦"的声誉。

……

新年钟声响起,我从遐思中回过神来。时间之河已经漫过2024年的门槛，不舍昼夜，向前奔流。

尺璧非宝，寸阴是竞。几位作者伏案一年有余，爬罗剔抉、奋笔疾书，又几经披阅增删，《淳安老物件》《淳安古道》《淳安书院》《淳安著述录》终于即将付之梨枣，接受读者挑剔。若书中存有一隅之见，作者也无须自报。刘勰在《文心雕龙·史传》中感慨："秉笔荷担，莫此之劳。"杜甫诗言："文章千古事，得失寸心知。"深以为然。

新安江奔腾不息，千百年来，润泽了两岸土地，哺育了芸芸众生，浇灌出博大精深的新安文化。文化之地，必蕴含着内在精神。对旧时淳安人，时世早有写照：肯吃苦、不畏难、志于道、勇争先。"人文淳安"系列丛书的作者，以自己的微，见他们的著。沉潜的旨趣，随笔端游走，草蛇灰线，伏脉千里，老物件、古道、书院、著述等物象，无形之中，便有了密切的文化关系。把这四册书籍裒为一辑，使其产生"1+1＞2"的效果，是一种深思熟虑。

挖掘人文历史，讲好淳安故事，赋能淳安社会经济发展，助力淳安特别功能区建设，是县政协文史委的职责所在，也是初心使然，今后将继续砥砺前行，不辱使命。

不忘初心，方得始终。

是为序。

2024年1月1日

序

鲍艺敏

淳安著述知多少？回望历史，发出这样追问的人当不在少数。我想，它既是淳安历史上一道文化命题，也是淳安老百姓最关心的一个话题，至今悬而未决。号称"文献名邦"的淳安，历史上究竟遗存多少文献？全国各大图书馆又庋藏多少淳安人的著述？那些不幸散佚民间的古籍又有多少呢？它无疑是淳安人心底一个未解之谜，它关乎淳安人的文化家底，关乎淳安人的文化尊严。

曾几何时，"文献名邦"成了淳安人的口头禅，成了淳安人装点的门庭。长期以来，由于没有确切的统计数据，"文献名邦"往往流于空泛的叙述，难以令人信服。而今，由刘志华编撰的《淳安著述录》的面世，终于给了我们一个正解。经刘老师统计，从南北朝迄明清有作者328人，著作698部；近现代作者222人，作品910部。随着谜底的揭开，我们终于可以释怀了。

翻检《淳安著述录》一书，上可溯至南北朝，下至现当代，时间跨度一千五百多年，数量可观，类别庞杂，经史子集，无所不有。卷帙之繁、收集之广、寻求之艰、考订之难。刘老师要在浩如烟海的书海里，淘捡出淳安人的著述，面对一本本淳安作者的书籍，就像面对一颗颗文化的种子，用心辑录，分类甄别。不问暑去寒来、经冬历夏，旷以岁月。刘老师历经数十年网罗搜辑，集腋成裘、汇编成册。刘老师确乎是"文献名邦"的拥趸者，他只是想得到一个求证，把滋养一代代淳安人的文化传递下去，勿使亡佚。为此，他把整理淳安文献的工作，作为自己的文化使命。他徜徉在文化的长河中，寻踪于历史的幽深处，硬是凭借一己之力，完成了这项浩繁的文化工程。

几年前，有一次刘志华老师兴冲冲找到我，说安徽歙县文物部门有一批古籍，内有淳安人的著述，你老家那边有熟人，什么时候我们去一趟？凡与淳安文化有关的事，他总是满腔热忱，不计名利得失。故而，自带着一种文化的感召力，让人无法拒绝。我满口答应，说哪天定下来通知我。也许刘老师工作忙吧，后来他一直没有提起这事，我也忙于手头事务，时间一长就忘诸脑后。现在想起来，确是憾事一桩。

人生憾事十有七八。《淳安著述录》是刘志华老师未完成的遗稿，既然是遗稿，难免留有遗憾。我检索目录，披阅正文，著述编排以时代为纲，按序罗列。至于分类编目、提要索引等项，尚存有诸多遗憾之处，我大致归纳了一下，觉得有以下几个方面尚需补充完善。一是对所录著述没有进行分类，最传统的自然是经史子集四部分类法；二是所列存书或佚书，只罗列了书名，缺少相应的内容提要。张固也先生曾在《古典目录学研究》一书中说："中国古代书目体制不一，或有解题，或为简目。有的简目只著录书名连作者、卷数亦付阙如。解题的写法有个发展完善的过程……佚著考证的目标，是力图提供有关作者时代、生平、学术和佚著编撰始末、内容要旨、流传版本等各方面的信息，为学术研究服务。显然，仅仅通检书目是很难臻此胜境的，而应该围绕这几个方面，从各种有关文献中广搜博取做全面考证。"我认为张先生所说颇为中肯。若提要写好了，能使百世之下，读其书者，想见其为人，进而由书籍研究其学问；三是大多没有注明该书籍所藏何地，以方便读者寻求查阅；四是没有不同版本、选本、校注本和辑佚本的相关考证，通过旁搜博考，帮助读者来甄别。

刘志华老师是我敬重的一位长者，更是一位文化人，他对淳安文化事业倾注了所有的感情，孜孜矻矻，默默耕耘，终其一生而不求回报。县政协文史和教文卫体委员会，拟将刘老师《淳安著述录》遗稿付梓刊印，我受托为之作序。说实话，当时心中犹疑不定，晚辈给长辈作序，终归心存忐忑，恐遭人非议。况自忖才疏学浅，力有不逮，难堪此任。然内心感佩于刘老师甘愿献身于淳安文化的精神，怀揣自觉的文化良知，在其生命的最后一段日子里，为完成这部著述录，刘老师可谓与时间在赛跑，他不想带着遗憾离开，即便身患绝症，仍不遗余力搜寻辑录淳安著述之遗珠。

记得是2021年8月初，他在浙江大学附属第二医院住院期间，我与他通电话，想着去杭州看望他。他说疫情期间医院封闭管理，严禁探视。随后告诉我他打算最近转入我县中医院，到时候再联系。我听着他虚弱的喘息声，一再关照他好好保重自己。他说还有心愿没有完成，医院里实在待不住，现在浙江省图书馆查找资料。我鼻子一酸，顿时泪眼婆娑，刘老师那高瘦羸弱的身躯，好像就在我跟前晃动着。是什么样的信念在支撑着他？哪怕拼却最后一口气，也在所不惜？我想应该是刘老师自身肩负的文化使命感吧。是他胸中积淀已久的文化信念、文化情结，转化成一种无所畏惧的文化力量。否则，你索解不到别的答案。

于是，我抛开种种杂念，郑重应承下来。我得知这部书大约11月出版发行，这正好也是刘志华老师去世两周年之际。我想就借这篇序文，来缅怀刘老师，告慰他的在天之灵。

癸卯仲夏于千岛湖

目录
CONTENTS

淳安著述录

附　录

县史录

淳安著述录

人文淳安
RENWEN CHUNAN
XILIE CONGSHU

天地间清淑之气萃于淳遂，山川毓秀，人文蔚起，历来心怀天下的读书人多，登科入仕者多，"文章合为时而著，歌诗合为事而作"者亦多。初查，从南北朝迄明清有作者328人，著作698部；近现代作者222人，作品910部。

南北朝

任　昉(460~508)，字彦昇，乐安博昌(山东博山)人。雅善属文，尤长载笔。梁天监六年(507)出为宁朔将军、新安太守。寓居城东五里之任家坎。卒于战乱，为任氏居淳安始祖。

《杂传》二百四十七卷

《地记》二百五十二卷

《任中丞集》(浙江省图书馆藏)

《诗文集》三十四卷

《述异记》两卷(天一阁、浙江省图书馆藏)

《任彦昇集》六卷(天一阁、浙江省图书馆藏)

《文章缘起》(天一阁、浙江省图书馆藏)

唐　朝

吴少微(683～769)，新安人。武周长安时(701～704)进士，累官晋阳尉、吏部侍郎、左台监察御史。与富嘉谟创"吴富体"。

《文集》十卷

皇甫湜(777～853)，字持正，睦州新安(淳安)人。元和元年(806)举进士第。初为陆浑尉，仕至工部郎中。为韩愈、柳宗元"古文运动"干将。

《杂文》三十八篇

《皇甫持正集》六卷，补遗一卷(天一阁、浙江省图书馆藏。入《四库全书总目》)

皇甫松(公元859年前后在世)，字子奇，号檀栾子，睦州新安人。皇甫湜之子。工诗善词。

《大隐赋》

《醉乡日月》三卷(天一阁、浙江省图书馆藏)

《檀栾子词》(清末民初王国维辑)

方　干(809～888)，字雄飞，号玄英，睦州青溪(淳安)人，入赘桐庐白云源。幼有清才，举进士不第。以诗著名，有"官无一寸禄，名传千万里"之誉。门人群谥曰"玄英先生"。

《玄英先生诗集》十卷(《玄英集》入《四库全书总目》)

宋　朝

洪　湛(963～1003),字惟清,淳城西廓人,一说"升州上元(江苏南京)人"。雍熙二年(985)梁颢榜进士,廷唱第三。官崇政殿说书、朝请大夫。

《韶年集》十卷

方仲谋(公元1067年前后在世),字公辅,青溪(淳安)人。仁宗嘉祐二年(1057)登进士第,为歙州推官,擢大理丞,累官殿中丞。秉性贞介而文采蔚然。

《雉山集赢》二十卷

詹　至(1078～1144),字及甫,遂安郭村瀛山塘下(已圮)人。崇宁元年(1102)乙卯科进士,积官至左中奉大夫,封建德县开国男,食邑三百户。

《瀛山集》十卷

方有开(1170年前后在世),字躬明,号溪堂,淳安永平人。隆兴元年(1163)进士,官至户部侍郎。

《奏议》五卷

《诗文》十七卷

《屯田详议》三十二篇

胡朝颖(1176年前后在世),字达卿,号静轩,淳安人。南宋乾道八年(1172)进士,嘉兴通判,历武昌令。

《诗馀》

《静轩集》三卷

《武昌杂咏》

《西湖百韵》

吴　箕(1176年前后在世),字嗣之,淳安人。主仁和簿,分教临川,与陆九渊等人讲明义理。宰当涂县,剖析民讼,编类成稿。南宋乾道年间(1165～1173)进士。

《常谈》(入《四库全书总目》)

《听词类稿》十二册

杨太后(1162～1232),名桂枝,宁宗皇后,理宗尊为皇太后。祖父杨宇,开封人,靖康二年(1127)徙家淳安。初居城市太平桥,继至辽源(里商)十五坑。

《杨太后宫词》由理宗书写、杜思忠模刻以宫廷生活为题材的诗一卷,五十首(里

商杨家《弘农杨氏宗谱》尚录有三十首）

钱　时(1175~1244)，字子是，号融堂，淳安蜀阜人。绝意科举，究明理学，为杨简弟子，宗陆九渊学派。江东提刑袁甫作象山书院，招主讲席。新安、绍兴皆厚礼延请开讲郡庠。后荐授馆阁校勘。

《学诗管见》

《春秋大旨》

《国朝编年》

《锦江杂著》

《国史宏纲》

《尚书演义》八卷

《融堂周易释传》二十卷

《融堂四书管见》十三卷（入《四库全书总目》）

《两汉笔记》十二卷（入《四库全书总目》）

《融堂书解》二十卷（天一阁图书馆藏，入《四库全书总目》）

《英烈庙实录》

《嘉定讲书稿》

《慈湖先生行状》

《蜀阜前后稿》十八卷

《百行冠冕集》

《冠昏记》

洪　璞(1193年前后在世),字叔玉,淳安养村人,绍熙元年(1190)进士,为镇东节度使判官,迁邵武通判。慈湖杨简荐之于朝曰:"守官数十年而无屋可居,举家三百指而无田可养,节操方正,可备献纳。"科未报而卒。

《省堂文集》

洪梦炎(1236年前后在世),字季思,号然斋,淳安养村人。宝庆二年(1226)进士,为桃源酒官,转武学博士;复以大宗正丞赞浙幕,召拜司农,差知衢州朝议。

《奏录》三卷

《高沙抚录》

《荆襄语稿》

《洪梦炎文集》二十四卷

徐梦高(1268年前后在世),字明叟,学尤精粹,教授衢州。

《菊存稿》

洪扬祖(1252年前后在世),号锦溪,淳安养村人。镇东节度使判官洪璞之子。尝从袁甫、钱时讲义理之学。登绍定壬辰(1232)进士第,授京局官、宁浦教授等职。

《锦溪文集》

陆震发(1245年前后在世),字德甫,淳安锦沙村人。少聪敏,书多淹洽,而尤明于《春秋》。淳祐(1241～1252)中,知州王佖、知县虞兟力荐之朝,以亲老乞乡校官就养,乃授学谕。

《春秋讲义丛志》

方逢辰(1221～1291),字君锡,居蛟峰,因以为号,初名梦魁。淳城高坊人。淳祐十年(1250)廷对第一(状元),理宗御笔改名逢辰。累官兵部侍郎,国史修撰兼侍读,除礼、吏部尚书,俱不拜。宋亡,授徒石峡书院,学者称"蛟峰先生"。

《孝经解》

《易外传》 五卷

《孝经章句》

《格物入门》

《蛟峰奏札》

《名物蒙求》

《学庸注释》

《尚书释传》 四卷

《蛟峰文集》 八卷,外集四卷(浙江省图书馆藏,入《四库全书总目》)

《易外传图说》 五卷

《大学注释》

《中庸注释》

吕人龙(1272年前后在世)，字首之，淳安人。景定三年(1262)特奏名进士，仕承务郎。学者称之为"凤山先生"。

《凤山集》

王应有(1275年前后在世)，字希声，淳安丰溪人。少好山水，遂工形家言。指点窟穴，多合郭经遗意。为人卜宅兆，能福其骨之生齿。

《阴阳理学》

何梦桂(1229～1303)，字岩叟，号潜斋，淳安文昌人。咸淳元年(1265)廷试第三，授台州军判官，改太学录迁博士，添倅(cuì脆)吉州，除太常博士转监察御史，寻转大理寺卿。引疾归，筑室小酉源，著书自娱。

《易衍》两卷

《大学说》

《中庸致用》

《潜斋文集》十一卷(浙江省图书馆藏，入《四库全书总目》)

王通叟(1265年前后在世)，字蒙泉，淳安人。少游何潜斋、何毅斋二先生门，得探程朱之秘。理宗朝以明经授桐乡教谕。

《蒙泉诗集》

汪自明(1270年前后在世)，淳安人。学问博洽，时称"汪六经"。

《礼林》《义林》合四十卷

方　夔(1253～1314)，一名一夔，字时佐，号知吾，一号知非子，淳安富山人。屡举不第，以荐领教郡庠。未几退隐富山之麓，授徒讲学。人称"富山先生"。

《汉论》十卷

《梅边稿》

《富山遗稿》十卷（入《四库全书总目》）

《知吾汶稿》十卷

《富山懒稿》三十卷

《七子韵语集》

汪斗建(1275年前后在世)，字云留，淳安人。汪自明侄，倜傥有奇志。时在京学，率同舍生上书攻贾似道误国。元至元间(1335～1341)从方逢辰讲道石峡书院以终。

《云留小稿》

邵桂子(1280年前后在世)，字德芳，淳安云峰人。吴攀龙之子，出继邵氏。咸淳年间(1265～1274)登进士第，任处州教授。宋亡归隐。入赘云间(上海松江)曹氏，居泖湖之蒸溪，濒湖构亭，名雪舟，著述其间。

《后七铭》

《续七铭》

《别七铭》

《元宅七铭》

《雪舟脞稿》十卷

《雪舟脞谈》二十卷

胡应玑（生卒年不详），字粹翁，淳安梓桐人。明性理之学，隐居教授，不求仕进。

《理髓》三卷

元　朝

夏希贤（1310年前后在世），字德甫，淳安城西人。究明性理，洞诣本原而会其极于象山（陆九渊）、慈湖（杨简）之要。杜门不出三十余年。学者称"自然先生"。

《先天易书》

《读易十字枢》

洪震老（1330年前后在世），字复翁，淳安银塘人。延祐二年（1315）以诗经领乡荐，为州学正，母丧去官，遂不复仕。所居有石笔峰，学者称"石峰先生"。

《观光集》

何景福(1301～1373)，字介夫，号铁牛翁，淳安文昌人。学问渊博，以所遇非时累辟不赴。工诗。

《铁牛翁遗稿》（入《四库全书总目》）

洪　赜(1317年前后在世)，字君实，淳安人。

《庸言稿》

邵亨贞(1309～1401)，字复孺，父邵桂子，淳安人，徙居华亭，卜筑溪上，自号贞溪。洪武中(1368～1398)官松江府训导。博通经史，工篆隶。

《野处集》四卷(入《四库总目》)

《全金元词》收其词一百四十二首

《蚁術诗选》(蚁或作"蛾")十六卷(入《四库全书总目》八卷)

《蚁術词选》(蚁或作"蛾")四卷

邵伯宣(1325年前后在世)，邵亨贞之子。

《学庵集句诗》

吴　暾(1335年前后在世)，字朝阳，淳安人。泰定二年(1325)进士，出丞鄱阳，升镇平尹兼诸军事，转峡州路经历。未几解印归，授徒讲学，从之者户屦云集。累赠至翰林修撰。

《诗文》二十卷

《齐城集》二十卷

《麟经赋》二十卷

《吴修撰集》

　　方道睿(1340年前后在世),字以愚,号愚泉,淳安人(蛟峰曾孙)。至顺二年(1331)进士,授翰林编修官,调嘉兴推官。

《诗稿》

《诗说》

《文说》两卷

《选唐诗》

《春秋集释》十卷

《愚泉集》十卷

　　汪汝懋(1350年前后在世),字以敬,号遯(dùn盾)斋,淳安西隅人。至正二十年(1360)以春秋乙榜中举,历任丹阳、青阳教谕,迁定海尹。累官至翰林待制兼国史院编修官。

《山居四要》

《礼学幼范》七卷

《春秋大义》一百卷

《深衣图考》三卷

　　张　复(1351年前后在世),字明善,淳安人。博通五经,尤邃于《春秋》。郡守亲聘司训郡庠,学者翕然宗之。与吴暾、宋梦鼎、鲁渊合称"春秋四先生"。

《春秋中的》

鲁　渊(1319~1377),字道原,淳安临岐人。至正十一年(1351)乡荐登辛卯进士第,出丞华亭,继为浙江儒学副提举。寻以疾归,居岐山下,学者称"岐山先生"。

《春秋节传》

《策府枢要》

《鲁道原诗集》

姜　兼(1357年前后在世),字大民,淳安卢溪人。性至孝,七岁而孤,隐居养母,累辟不赴。母丧,哀毁几绝,庐于墓侧,朝夕哭奠。

《思台集》

徐　畋(1330~1398),字仲由,自号"巢松病叟",淳安徐村人。洪武十四年(1381)征秀才。所著南曲《杀狗记》,为元明间《荆》《刘》《拜》《杀》四大传奇之一。

《巢松集》

《杀狗记》三十六出两卷(天一阁、浙江省图书馆藏)

《鲠直张志诚》

《杵蓝田裴航遇仙》

《王文举月夜追倩魂》

《柳文直元旦贺升平》

明　朝

徐尊生（1370年前后在世），字大年，号赘民，老曰赘叟，淳安厚屏人。洪武二年（1369）召修《元史》，史成，受赐归。复召修《日历》。后以宋濂荐，授翰林应奉文字，草制悉称旨。

《制诰》两卷

《怀归稿》二十卷

《还乡稿》十卷

《春秋论》

《春秋公羊经传》十四卷

方　定（1380年前后在世），字志安，号止轩，淳安茶园人。博学善吟咏，洪武二十九年（1396）以诗经领京闱乡荐，分教东平州转海州。参修《永乐大典》，升长泰县学教谕。

《止轩集》

《听松集》

吴　璩（1382年前后在世），字宗礼，淳安港口云程人。洪武（1368～1398）以明经举授云南布政司都事，永乐（1403～1424）初以疾归，未久召复职，挂大将军印。方欲大用，以疾终。

《薇垣清趣诗》若干卷

俞　岘（1386年前后在世），字石泉，遂安八都人。洪武元年（1368）应流寓试中魁，选授广信府同知升长沙府知府。

《石泉集》

《二妙集》

方　渊（1400年前后在世），字宗源，淳安茶园人。明《尚书》，赡词藻，累试场屋弗利。后以太学生授凤阳蒙城令。

《贻哂稿》三卷

《龟鹤山人吟稿》两卷

俞　春（1417年前后在世），号纳斋，遂安八都人。由儒士领乡荐，授江浦训导。

《纳斋集》

陈　衡（1427年前后在世），字克平，号半隐道人，淳安桂浦人。永乐十五年（1417）乡荐，授亳县司训改巴县。终于官。

《半隐文集》十卷

商　辂（1414～1486），字弘载，号素庵，淳安里商人。宣德正统年间（1435～1445）乡试、会试、殿试皆第一，授修撰。郕王监国，入参机务。景泰时，累迁兵部尚书。英宗复辟，被诬下狱，斥为民。成化初以故官入阁，进谨身殿大学士。

《蔗山笔尘》（入《四库全书总目》）

《商文毅公集》十卷（天一阁藏六卷，入《四库全书总目》）

《商文毅疏稿略》（入《四库全书总目》）

《宋元通鉴纲目》

《商文毅藏书目》

《续资治通鉴纲目》二十七卷（天一阁、浙江省图书馆藏）

《严陵汪氏家谱》

周　瑄（1452年前后在世），字宏璧，号勿斋，淳安西隅人。正统元年（1436）进士，授南吏部主事，改刑部员外郎，迁福建按察使副使，分巡建宁。尚书薛希琏上其功，赐彩币宝锭，进秩三品。

《咏录》

《柏台稿》

余致中（1458年前后在世），字大本，遂安七都人。性敏勤学，领乡荐，正统三年（1438）进士，授工部屯田清吏司主事。

《太极图说》

《姚文敏公夔疏》

胡拱辰(1416～1508),字共之,号敬所,别号亦拙斋,淳安梓桐胡溪人。正统四年(1439)进士,任黟县知县,有惠政,擢御史;景帝时出为贵州左参政,威行边徼,后调广东、广西、四川等地任左、右布政使,拜南京左副都御史,总理粮储,进工部尚书。卒赠太子少傅,谥庄懿。

《鸡肋集》

《从征稿》

《锦官稿》

《山居杂咏》

《文武学则》

《华封记事》

《敬所杂著》

《亦拙斋诗集》

胡拱璧(1443年前后在世),字宝之,号更拙,淳安梓桐胡溪人。胡拱辰之弟。

《吟稿》

《更拙稿》

《陶情稿》

吴　福(1471年前后在世),字天锡,淳安云峰人。景泰二年(1451)中会魁,为兵部武库司主事,以能最,赐敕褒嘉,升本司郎中。后居家二十余年,造万卷书楼。

《成化淳安县志》

方　汉(1461年前后在世),字孔殷,号寿山,淳安进贤人。景泰元年(1450)浙江乡试第二,天顺二年(1458)五经单科第一,授山东道监察御史。次年巡按陕、甘等地。成化三年(1467)巡按四川,后迁南通政司右参议转湖北通政司左参议,官至南京太仆寺丞。

《寿山文集》

徐　贯(1433～1502),字元一,淳安蜀阜人。天顺元年(1457)进士。历任兵部郎中、福建右参政、右副都御史、工部左侍郎、工部尚书加太子少保。谥"康懿"。

《馀力稿》十二卷(入《四库全书总目》)

《龙邱徐氏族谱》

徐　鉴(1473年前后在世),字克明,号钝斋,淳安蜀阜人。天顺四年(1460)中进士,授南京户科给事中,后擢江西左参议,寻改广东布政司左参议,后以疾致仕。

《徐钝斋公文集》

王　宾(1486年前后在世),字用之,号静庵,淳安横塘人。成化二年(1466)进士。授监察御史、韶州知府等职。

《西山集》

《巡南录》

《三老集》

《西山别集》

《同庚倡和诗》

《环水王氏重修族谱》商辂序

　　吴　祚（1469年前后在世），字天保，吴福弟，淳安云峰人。成化五年（1469）进士，授翰林院庶吉士改监察御史，弹劾不避权贵。

《凤山集》

　　姚　旴（1474年前后在世），字公哲，遂安四隅人。成化十年（1474）以麟经登浙闱亚魁。授芜湖令，有德政。

《麟经直指》

《棠园山房文集》

　　吴　诚（1475年前后在世），字性夫，号后乐亭，淳安云程人。成化十一年（1475）进士。历官兵部武选司郎中。

《后乐亭稿》

　　程　愈（1480年前后在世），字节之，号味道，淳安西隅人。成化十七年（1481）进士，授工部都水司主事，后升山东参议。

《小学集说》六卷

《乡约政训》

商汝颐（1489年前后在世），字景贞，淳安人。商辂之孙。弘治（1488～1505）举人，累官湖广参议。

《商文毅公行实》（入《四库全书总目》）

商振伦（1490年前后在世），淳安人。商辂之孙。

《商文毅公年谱》四卷（入《四库全书总目》）

程文楷（1492年前后在世），字守夫，号春崖，淳安人。程愈之子。弘治五年（1492）举人。与王守仁、林庭友善，常作诗唱和。

《方丈集》

《松柏稿》

《春崖杂稿》

应　硕（1494年前后在世），字光辉，号鲁斋，淳安人。应颢弟。好学能文，贯穿经史，弘治七年（1494）以岁贡授山东济南府南陵县学训。

《经义序说》

汪　绅（1506年前后在世），字德彰，号尚友，淳城西隅人。弘治十一年（1498）贡生，授广西养利州知州。广设乡校，以《孝经》《小学》教之，变其旧习。

《雉洲文稿》

方天雨（1522年前后在世），字济甫，号三峰，淳安富山人。弘治十五年(1502)进士，授工部主事，升郎中，擢贵州左参议。

《三峰集》

何绍正（1515年前后在世），字继宗，号裕斋，淳安文昌人。弘治十五年(1502)进士，为吏科给事中，以事忤逆瑾，谪贬海州。后为池州知府，寻擢江西参政致仕。

《遗爱集》五卷

胡　坤（1520年前后在世），字一宁，淳安人。以贡分教姑苏，擢淮府教授，以礼法导生。既归，设教云坡，门下多名人，若徐楚其表著也。

《静山论》

鲍崇良（1554年前后在世），字遂甫，号杨峰。遂安十五都石塘人。天姿颖异，博通经史。嘉靖十三年(1534)房考胡爱其才，聘为西席。

《周易微言》
《容斋文集》

徐　楚(1499～1589)，字世望，号青溪，淳安蜀阜人。嘉靖十七年(1538)进士，官工部主事，转郎中。后迁山东兵备道副使，云南屯田副使,广西副使,四川布政司参政。有文武才。

《吾溪集》

《杜律解》

《蜀阜小志》

《青溪诗集》七卷(上海图书馆藏残卷照相底片。入《四库全书总目》)

《万历严州府志》二十四卷

《蜀阜徐氏世谱》八卷

吴世良(1548年前后在世),字叔举,遂安十八都人。嘉靖十七年
(1538)进士,知长洲县,改国子监博士,历广德州判官、广信府通判。

《云坞山人稿》十七卷

海　瑞(1514~1587),字汝贤,号刚峰,广东琼山(今海南海口市)
人。嘉靖二十八年(1549)举人,嘉靖三十七年(1558)五月升淳安知县,
嘉靖四十一年(1562)调江西兴国知县,后擢户部主事,嘉靖四十五年
(1566)上疏批评世宗被廷杖下狱,穆宗立始获释。隆庆三年(1569),迁
右佥都御史,巡按应天十府。万历十三年(1585)再起,为南京吏部右侍
郎,两年后卒于官,贫无以殓。谥忠介。

《海忠介集》六卷(清康熙刻本,2册,天一阁藏)。

詹　理(1570年前后在世),字燮卿,遂安十五都人。嘉靖二十九年
(1550)进士,授中书舍人,寻擢御史,按视甘肃兼督学使者。

《松堂诗文集》

徐廷绶(1515~1578),字受之,号锦泉,淳安河村人。嘉靖四十一年(1562)进士。初授刑部主事,寻升本部员外郎中,擢守辰州,升陕西臬宪。

《锦泉集》

《河溪集》

方应时(1570年前后在世),字以中,遂安十一都人。隆庆四年(1570)举人。为长泰令,擢丞肇庆。防江缉盗有奇绩,升南工部营缮清吏司员外郎。

《复古维风录》刻本

《瀛山书院志》刻本

《读书漫兴稿》刻本

汪 瀚(1584年前后在世),字子浩,遂安十八都灵川人。万历十二年(1584)以经学第一选拔贡生,任商邱县令,六载调芦山,邑人祠像思之。升庆府审理正。

《启奥》

《郭杨集》

《易林阐幽》

徐应簧(1589年前后在世),字轩卿,号凤谷,淳安蜀阜人(徐楚之子)。万历十七年(1589)进士。授大理评事,历虞衡司郎中,升武昌守,以军功升副使转湖广布政司参政,后进阶大中大夫。

《蜀阜小志》

《凤谷诗集》

《岞崿山堂集》

《游览吟编稿》

郑良弼(1596年前后在世),字子宗,号肖岩,淳安人。万历年间(1572~1620)举人。

《春秋存疑》

《春秋续义》三卷

《春秋或问》十四卷

《春秋续义发微》十二卷(入《四库全书总目》)

吴一杮(1601年前后在世),字德舆,号缵敬,淳安云峰人。万历二十九年(1601)进士,授扬州推官,擢工部主事晋员外郎司荆南榷政,升济南知府。

《云峰文献》

《左传汇约》

姜习孔(1603年前后在世),字素臣,遂安十八都人。万历三十五年

（1607）进士。初宰沅陵，后补泾县，调繁县、无锡，奏最，擢南吏科给事中。崇祯改元，起召南大理寺丞，晋南鸿胪寺卿。

《疏草》 数卷

毛一鹭（1604年前后在世），遂安十一都人。万历三十二年（1604）进士，曾任兵部左侍郎。天启年间（1621～1627）任应天巡抚。

《范文正公年谱》 一卷，补遗一卷(宋)楼钥撰，毛一鹭补遗(天一阁藏)

毛一公（1606年前后在世），字震卿，号明斋，遂安十一都人。万历十七年（1589）进士，初授汉阳府推官，后升工部给事中，继为光禄寺卿。

《历代内侍考》 十四卷(浙江省图书馆藏。入《四库全书总目》)

童时明（1607年前后在世），字醒予，淳安人。万历二十二年（1594）由选贡授永淳知县。

《时务》 八卷

《纯忠录》

《昭代明良录》 二十卷(浙江省图书馆藏)

韩　晟（1610年前后在世），字嵩少，广东博罗人。举人。万历三十八年（1610）任遂安知县。博学工诗文，为政以课士为先。

《遂安政考》 全书分七类四十二表

郑士瑛(1611年前后在世),字爱声,号商庵,遂安十二都人。邑增生,郑禹畴季子。

《南陔集》八卷

方尚恂(1613年前后在世),字威侯,号菉阿,淳安赋溪人。万历四十一年(1613)进士。授刑部主事,历员外郎中。出知建宁府,有政绩,升湖广副使。

《敝帚》

《麟旨》十二卷

《牖慈录》

《騑騑草》

《黔楚笔乘》六卷

《玉磬斋诗集》

《留耕堂文集》十卷

《闽况客路吟》

《谳略》六卷

《尺牍》五卷

余学颜(1625年前后在世),字卓轩,遂安四隅人。天启年间(1621~1627)副贡生,铨选得贵溪丞,署邑篆,有政绩,擢湖广留守司经历。

《己陈草》五卷

吴希哲（1631年前后在世），字睿卿，淳安云峰人。崇祯四年（1631）进士，有文武才。曾任广东惠州司理，以功擢刑科给事，转吏科都给事中。

《明允录》

《连年方略》

《云起堂集》十六卷

《春秋明微》二十四卷

《删评二十一史》

方一瑜（1635年前后在世），字伯玉，原淳安赋溪人。授经族叔方尚恂之门，故深于《春秋》，年十八为诸生。崇祯乙亥（1635）汇浙东西士选贡成均，一瑜以《春秋》魁其选，与萧山来集之齐名。

《麟旨因是》三十卷

吴颖芳（1636年前后在世），字茝若，号辛巘，淳安云峰人。崇祯九年（1636）乡试亚魁，文名藉甚，竟不得意于春官。

《麟经艺》

《辛巘文集》

《西泠五布衣遗著》十册（天一阁藏）

《临江乡人诗》四卷，拾遗一卷（天一阁藏）

吴达和（1639年前后在世），字节生，淳安云峰人。崇祯十二年

（1639）举人，居乡不谒令长，时号"孤竹"。授新淦知县，病不赴。

《麟经因是》

吴希敏（1640年前后在世），字鲁乡，淳安云峰人。吴希哲之弟。长于诗。

《峻社稿》

《奥游近韵》

余国桢（1640年前后在世），字瑞人，号劬庵，遂安七都人。崇祯十三年（1640）进士，授四川富顺令，多惠政。后归里杜门著述。

《田研斋集》

《劬庵类稿》

《点易支言》

《见闻记忆录》（记文、记人、记物、记异、杂记）五卷

黄金兼（1640年前后在世），字友砺，号秋蕃，遂安西涧人（受业余国桢）。崇祯八年（1635）中特闱选魁，清顺治甲午（1654）恩取廷试，钦授承德郎、州同知第一名；清康熙乙卯（1675）截取，辞不就。

《四书日记》

《居德堂诗古文集》

郑禹畴（1644年前后在世），字师禹，号纯孺，遂安十二都人。邑增

生。年十五擢第一名入泮。万历十九年(1591)乡试荐元不中,遂淡于仕进,潜心理学。近百岁卒。

《春秋纂要》

《小学汇解》

《仁致草庐文集》

吴人昌(1650年前后在世),字旭升,云峰人,吴希哲次子。拔贡生,博贯经史。

《学山园集》五卷

方逢年(1662年前后在世),字书田,遂安四隅人。天启二年(1622)进士。初典试湖广,发策忤魏忠贤,削籍归。崇祯年间(1628~1644)累迁礼部尚书、东阁大学士。

《雪涤斋集》

余鹏征(1711年前后在世),字抟九,遂安四隅人。明崇祯十五年(1642)、清顺治八年(1651)两中副车,莆田、高淳两刘侯先后聘修邑乘,郡县屡举乡饮正宾。

《疏注春秋大成》(与范文白、冯纳生合作)

姚振华(生卒年不详),字以发,遂安四隅人。弱冠时岁科试额取四名,振华获第一。设馆授徒,英才伟器多出其门。

《雪映楼诗词文稿》

沈国柱(生卒年不详),字公任,其先本越之山阴人,寓居淳安茶坡,后又徙居赋溪。妙解经脉,病必理其本。

《医通》四十卷

《青溪诊集》

汪起熬(生卒年不详),字跃鳞,遂安十八都人。究心青囊经,为先人卜兆遍游苏、松、淮、阳、亳、泗间,诸大家争延堪舆,名重江左。

《四元妙诀》

汪若浚(生卒年不详),字深仲,淳邑西郭村人。诸生。

《晚翠园集》

鲍良辅(生卒年不详),字朝庆,遂安十五都石塘人。邑诸生,授徒里中。

《呕心集》四卷

鲍惟观(生卒年不详),字尚宾,遂安十五都石塘人。郡诸生。

《摭史便览》

《耸翠山房文集》

王应凤（生卒年不详），字仲仪，淳安人。

《默斋稿》

商汝泰（生卒年不详），淳安人。

《商文毅言行录》

任绍尹（生卒年不详），字傅良，遂安四隅人。笔精墨妙，名震长安。

《玉泉书屋遗稿》

宋濂序（籍贯及生卒年均不详）

《商文毅藏书目》

清　朝

徐懋功（1654年先后在世），字叔元，淳安剑溪人。励志读书，与兄徐懋贤齐名。

《休园偶集》

余国常（1655年前后在世），字君舜，遂安四隅人。少颖悟，尤苦志力学，由恩贡入成均，考授州同。

《麟经要旨》

方叔元（1655年前后在世），字纯之，淳安金坂人。博学能文，必求
有用，邑令、丞皆折节下交。虽以诸生老，乡先辈无不北面称弟子。
《瓿馀集》

胡之琳（1656年前后在世），字介石，淳安云川人。顺治三年
（1646）乡荐，授江西新淦令。葺便民仓，增饰学宫。治事之暇，诗画自
娱。卒于任。
《淦水吟绩》
《吟念斋杂咏》

周上臣（1658年前后在世），字右子，淳邑西隅人。顺治十五年
（1658）贡生。
《右子诗集》

余学新（1659年前后在世），字习之，淳安塘坂人。幼聪俊，好读书。
为郡廪生，顺治六年（1649）巡按御史赵以优行荐。
《图南山房文稿》

毛际可（1633～1708），字会侯，号鹤舫，遂安十一都人。顺治十五
年（1658）进士，授河南彰德府推官。改知城固县，调祥符，皆有异政。旋

因事去官。康熙十七年（1678），以博学鸿词荐试，卓异。康熙二十二年（1683），浙抚修通志，聘为总裁。际可工古文，与毛奇龄齐名，四方从游者常屦满户外。

《灯迷》（天一阁藏）

《吴山纪游》（天一阁藏）

《黔游日记》

《松皋文集》十卷

《松皋诗选》二卷

《拾馀诗稿》四卷

《浣雪词钞》二卷

《映竹轩词》（浙江省图书馆藏）

《会侯文钞》二十卷（入《四库全书总目》）

《安序堂文钞》三十卷（浙江省图书馆藏二十卷。入《四库全书总目》）

《春秋五传考异》十二卷

方象璜（1659年前后在世），字雪岷，遂安四隅人，顺治十六年（1659）进士。曾任湖广荆州府推官、合肥知县等职。

《遂安县志》（康熙）十卷（与方象瑛等纂）

王起东（1660年前后在世），字震舒，遂安西隅人。岁贡生，授徒西泠，与诸名士唱和，毛鹤舫、方渭仁深器重之。

《得邻草堂文集》

章复亨（1660年前后在世），字乾生，遂安十八都人。顺治年间（1644～1661）贡生，以长子振菁贵敕赠史科给事中。

《**果斋诗史**》诸集

郑士瑜（1660年前后在世），字爱美，号净意。郑禹畴之子。遂安十二都人。与毛鹤舫、方雪岷诸人联语石会，声振文坛。康熙十五年（1676）应贡而卒。

《**春秋辑要**》

《**伊山近艺**》

姜燮鼎（1604～1682），字理夫，号圣胎、蜕庵。遂安人。姜习孔次子。少负异才，绝意仕进。诗冲淡隽逸，书画篆刻皆精绝。

《**高山集**》

《**山载唾余**》

《**留耕余墨**》

方一镰（1662年前后在世），字野闲，淳安赋溪人。方尚恂之子，康熙元年（1662）贡生。

《**文疬七砭**》

《**羼提道人集**》

童天采（1662年前后在世），字溯白，淳安邑西松厓人。康熙元年

（1662）恩贡生。有文名。

《湘草》

吴　宏（1663年前后在世），字芬月，号竹城，淳安云峰人。康熙二年（1663）举人，授四川盐亭知县，升河南汝州知州。

《文稿》

《鹅溪吟诗集》

王行健（1663年前后在世），字恒只，淳安赋溪人。博闻强记，领康熙二年（1663）乡荐，谒选校官试第一，特授安吉州学正。康熙二十年（1681）聘闽闱同考官，所拔多成名士。

《自怡集》

《赋溪小志》

方象瑛（1667年前后在世），字渭仁，号霞玉，遂安四隅人。康熙六年（1667）进士，授内阁中书。充顺天乡试同考官。授翰林编修，与修《明史》，迁侍讲。

《艮堂十戒》（天一阁藏）

《使蜀日记》（天一阁藏）

《游鸳鸯湖记》（天一阁藏）

《松窗笔乘》三十卷

《健松斋诗文集》二十四卷，续集十卷（浙江省图书馆藏，入《四库全书总目》）

《封长白山记》<small>（天一阁藏，入《四库全书总目》）</small>

《方氏先贤考》

毛士仪（1667年前后在世），字幼范，遂安十一都人。毛际可之子。康熙年间（1662～1722）贡生，任新城县教谕，升直隶宝坻知县，贵州思南府知府。

《映竹轩集》

余国棠（1670年前后在世），字君华，遂安四隅人。康熙元年（1662）岁贡生，官广西布政司理问。

《学庸参解》

姜奋渭（1670年前后世），字腾上，遂安人。康熙时（1662～1722）岁贡生，荐候补学博。工书法，楷隶草篆各擅其性。工诗。

《拙存草》

余联翮（1670年前后在世），字云将，遂安十四都人。康熙间（1662～1722）岁贡生。

《青芥园文集》

黄坚颖（约1670年前后在世），字子剑，清遂安人。邑廪生。

《棣萼楼文集》<small>八集</small>

吴　华（1672年前后在世），字子翼，淳安云峰人。性孝友。授徒百余，以敦行穷经为举业先。

《四书大全》

《尚书确论》

章振玉（1674年前后在世），字声先，号璞山，遂安珠水人。授徒讲学，从游者数百人。

《易经参解》

毛奇英（1674年前后在世），字洛少，遂安十一都义门人。邑廪生。教授五十余年，门下多成名士。

《五经性理截句诂义》

姜应焘（1674年前后在世），字书弁，遂安人。

《拳峰遗稿》

王合瑞（1675年前后在世），字辑五，淳安赋溪人。以康熙十四年（1675）拔贡领乾隆丙辰（1736）乡荐，截取知县。

《玉山遗文》

《玉山诗稿》

方士颖（1675年前后在世），字伯阳，号恕斋，淳安赋溪人。方一镳之子。顺治（1643～1661）末诸生。工诗赋。

《赋》二卷

《类钞》五十卷

《恕斋偶存》七卷（入《四库全书总目》）

《骈俪杂文》三卷

《严陵诗选》二十四卷

鲍　楹（1675年前后在世），字觉庭，余杭人。康熙十四年（1675）副贡，康熙三十四年（1695）任淳安训导，振兴文学，善书法，于诗教尤深。淳邑故多诗人，自唐皇甫湜后不下百余家。然无专汇，楹力事搜罗，得不传者三十九人，辑其遗诗，总题曰《青溪先正诗集》。

《青溪先正诗集》（入《四库全书总目》）

徐士讷（1676年前后在世），字恂若，淳安黄金里人。康熙十五年（1676）进士。授河南嵩县知县，以政绩卓著擢升山东济宁知府。

《亦种堂诗集》五卷

方元亮（1705年前后在世），字乾一，淳安进贤里人。康熙戊午（1678）亚魁，任平湖教谕，其教以白鹿洞规为宗。康熙乙酉年（1705）分校楚闱，所举多知名士。擢宁波教授。卒于官。

《讲课条约》

《经义事铨》

《卜学浅言》八卷

徐　行（1678年前后在世），字周道，清淳安人。诸生。尝思范文正言"不为良相，则为良医"，遂究习岐黄家言。

《伤寒遥问》十五卷

《续论遥问》三卷

《续方遥问》

《湖志·隐逸传》

毛升芳（1679年前后在世），字允大，号乳雪，又号质庵，遂安十一都人。康熙十八年（1679）由拔贡举博学鸿词，入高等翰林院，与修《明史》，分纂二十余传。

《古获斋骈体竹枝词》

《续修遂安县志》（康熙）十卷，首一卷（与刘从龙合纂，浙江省图书馆藏）

毛士储（1680年前后在世），字待旆，遂安十一都人。毛际可次子。初佐华州摄韩城，迁扶风令，以政绩卓异升冀州牧。

《骈体东园竹屿诗文稿》

方岳觐（1680年前后在世），字二崧，淳安舒溪人。于诗尤工，褪尽铅华，独标清质。

《霁园集》

方引祒（1680年前后在世），字子超，遂安四隅人。方象璜之子。十岁即详辨音律，尤精于《易》。

《天心集》

《读易凡例》

程士宏（1683年前后在世），字以任，淳城西隅人。负才不羁，康熙二十二年（1683）参与修县志。

《鹿耕集》

《啜茗草》

《未焚草》

周上如（1684年前后在世），字汝石，淳城西隅人。官余姚训导，博学工诗古文词。康熙时（1662～1722）岁贡生。

《秋感》

《山中吟》

《甲寅草》

《越游吟》

《武林篇》

《睦州漫兴》

《青苔园文集》

《近体山禽谣》

章振萼（1684年前后在世），字范山，遂安十八都人。康熙二十四年（1685）进士，曾任江西上犹知县，刑部主事，礼部给事中。

《燕台新艺稿》

黄云英（1686年前后在世），字顼云，遂安西涧人，诸生。贯通经史，杭州知府马如龙聘修府志；礼科章振萼初尹上犹时聘修邑志。历游吴、楚、燕、蓟间，皆以文章品行为时所重。

《易略》

《易隅》

《心悟》八卷（子黄丹颖为之续成）

周上治（1686年前后在世），字六云，号铁餐，淳城西隅人。康熙二十三年（1684）贡生。好读书，博观约取。

《易解》

《论语解》

《南村诗》

《苔园诗文集》

方士荣（1690年前后在世），字仲阳，淳安赋溪人，方一镶次子。

《萤芝园集》三卷

余联翘（1690年前后在世），字云昂，遂安十四都人。授生徒垂四十年。康熙间(1662～1722)岁贡生。

《牖世篇》

《左传绎》

《史记绎》

《南窗五录》

姜毓沧(1690年前后在世),字长源,遂安十八都人。邑增生。弱冠有文名,浙抚录入敷文书院,因母老辞归。

《音韵辨》

《思贻时文》

《果斋试艺》

《古文竣知集》

毛兆统(1691年前后在世),字韶宣,号毅斋,遂安十一都人。康熙年间(1662～1722)拔贡生。

《书文稿》

《易文稿》

《诗古文》

方一相(1694年前后在世),字用三,淳安舒溪人。好读书,从游多博学士。

《自怡集》

吴梦熊（1694年前后在世），字淑梦，号磻叟。淳安云峰人。康熙三十七年（1694）拔贡生。设教里塾，循循善诱，文士多出其门。

《四书》

《麟经》

《史论》四卷

吴　恕（1698年前后在世），字仁伯，淳安云峰人。康熙三十七年（1698）拔贡生。为文笔力万钧，学使张希良称为浙东西之冠，然不得意于场屋。例选教谕，未官而卒。

《四书大全》

《近村遗稿》

周　群（1698年前后在世），字雅远，遂安人。康熙三十七年（1698）贡生，雍正元年（1723）亚魁，任新城教谕。后以足疾不能远出，遂就家课徒。

《中庸解》

《性理旁训》

《孝经纂注》

《九经集解》

《淡庵诗集》

《嘘云楼制义》

《读易斋周易解》

任日新（1700年前后在世），字自新，遂安三都人。家贫嗜学，业师周群谓其"理正法纯，词圆意足"。设馆授业，入泮者以数百计。

《时习稿》

方引祺（1700年前后在世），号安洲，遂安四隅人。方象瑛之子。以明经任武康训导。

《安洲文集》

方象琮（1700年前后在世），字玉宗，遂安四隅人。康熙五十三年（1714）贡入成均廷试第二，得邑丞，弃官而归。

《沁园偶吟》

王起鶲（1702年前后在世），字汉仪，遂安四隅人。岁贡生。邑侯吴闻其名，延入主义学。聘修邑志，谨严得史体。

《昌明集》

《讱斋文稿》

吴　容（1702年前后在世），字淑大，淳安云峰人。幼颖悟，由廪生中康熙四十一年（1702）副车。教授多成名士。

《尚书文稿》

郑起蔚（1705年前后在世），字霞思，遂安三都人。康熙四十四年

(1705)举人。内阁中书。

《尚书礼记解》

鲍兆林(1705年前后在世),字雨清,号潜庵,遂安十五都人。郡增生。

《别裁集》六卷(诗)

《一言编》(诗经文稿)

姜联元(1705年前后在世),字三如,遂安人。康熙四十四年(1705)领乡荐,晚年为临安教谕。

《塾课帝王歌》

詹铨吉(1705年前后在世),字卜臣,遂安十五都人。康熙四十四年(1705)解元,康熙四十八年(1709)进士。任翰林院检讨,充治河方略纂修官。后以手颤告归。

《燕台集》

《双柏轩集》

《寿樟楼集》

余彦采(1710年前后在世),字集英,号敬斋,遂安七都人。邑诸生。

《制艺》

《诗古文词》

余鸣驹(1710年前后在世),字若千,遂安四隅人。十岁能文,弱冠补诸生。

《汲古家藏文集》四卷

毛抟霄(1710年前后在世),字南溟,遂安十一都人。毛际可之孙,毛士储之子。康熙间(1662~1722)岁贡生,山阴县训导,嵊县教谕。

《涧滨堂诗文稿》

王嘉烈(1711年前后在世),字逊功,号钝庵,淳安赋溪人。康熙五十年(1711)副贡,领癸巳(1713)魁荐谒选,得缙云教谕。

《钝庵文稿》

方棻如(1711年前后在世),字若远,淳安赋溪人,方楘如之兄。

《缘情诗略》

《尚书通义》

黄　芬(1711年前后在世),字闇生,遂安西涧人,郡廪生。

《远芳斋诗文集》

毛兆松(1713年前后在世),字虬苍,号瞻虹,遂安人。郡庠生。

《孝友录》

方楘如(1713年前后在世),字若文,一字文辀,号朴山,淳安赋溪人。康熙四十五年(1706)进士。官直隶丰润知县。乾隆元年(1736)举博学鸿词。晚主敷文讲席。工诗古文词,与方舟、方苞并称"三方"。

《诗集》六卷

《唤作诗》

《读礼记》

《读书记》八卷

《家塾晚课》

《朴山存稿》

《朴山续稿》

《周易通义》十四卷(入《四库全书总目》)

《尚书通义》十四卷(入《四库全书总目》)

《毛诗通义》十四卷(入《四库全书总目》)

《集虚斋四书口义》十卷(浙江省图书馆藏)

《离骚经解》

《郑注拾潘》十二卷

《五经说疑》四卷

《四书大全》八十卷

《四书考典》四十五卷

《十三经集解》四十卷

《集虚斋学古文》十二卷(入《四库全书总目》)

《淳安县志》[乾隆] 十六卷,首一卷(与刘世宁纂修,浙江省图书馆藏)

方菜如（1714年前后在世），字药房，号荔帷，淳安赋溪人。县学生，工诗。授徒课子，渊源伊洛。

《古赋》

《周易通义》

《自咏诗》八卷

《性礼本义》三卷

《仪礼句读》二卷

《经书通解》三十二卷

《诗经类对赋》

《下学斋杂著》二卷

方儒林（1714年前后在世），字儒人，遂安十六都人。幼颖异，九岁游庠，选拔入太学，博览群书，善诗古文。授徒门多名俊。

《新韵考》

《漱石园集》

《舆图汇考》

姜曾槐（公元1715年前后在世），字槐庭，姜毓沧之子，遂安十八都人。幼承家学，以默五经入府学。诗宗老杜。

《木轩诗稿》

余叔纯（1715年前后在世），字与文，遂安四都人。邑诸生。幼颖异，六经子史靡不穿贯,尤精于《易》。

《周易读》五卷

毛辉祖(1715年前后在世),字光远,遂安十一都人。邑诸生。

《鹿溪诗稿》

吴敦矩(1717年前后在世),字方侯,号平轩,淳安云峰人。康熙五十六年(1717)领乡荐。合邑公举孝廉方正,谢不赴,选景宁教谕,以疾辞。

《读书录》

《四书文稿》

《春秋三传注解》

方词林(1717年前后在世),字文山,遂安人。康熙间选贡,尤精经学,教授生徒多有造就。

《诗说》

《易想》

《尚书节注》

《礼记纂要》

《春秋类言》

童 琼(1717年前后在世),字崐圃,遂安十三都人。湛深经术,仪表士林。童玑之兄。

《纂辑四书大全》

《笺注杜工部全集》

毛览辉（1717年前后在世），字以翔，号友桐，遂安十一都人。以贡任景宁教谕，课士有方，升井陉令。康熙二十四年（1685）移刺定州康熙三十五年（1696）迁河东都转盐运使司。

《安序堂试草》

梁　炳（1718年前后在世），字豹文，淳安人。弱冠补弟子员，受业于方朴山，有文名。习书画，耽吟咏，恣情山水，燕、赵、陕、滇、蜀、黔，广游历殆遍。

《桐阴草堂诗集》十卷

余雍征（1720年前后在世），字和侯，遂安四隅人。廪贡生。

《周易管见》

方锡绅（1720年前后在世），字颛书，遂安四隅人。司训方引禩季子。邑诸生。

《性理解》

《巽斋文集》

郑　良（1720年前后在世），字锡公，遂安十二都人。性颖悟，应郡县督学童子试，皆第一。康熙五十九年（1720）举人，拣选知县。

《省堂诗古文集》

《四书春秋文稿》

姚秉丰（1720年前后在世），字大章，遂安四隅人。潜心经史，书法过人。课授生徒，门多名俊。

《蓉塘文集》

郑　珂（1720年前后在世），字石润，号瑶圃，遂安十二都人。郡廪生。

《濯锦堂集》

姜曾蕃（1720年前后在世），字椒庭，遂安十八都人。勤学能文，尤长古诗词赋。康熙年间（1662～1722）郡增生。

《诗书易解》

《颐堂诗稿文集》

余光远（1720年前后在世），字菉秀，淳邑东隅人。

《磊人集》

余承乾（1722年前后在世），字载若，号屏山，遂安宋祁人。馆郑氏伊山,多所成就。晚以明经授教职,辞不赴,闭户著书。

《屏山遗集》

黄广禧(1722年前后在世),字箕五,遂安十八都人。岁贡生。

《蒙山稿》

童　玑(1722年前后在世),字璿文,遂安十三都人。郡廪生。

《听月楼文稿》

郑起韩(1722年前后在世),字文思,遂安三都人。庠生。性端悫,博通经史。

《西山集》八卷

应融吉(1724年前后在世),字孔昭,号漪园,淳安人。雍正二年(1724)贡生。后以岁荐授天台司训。

《漪园集》

余士依(1724年前后在世),字希纯,遂安十都人。雍正二年(1724)进士,初令宁国、复补峡江县,调繁昌县地。历官二十余载,始终淡泊自如。

《四书文稿》

何　椿(1726年前后在世),字先声,淳安文昌人。雍正四年(1726)、雍正七年(1729)两拟荐魁,弗售。

《戛玉集》八卷

方集如(1728年前后在世),字若虞,淳安赋溪人。年二十补博士弟子,学使张石虹、彭直上皆以国士遇之。蹶于场屋,以明经老。

《环中集》

《遥村诗》

吴肇镐(1728年前后在世),字缵文,遂安洣水人。以增生膺乡饮正宾,学行兼优。雍正六年(1728)、乾隆二十四年(1759)两修宗谱俱任编辑。

《淡圃窗艺》

《抒郁偶吟》

姜隍周(1729年前后在世),字云和,遂安人。雍正七年(1729)拔贡生。

《千仞山房文集》

吴茂育(1729年前后在世),字肩宇,号敬斋、学范,淳安云峰人。雍正七年(1729)拔贡生,选顺天宛平县丞,以清慎著闻。

《方灵皋王耘渠诸名家评叙四书文》

方觐殷（1729年前后在世），字质中，遂安大墅人。幼聪颖，年十三入泮，雍正七年（1729）食饩，乾隆十八年（1753）膺岁荐。

　　《朴庵存稿》

　　《家乘琐节》

　　姜士崙（1730年前后在世），字峻山，号平斋、萼堂，遂安十七都人。雍正年间（1723～1735）以进士授文安县知县，捐俸筑堤，民感戴，升天津府同知。后奉特旨授河南归德府知府。

　　《姜平斋稿》（古文诗词集）

　　郑国藩（1730年前后在世），字价侯，郑应调之子。遂安三都人。立品端方，通贯经史。

　　《大易指掌》

　　《曲台记辨异》

　　郑尚瑗（1730年前后在世），字蘧仪，号惺斋，淳安鲤溪人。资质颖异，天性诚笃。雍正年间（1723～1735）廪贡生，任鄞县训导。

　　《悦心集》

　　余之俊（1730年前后在世），字杰公，号畏庵，遂安七都人。邑诸生。年过三十绝意科名。

　　《青囊论略》

方锡纲（1742年前后在世），字孟常，遂安四隅人。雍正十三年（1735）举人，乾隆壬戌年（1742）会试后奉旨拣选知县，在籍授徒。

　　《左传类编》

　　《萼云楼杂著》

　　黄丹颖（1735年前后在世），字林一，遂安八都人。岁贡生。性精敏，下惟十余载，博极群书。邑令李锺倬慕其经术，聘主义学。

　　《心悟》八卷

　　王元镳（1736年前后在世），字鸾音，遂安十六都人。邑诸生，生而颖异，博通坟典，馆川南二十余载。

　　《芹水文集》

　　程　夔（1738年前后在世），字韶一，号半塘，淳城镇人。乾隆三年（1738）贡生。

　　《西湖集》

　　《青溪小志》

　　《半塘文集》

　　《宜园诗草》

　　方　庶（1740年前后在世），字以蕃，号砚樵，遂安十六都人。性嗜学，善诗画，谨饬端方，高隐不求仕进。

《砚樵前集》

《砚樵后集》

黄　鋆（1740年前后在世），字长西，号诚斋，遂安十八都人。弱冠补邑诸生，博涉经史，遍交海内名士。工诗。

《周易解》

《桂斋课艺》

郑见龙（1741年前后在世），字雨文，号讱斋，淳安南河人。乾隆六年（1741）拔贡生，乾隆九年（1744）领顺天乡荐。初署江南砀山令，有能声，移授如皋。

《讱斋家训》

毛绍睿（1748年前后在世），字时绎，号念轩，遂安十一都人。毛览辉之子。乡试第六名。主政刑曹，擢员外郎晋郎中。实授南道监察御史。

《念轩制艺》

郑　碔（1750年前后在世），字鲁岩，遂安水南人。邑诸生。少警敏，姜刺史士崙初宰文安，游学署中，得其薪传，为文力追秦汉。旋受知于中丞。

《燕南诗稿》

《月峰文稿》

姜士稷（1750年前后在世），字开周，遂安十都人。诸生。

《泗石书屋文稿》

方名辅（1750年前后在世），字仁亭，方庶次子，乾隆十六年（1751）圣驾南巡，成迎銮连珠十咏，钱塘桑调元评刻行世。

《月窟诗集》

《迎銮连珠十咏》

余之遴（1750年前后在世），字万简，遂安金峰人。邑诸生。

《四书要旨》

唐梦容（1750年前后在世），字廷仪，遂安十六都人。性敏悟，游庠后贡入成均。因母老绝意仕进。

《燕诒堂文集》

郑　濂（1753年前后在世），字茂川，号颐堂，遂安人。乾隆十八年（1753）举人，任温州府训导，鄞县教谕，迁华亭知县（一说丰县知县）。

《蓉湖诗草》

《仪松堂文集》

余鼎铨（1753年前后在世），字御占，遂安四隅人。乾隆十八年（1753）恩贡生。邑侯李延入义学，多所造就。

《唐诗选》

《易经训义》

《天崇文选》

方　淠（1755年前后在世），遂安初龙人。乾隆年间（1736～1796）岁贡生，乐清县训导（得官时年已七十三岁）。

《四书读法》

《诗韵三声汇谱》

《字母反切图考》

《周易三十六宫图》

王世维（1756年前后在世），字维之，淳安人。乾隆二十一年（1756）举人，乾隆三十四年（1769）会魁。历任工部司务虞衡司主事、营缮司员外郎。

《诗馀》

《学古文》

《经义脱稿》

《集吾巢诗稿》四卷

余元春（1758年前后在世），字青野，号芝田，遂安人。雍正十三年（1735）选贡生。乾隆二十三年（1758）选授汤溪县教谕，以疾卒于官。

《易经蠡解》

《性理诂义》

《永锡堂制义》

《对松楼诗稿》

潘协和（1759年前后在世），字峰玩，淳安桥西人。乾隆二十四年
（1759）岁贡生。八岁能文，稍长工诗赋，尤喜书法，旁及易象、星学、岐
黄等书。

《荥阳家塾文稿及诗集》

周问陶（1760年前后在世），字宪谐，遂安璜溪人，邑廪生。博览群
书，于经史多所穿贯。

《璜溪小记》

潘葆和（1765年前后在世），字含素，淳安桥西人。乾隆二十七年
（1762）举人，参与乾隆乙酉年（1765）修邑志。

《四书会心》十卷

《澹川诗草》若干卷

王　阆（1764年前后在世），字简臣，淳安人。清乾隆甲申（1764）岁
贡。性静谧，不妄交游。诗文理法清真，俱以先正为宗。一时名儒老宿咸
敬仰之。

《王简臣试帖》

姜遇周（1765年前后在世），字渔屿，遂安十七都南洲人。乾隆年间（1736~1796）由廪生拔贡，充实录馆纂修，授都昌县县丞。

《燕台集》

方引彭（1765年前后在世），字商贤，遂安四隅人。乾隆年间（1736~1796）岁贡生，候选训导。

《纂易讲语》

《语石庵记》

方引隆（1765年前后在世），字雇三，遂安四隅人。甫四岁而孤，家道中落。比长，训徒为生。

《诗古文词》

《唐诗集联》

胡源凯（1765年前后在世），字左元，淳安威坪人。由乾隆三十年（1765）拔贡历署遂昌、汤溪、仁和、鄞县、乌程、平阳、开化县教谕。

《云溪草堂文集》

洪绍淹（1770年前后在世），字景范，号笔峰，遂安十七都人。以明经老。

《尚书卮言》

《斯是轩时古文》

吴希范（1783年前后在世），字少纯，淳安云峰人。乾隆四十八年（1783）副贡生，任云和县教谕。

《敬业堂稿》五集(诗稿)

《西湖即事诗》

方大壮（1785年前后在世），字履占，遂安石壁塔人。弱冠补诸生，屡列高等。以家道中落，专事教学。

《石空山房诗集》

王世纲（1786年前后在世），原名玉辉，字冈芝，淳安人。由乾隆五十一年（1786）优贡朝考第一肄业国子监，后授金华县训导。乾隆五十三年中进士，授湖南江华知县调置衡阳、邵阳等县，俱有惠政。

《滇南纪行诗》

《平苗纪事诗》

《题莳竹十二景诗》

《江华十景暨各名胜诗》

吴麟太（1796年前后在世），字在效，淳安云峰人。工诗文，由乾隆五十七年（1792）贡历署汤溪、黄岩教谕。嘉庆元年（1796），知县巩懿修荐举孝廉方正，力辞不就。

《味经斋制艺》

方化从（1800年前后在世），字鲤涛，淳安渡市人。嘉庆六年（1801）拔贡生。

《覆瓿集诗赋》若干卷

章　达（1800年前后在世），字非闻，遂安十八都人。家传医学，达扩充而精之。

《女科医则脉诀纂要》

吴麒太（1800年前后在世），字在圃，淳安云峰人。吴麟太之弟。附贡生。援例授长芦、兴国盐场大使委办、陕甘粮台。精岐黄，治病多奇效。钱塘关庶子槐取其昆季时文同刻艺林合编行世。

《艺林合编》

王发光（1801年前后在世），字熙铭，淳安文屏庄人。嘉庆六年（1801）拔贡生，朝考二等，以教职用。

《毅斋文集》四卷

毛凤五（1801年前后在世），字春林，遂安西涧人。嘉庆六年（1801）拔贡生，朝考一等第一名，选授嘉兴石门县训导。

《浯溪诗草》

《唐集联珠》

《经学辟谬》

汪上彩（1807年前后在世），字葆园，号景袁，遂安仙居人。嘉庆年间（1796～1820）贡生。

《葆园诗续》

《培桂山房诗钞》

余俊修（1810年前后在世），又名兆秀，字友梅，遂安叶家人。精岐黄术，嘉庆间知县张本奖以"术精手妙"额。

《跌打精英》

《相黄头画眉等鸟词》

吴企奭（1810年前后在世），字棠荫，淳安云峰人。嘉庆十五年（1810）贡生，嵊县训导。

《雕龙斋诗赋稿》

《环荫塾课》

《雕龙文集》

吴鸿飞（1828年前后在世），字作宾，遂安洙水人。乾隆三十年（1765）选为贡元，授昌化教谕。

《随轩诗草》

《应酬类集》

胡理儒（1835年前后在世），字纯修，道光间（1821～1851）遂安黎墅人。贡生。

《四书讲义》

汪曾梅（1840年前后在世），字问和，遂安十四都人。道光间岁贡生，例授修职郎。设帐课徒，老死牗下。

《拾香草》

《蕉窗录》

吴丹葶（1844年前后世），字秋岩，号小山，淳安锦溪人。郡廪生。设馆邻村，性至孝。卒后门人并其遗稿，汇梓一帙。

《官训要言》

《吴孝子阐孝录》

毛　淦（1849年前后在世），字景澄，号丽堂，又号诵芬子，遂安十八都人。少随宦滇南，以廪贡授武康教谕，擢建昌、南城知县。服官清慎，以劳瘁卒于官（此书据浙江文献专刊，系手搞本）。

《遂安辛壬纪略》

《善补过斋文稿》

洪自含（1850年前后在世），字润章，号子泉，遂安霞社人。贡生。生平利济为怀，浙江巡抚王有龄奖以"乐善不倦"额；左宗棠奏保国子监学正衔，赏加光禄寺署正衔。

《**劝善救劫录**》六卷

吴鼎钧(1855年前后在世)，字牧金，淳安锦沙村人。邑增生。咸丰年间(1851～1861)举孝廉方正。

《**学庸挈领**》

《**四书讲义**》

《**五经讲义**》

章华翰(1858年前后在世)，字宝书，遂安东亭人。岁贡生。铨选训导。

《**应酬录**》

《**课徒诗草**》

童萼新(1860年前后在世)，字联园，遂安青山人。肄业严陵双峰书院，咸丰十年(1860)恩贡生，试用教谕。

《**诗话**》

《**童氏儒林图考**》

王　绅(1862年前后在世)，字近书，遂安芹川人。邑诸生。

《**留在堂诗钞**》

徐国矩(1873年前后在世)，字挈平，号星祥，遂安十三都杨村人。

同治十二年(1873)由拔贡举于乡,晚年设帐授徒。

《音律图考》

《都中日记》

《洪杨乱后诗》

《聚英轩文稿》

余郁炳(1877年前后在世),字黻舒,遂安四隅人。光绪二年(1876)恩贡生,候选州判。

《四书批解》

徐秉礼(1880年前后在世),字仰周,淳安昌谷人。同治九年(1870)提考优质,就职州判。通经史,旁及岐黄、堪舆家言。

《堪舆宝鉴》

《地理秘旨》

《恒斋塾课诗文遗稿》

胡毓秀(1882年前后在世),字钟山,遂安黎墅人。光绪八年(1882)岁贡生。

《胡传经堂诗韵赋料》

毛简承(1886年前后在世),字公铨,遂安十一都人。光绪十一年(1885)拔贡生。平生设帐授徒,门多名俊。

《鸡鸣草》

姚书彦（1897年前后在世），字鉴文，遂安四隅人。弱冠游邑庠，旋补增广生。家贫，笔耕为活五十载。

《枕经书屋诗赋稿》

余肇桢（1898年前后在世），遂安武山人，咸丰八年（1858）举人余良厚冢孙，家世业儒，独善青乌术，深得赖氏秘传。

《地理要决》

童如琏（生卒年不详），临岐合浦人。邑庠生。家贫力学，精于性理。幼失怙，父患病二十余载，躬侍汤药不倦。设教吴山，获异梦归，沐浴更衣，至亲前嬉笑，嘱子孝亲读书，他无一言而殁。

《摽叶稿》

《诗经纂》

《性理析言》

方梦龙（生卒年不详），字化池，遂安四隅人。增生。

《四书通微》

《博爱文集》

王道隆（生卒年不详），字受一、授易，遂安九都人。邑诸生。

《迈庵稿》

《诗古文集》

吴鼎铨（生卒年不详），字六长，号逸樵，淳安云峰人。诸生。善治诸病，时称"国手"。

《医案》二卷

姚书灼（生卒年不详），字俊三，遂安四隅人。邑廪生。淳邑人士聘主西席，生徒济济，称盛一时。

《杏桂书屋杂组》

毛云孙（生卒年不详），字谟远，遂安十一都人。天资卓绝，文不加点，诗歌似白香山，摅写性灵，不下十万余首。乾隆年间（1736～1796）岁贡生。

《苍山诗草》（浙江省图书馆藏）

《须江行草》二卷（浙江省图书馆藏）

毛绍载（生于清乾隆年间（1736～1796）），字问渠，遂安十一都人。

《疏庵诗文稿》

余初锡（生于清乾隆年间（1736～1796）），字卜九，遂安松林人。岁贡生。家贫力学，于周易性礼尤著。授徒数十年，以明经终。

《涧渠集》

余建勋(生于清乾隆年间(1736~1796)),字翼廷,遂安十三都人。安贫嗜学,博通经史。

《易学心解》

《清可斋诗稿》

章载德(生于清乾隆年间(1736~1796)),字行九,遂安十五都人。诸生。

《文笔吟》

《宏远堂文集》

王心镜(生卒年不详),字虚堂,号芹溪渔者,又号天竹苏人,清遂安芹川人。附贡生。

《弃馀草诗稿》

王国佩(生卒年不详),字维玉,号璞翁,遂安人。诸生。

《平心庄诗文集》

王起巡(生卒年不详),字春间,遂安四隅人。郡诸生。

《省斋文稿》

毛　咸（生卒年不详），字韶成，遂安人。屡以太学赴省试不售，遂绝仕进，以吟咏自适。

《一峰轩集》

毛绍兰（生卒年不详），字佩芳，一字溥堂，号云樵，遂安人。博通经史，能诗；善摹印，一以秦、汉为法，颇自矜贵。

《雪樵诗钞》

方棠如（生卒年不详），字若召，号憩亭，淳安赋溪人。敦厚周慎，弱冠游乡校，试不售。

《五经义》

《憩亭诗草》

方宽然（生卒年不详），字栗甫，淳安赋溪人。方棠如之子。年十七补博士弟子，年三十因母亡而咯血病死。

《铸古斋集》三卷

《三峡词源》十二卷

吴　均（生卒年不详），字秉之，遂安洙水人。弱冠以第一入邑庠，寻以高等补增广生。

《台峰诗草》

《赠答诗草》

余　璜(生卒年不详),字人伟,遂安凤山人。性孝友,博闻洽见。授经里门五十余载,多所成就。

《步月斋诗集》

余士荃(生卒年不详),字揆予,号蕙园,遂安七都人。郡诸生。自少颖悟,年十二督学师擢冠其曹,名噪六邑。

《研菜池诗集》

余公陶(生卒年不详),字薰成,遂安十四都人。邑增生。

《蝉鸣集》四卷

《默斋文稿》八卷

余兆遇(生卒年不详),字青选,号孑难,遂安金峰人。郡廪生。

《孑难诗集》

《孑难时艺》

余其俊(生卒年不详),字彦升,号仰斋,遂安人。从毛云孙学,称高弟。年近五旬始入泮,设帐授徒,名俊多出其门。

《精一轩文集》

余际逮(生卒年不详),字翘九,遂安珠渊人。郡增生。

《啸天赋钞》

《安雅轩文稿》二卷

余纶锡(生卒年不详),字掌丝,遂安十四都人。郡增生。天资英敏,博通经史。

《培风诗稿》四卷

汪　汉(生卒年不详),字文石,淳城西隅人。为人倜傥。游历南北各地名胜,工诗画。

《历览吟》

《率性草》

汪　忭(生卒年不详),字展廷,号士纯,淳安人。

《道岸堂集》

汪风阶(生卒年不详),字传纶,号篆香居士,淳安人。忠厚质朴,尝谓人曰:"一'善'字子孙受用不尽,一'勤'字毕生吃着有余。"

《鸡肋诗草》

《古训类钞》

汪世烈(生卒年不详),字伊美,号古愚,淳安人。贡生。

《探梅草庐诗存》

沈兆奎(生卒年不详),淳安人。

《省斋诗稿》手稿(浙江图书馆藏)

郑　仑(生卒年不详),字龙源,遂安十二都人。经史百家,靡不淹贯。

《周易指南》

《正谊山房文集》

郑心生(生卒年不详),字又存,遂安十二都人。自幼颖睿超群,魁梧奇伟,寿近九十。

《毓桂堂文集》

郑瑞周(生卒年不详),字公濯,遂安十二都人。性孝友,甘淡泊,年三十七始入泮。

《大观楼集》

郑鼎铨(生卒年不详),字卓瞻,号次峰,遂安十二都人。岁贡生。

《对松楼诗文》十卷

姜绶周(生卒年不详),字继侯,遂安十七都人。邑诸生。

《漱芳斋诗文集》

姜毓麒(生卒年不详),字圣祥,遂安人。

《管见集》

章成德(生卒年不详)，字纯士，遂安十五都人。性警敏，弱冠补诸生。

《芹藻录》

《云墅吟》

《集古稿》

章梦莲(生卒年不详)，遂安鳌峰人。邑增生。

《半砚录文集》

《补拙轩诗稿》

章鼎辉(生卒年不详)，字冠远，遂安十六都人，邑诸生。

《诗解》

童　升(生卒年不详)，字聚上，遂安一都人。课子侄，为文必先构数艺，顷刻立就。

《河洛先后天解》

章葆熙(生卒年不详)，字撰成，遂安十八都鳌峰人。附贡生。

《一斋氏诗集》

鲍承烈(生卒年不详),字绍武,遂安十五都石塘人。性笃孝,尚清节,年二十五即绝意仕进。家贫,授徒开化县,扶弱济贫,多有善举。

《日新斋文集》

商元震(生卒年不详),字祖年,淳安芝山人。由岁荐授象山学训,在任使象山文风日振。以疾卒于官。

《陶韦馀波》

黄　森(生卒年不详),字筠长。遂安人。黄凝禧孙。贯通经史,负干济材,遍游幽、燕、荆、楚间。

《星沙制义》
《燕游武林诗稿》

毛守垣(生卒年不详),字儒臣,遂安人,邑廪生。刻志问学,试辄冠军,怀才不寿,士林惜之。

《涵翠轩文稿》

余怀信(生卒年不详),字谏卿,遂安金峰人。邑诸生。

《学庸讲略》

余复元(生卒年不详),字长人,遂安金峰人。邑诸生。

《四书便解》

《诗经便解》

余允宜（生卒年不详），字允荐，遂安金峰人。邑诸生。
《春秋卓解》

汪中藻（生卒年不详），字友鱼，遂安十八都人。邑廪生，善鼓琴。
《琴谱心悟》

余成章（生卒年不详），字六成，遂安七都人。诸生。晚举郡邑介宾。
《日省格》
《太平歌》
《养生要诀》
《铎世昌言》
《祸福先知录》

项永升（生卒年不详），字进思，遂安叶林人。县诸生。教授生徒，名
隽时出。
《塾课》
《四书文稿》
《春秋左传纂解》

吴家骝（生卒年不详），云峰人，吴陆善之子。邑廪生，长于文。

《学渊》

方树梅(生卒年不详),字雪芳,进贤里人,武林司训方飑佐之子。通六经诸史,棘闱两荐弗售,年三十八卒。

《制义类集》

唐　彪(生卒年不详),字仲韦,遂安十六都人。诸生。

《四书宗旨大全》

郑师孟(生卒年不详),字慎其,遂安十二都人。郡诸生。

《禹贡注解》

《嘘云斋课艺》

章作梅(生卒年不详),字占一,遂安鳌峰人。工古文词。

《四书补遗》

《流彩山房制艺》

余升发(生卒年不详),字荐宜,遂安人。邑诸生,余致元第三子。

《敦行集训后》

余　谟(生卒年不详),字景文,遂安宏贤人。岁贡生。

《青来山房制艺》

方汝霖（生卒年不详），字筑岩，遂安初龙人。诸生。

《春秋摘要》

《毛诗删约》

余鼎垣（生卒年不详），字次恭，遂安四隅人。郡廪生。

《周易解》

《学庸精义》

《浣云居文集》

王万世（生卒年不详），号深公，淳安人。雄文古学，岁贡授山阴训。

《元寄集》

虞世恺（生卒年不详），字百揆，淳安人。

《论语传习》二卷

胡观洁（生卒年不详），字安澜，遂安大麦塘人。邑增生。

《通鉴节要》

《洋务类编》

仲昂庭（生卒年不详），淳安人。

《广蚕桑说辑补》二卷

近现代

徐　炳（1878～1953），字斗生，号云巢，原蜀阜乡古虹村人。清末拔贡。曾任省立第九中学严州中学教员。1947年2月聘为《淳安县志》编纂。1950年10月被选为淳安县各界人民代表大会副主席。

《云巢腾墨》

方赞修（1879～1940），字述斋，号纫兰，原威坪镇黄江潭人。清末拔贡，同盟会委员。先后担任浙江省临时参议会会员、省立第九中学校长、省制宪议会议员、石峡师范讲习所所长、省府警务秘书、上虞县县长、淳安中学校长等职。

《勘灾杂咏》

《医验录存》

《先德见闻录》

《饮渌山房文集》

邵瑞彭（1887～1937），一名寿篯，字次公，原清平乡（富文乡）查林村人。曾任同盟会浙江支部秘书，同时也是光复会、南社重要成员。1921年赴广州出席选举孙中山为非常大总统的国会非常会议。1923年10月，因抵制曹锟贿选而著称于世。后任北京大学教授、河南大学国文系主任。

《斋诗钤》

《扬荷集》四卷（词作），双玉蝉馆刻本，1930年（浙江省图书馆，国图古籍馆普通古籍阅览室）

《山禽馀响》

《尚书序目决疑》大梁刻本，1932年，朱印（国图古籍馆普通古籍阅览室）

《泰誓决疑》或《太誓决疑》大梁刻本，1933年，朱印（国图古籍馆普通古籍阅览室）

胡润桐（1898～1970），字干周，原威坪镇人。上海吴淞工业专科学校毕业。曾创办威坪电灯厂，县城明乐电灯厂，茶园电力碾米厂。后任屯溪镇永明电灯公司、江苏吴江平望镇电灯厂、南京市自来水厂工程主任和上海龙华机械厂工程师。

《干电池秘诀》

《超外差无线电之研究》

项德言（1902～1987），字润生，原清平乡（富文乡）项宅人。1926年加入国民党，1927年参加北伐军。曾任天津《民国日报》主编，国民党中央宣传部文艺科、指导科总干事、科长、专员，国民党党部执行委员兼军委会新闻局贵阳新闻处少将主任等职。

《绣球》（长篇小说）上海新宇书店出版，1931年

《三百八十个》（小说集，署名鲛人）上海良友公司出版，1935年10月（国家图书馆书目）

徐丰彦（1903～1993），原蜀阜乡古虹村人。1927年上海复旦大学生物系毕业，1935年获英国伦敦大学哲学博士学位。曾任中央研究院心理研究所副研究员，中央大学医学院、上海医学院生理学教授。新中国成立后，先后任上海第一医学院教务长、基础医学部主任、生理教研室主任、上海医科大学专家委员会委员，同时，还担任中国生理学会第十一、十四、十五届理事。

《人体生理学》华东医务出版社，1951年10月；人民卫生出版社，1989年8月（国家图书馆书目）

《人类生理学》（译著）1952年出版

《生理学教材》人民卫生出版社，1963年（国家图书馆书目）

《动物心理学》湖南教育出版社，1986年8月

王廷拔（1907～1985），字致诚，号子鑫，威坪镇侯川口人，黄埔军校第四期、陆军大学正则班第十六期、参谋大学第三期、革命实践研究院第十五期结业。历任排长、连长、营长，少将独立团团长、少将监察处处长等职。1949年去台湾，任少将专员。

《图上战术》1937年

《现代游击战》

《致诚诗文稿》

《实用基本战术》

《陆军部队之监察》

《军事监察机构与训练》

王圣扬(1908～1993)，王阜乡王村埠人。浙江大学工学院电机系毕业，任商业部上海交电采购供应站商品研究室高级工程师。

《民用电器商品学》黑龙江人民出版社，1963年(国家图书馆书目)

《电工材料商品学》黑龙江人民出版社，1963年(国家图书馆书目)

《电工仪表商品学》黑龙江人民出版社，1964年(国家图书馆书目)

叶甲壬(1909～1991)，威坪镇叶家村人。1930年毕业于省立第九中学师范讲习科。1958年调北京军事医学科学院军事劳动生理研究所筹建海军组，1964年至上海海军医学研究所任潜水生理研究室主任、教授、顾问、技术职务评审委员，并兼任《医学百科全书·航海潜水医学分卷》编委和《海军军事医学》杂志主编。

《实验室玻璃仪器吹制法》

方海春(1912～1970)，又名欧阳凡海，原遂安八都上坊人。曾赴日本东京明治大学政治经济系深造。任上海全国文艺家协会秘书、重庆《新华日报》编辑兼《群众》杂志编委、延安边区政府秘书、鲁迅艺术学院文学研究室主任等职。

《后方》(诗集) 桂林文献出版社，1938年1月

《科学的文学论》(译著) 读书出版社，1939年11月桂林初版；读书出版社，1948年3月东北(哈尔滨)初版，书名改为《马恩科学的文学论》

《三兄弟》(翻译日本进步作家鹿地亘的剧本) 1940年3月出版

《抗战第一阶段》(剧本) 桂林石火出版社，1940年(国家图书馆书目)

《没有鼻子的金菩萨》(中篇小说) 香港海燕书店出版，1941年9月

《鲁迅的书》(专著) 桂林文献出版社，1942年3月

《鲁迅新论》(专著) 桂林文献出版社，1942年(上海图书馆书目)

《长年短辑》(杂文集) 桂林文献出版社，1942年5月(国家图书馆书目)

《文学评论》(1941年的作品集) 重庆当今出版社，1943年12月

《无辜者》(长篇小说) 香港海燕书店出版，1950年；上海新文艺出版社，1950年12月
(上海图书馆书目)

《轭下》桂林世界文库出版社

张　鉴(1914~1989)，字镜清，笔名路人、梅甫等，原遂安桂花庵村人。20世纪30年代中期毕业于北平华北大学国文系。曾任遂安中学校长，寿昌中学、严州师范、建德师专文学教师。

《冯雪峰笔名印集》新安江书画社刊印，1983年5月

《安庐吟草》建德县文联、新安诗社刊印，1989年3月(浙江图书馆藏)

朱岗昆(1916~2010)，原淳城镇人。1941年中央大学地学系毕业，历任中国科学院地球物理研究所研究员兼中国科学技术大学北京研究生院教授，第三届中国地球物理学会副理事长等职。

《宇宙线强度变化》(译自多尔曼) 科学出版社，1965年

《人造地球卫星在地球物理学中的应用》科学出版社，1966年

《大地电磁勘探原理》(译自G.Porstendorfer) 中国科学院地质与地球物理研究所出版，1976年

《岩石磁学与古地磁学纲要》中国地球物理学会出版，1982年

《磁暴目录及日地物理基本资料》中国科学院地质与地球物理研究所出版，1982年

《指南针和现代地磁学》人民教育出版社，1985年5月

《大气污染物理学基础》高等教育出版社，1990年9月

《自然蒸发的理论和应用》气象出版社，2000年

《古地磁学——基础、原理、方法、成果与应用》科学出版社，2005年

《极光故事与近代研究》气象出版社，2006年6月

《气象卫星的发展及其应用》

《气象卫星在地球物理中的应用》

汪士汉（1917~2000），原龙川乡茅坪村人。1937年浙江省立民众教育实验学校毕业，先后担任中共热河省委办公室主任、中国科学院世界历史研究所副所长、中国历史博物馆副馆长等职。

《五四运动简史》中国社会科学出版社，1979年（国家图书馆书目）

《五四运动史研究中的若干问题》

姚承三（1917~2001），原遂安县狮山镇姚家人。1940年重庆中央大学电机系毕业，历任中国矿业学院自动化系教授，博士研究生导师，江苏省政协常委，九三学社徐州市委副主任等职。

《俄汉矿业词典》煤炭工业出版社，1956年

《大型交流装置》电力出版社，1956年

《英汉矿业词典》煤炭工业出版社,1957年

《煤矿电工手册》二卷,煤炭工业出版社,1964年

《交流调速系统》煤炭工业出版社,1986年(浙江图书馆)

《数学控制系统》中国矿院出版社,1987年

《矿山机械的自动控制系统》中国矿院出版社,1987年10月(国家图书馆书目)

余德植(1919～1999),原遂安县狮山镇人。1944年英士大学畜牧兽医系本科毕业,先后任金华农校副教授,九三学社金华市委副主委、金华市人民代表大会常务委员会委员等职。

《养猪》

《养牛学》

《畜牧学》

《畜禽饲料》

《养羊手册》浙江人民出版社,1962年

叶葆汉(1920～1993),原淳城镇人。1946年毕业于浙江大学师范学院中文系,先后在宁波中学、浙江师范大学任教,曾任文艺理论组、写作教研组组长,教研室主任等职。后主编《语文教研》月刊。

《文学概论》(教材)

《报告文学》(写作丛书之一)吉林人民出版社

《文体写作知识》浙江人民出版社

《**报告文学写作讲座**》(刊授教材)

　　余炳森(1922～1988)，汾口镇畹墅村人。1948年毕业于上海大厦大学化学系，先后任中国化学厂技术员，大厦大学化学系助教，华东师大化学系助教、讲师、副教授并兼任《化学通报》杂志编委等职。1985年在上海加入中国民盟。

　　《**常用农药简易鉴定方法**》

　　《**分子轨道对称守恒原理引论**》(译著)

　　应明治(1922～2001)，原淳城镇西门街人。1947年毕业于天津市北洋大学机械工程系，先后任第一机械工业部北京干部学校教务处主任、北京机械学院机械系主任、陕西机械学院图书馆馆长等职。

　　《**苏联高速钢切削用量手册**》(合译)

　　《**123～4型四轴自动车床结构与工艺**》

　　《**苏联1730型多刀半自动机床说明书**》(译著)

　　余赋生，1923年2月出生，原赋溪乡赋溪村人。1948年毕业于暨南大学化学系，1956年至1961年曾至苏联科学院列宁格勒高分子研究所学习，任中国科学院长春应用化学研究所研究员。

　　《**高聚物的转变与松弛**》科学出版社，1986年

　　《**烯烃配位聚合催化剂及聚烯烃**》(与肖士镜合著) 北京工业大学出版社，2002年

王　　中，1923年10月出生，原名贺炳堃，原遂安县狮山镇人。1948年7月毕业于南京中央大学法学院经济系，先后任江南县（富阳）人民政府秘书，临安地委宣传部、舟山地委宣传部、舟山地委副科长、副主任，舟山市委党校教育长等职。

《舟山社会科学研究所十年成果选编》(1989～1999) 浙内图准字〔99〕第036号

《舟山市老干部社会科学研究所2000年至2009年成果选编》浙内首准字〔2009〕舟-004号

商善最(1924～1991)，里商乡里商村人。曾在美国和德国留学，获美国伊理诺理工学院机械工程硕士及博士学位。1957年1月回国，在国防部第五研究院从事科研工作。1962年调交通部上海船舶运输科学研究所任研究员、教授级高级工程师。

《燃油掺水与超声波》

《能源、燃烧与环境》

《掺水燃料的理论与实践》

程康昌(1924～2008)，原威坪镇人。1949年毕业于国立英士大学土木工程系。浙江省建工厅、省建筑构配件公司高级工程师。

《统筹法》(参与编制)

《单位估价表》三册

《建筑工程预算定额教材》(参与编制)

《浙江省建筑工程预算定额》四册

《浙江省建筑工程统一施工定额》二册

余　光，1924年出生，字宏达，南赋乡余家村人。毕业于安徽省立师范学校一年制特别师范科。先后任杭州市七堡小学校长，杭州市文化馆馆长，华东师大教育系副主任、教授等职。

《德育论》吉林教育出版社

《教育学参考资料》（上）人民教育出版社，1980年

《德育原理》北京师范大学出版社，1985年（浙江图书馆）

《中国教育改革》人民教育出版社，1991年3月（浙江图书馆）

《思想工作与现代化》上海人民出版社

《教育学文集·德育卷》人民教育出版社

王赞尧，1924年10月出生，鸠坑乡青苗村人。1949年国立中山大学历史研究所研究生毕业。先后任台湾中央大学教授、美商永兴事业公司董事长等职。

《刑法总论》

《法律学概论》

《民法案例实务》

《我生长的地方》

《陆海空军刑法论》

余长庚，1924年12月出生，汾口镇畹墅村人。1947年6月毕业于厦门大学机电系。先后任南京工学院机械系教研室主任、教授，中国机械工程学会江苏省机械设计与机械传动学会理事长等职。

　　《**机械设计基础**》(专著)高等教育出版社，1989年3月(国家图书馆书目)

　　《**机械设计基础——机械原理及机械零件学习指导书**》(主编) 高等教育出版社，1992年6月(国家图书馆书目)

　　《**机械原理及机械零件**》人民教育出版社，1964年(国家图书馆书目)

　　《**机械原理及机械零件**》人民教育出版社，1981年(国家图书馆书目)

　　《**机械原理及机械零件学习指导书**》高等教育出版社，1983年

　　《**机械工程设计**》(主译) 高等教育出版社，1987年(国家图书馆书目)

　　汪修健，1925年出生，原港口镇汪家埠人。曾任上海通讯社编辑，后去台湾，授中校军衔。

　　《**两舟诗钞**》

　　胡　坪，1926年3月出生，原威坪镇人。1951年复旦大学农学院茶叶专科毕业。先后任浙江省农业厅特产局科长、高级农艺师，中国茶叶学会常务理事等职。

　　《**种茶**》通俗读物出版社，1957年月

　　《**种茶和制茶**》浙江科技出版社，1983年11月

　　《**茶叶短穗扦插**》浙江科学技术出版社，1983年

　　《**绿茶初制加工**》(电视片编辑) 中央电视台摄制

《千岛湖鸠坑茶》(主编) 浙江科学技术出版社,1994年2月

余梦生,1926年出生,原赋溪乡人。1951年清华大学机械工程系毕业。先后任大连工业学院教研室主任,北京钢铁学院、北京科技大学教授,《机械零部件设计指南》《齿轮手册》《机械设计丛书》主编等职。

《机械力学CT机》(俄文翻译) 商务印书馆,1953年

《机械零件》(上、中、下,俄文翻译) 冶金工业出版社(重工业出版社),1956年

《机械力学CT机设计》(修订本) 高等教育出版社,1959年

《机械零件》(上、中、下) 高等教育出版社,1962年

《渐开线圆柱齿轮的强度计算》煤炭工业出版社,1980年

《机械设计》(上、下) 高等教育出版社,1982年

《机械零件第一卷》(俄文翻译) 机械工业出版社,1985年

《磨擦·磨损与润滑手册》(俄文翻译) 机械工业出版社,1986年

《机械零件第二卷》(俄文翻译) 机械工业出版社,1989年

《机械零件第三卷》(俄文翻译) 高等教育出版社,1992年

《国标ＣＴ3102−1−1993空间和时间的量和单位》中国标准出版社,1993年

《机械设计》高等教育出版社,1996年

《机械零部件手册——选型设计指南》机械工业出版社,1996年

《量和单位国家标准的正确使用》机械工业出版社,1998年

《量和单位规范用法辞典》(俄文翻译) 上海辞书出版社,2001年

何焕章，1926年6月出生，又名英庭，文昌镇文昌村人。先后任东北军区军械部检查处科员，中国人民志愿军总部军械部检查处助理员、南京有色金属工业总公司华东地质勘探公司高级会计师等职。

　　《江苏省乡财政干部培训教材》

　　《管理科学观念在解决会计问题中的应用》(译著)

　　祝益寿，1926年7月出生，安阳乡黄家源村庙前坞人。1949年毕业于上海体育专科学校。先后任上海山东路体育场场长、上海男女篮球队、男女排球队、男女乒乓球队领队，上海市水上运动场副场长等职。

　　《奥林匹克赛艇》人民体育出版社，2004年12月

　　《奥林匹克皮划艇》人民体育出版社，2005年7月

　　胡树淼，1927年3月出生，幼名淳槐，原威坪镇人。1955年毕业于浙江师范学校。先后在严州中学，北京第四十三中、五十中、前门中学任教，并兼任语文教研组组长。

　　《忆云词集》

　　《域外词选》(与夏承焘合著) 书目文献出版社，1981年11月(国家图书馆书目)

　　《战国策选读》(与夏承焘合著) 中州古籍出版社，1985年4月

　　《朝鲜李齐贤诗集》(与夏承焘合著)

　　《中学文言常用词举要》

　　《古今文人简介袖珍手册》

童克忠(1927~2010),威坪镇童村人。1951年毕业于浙江大学农学院农艺系。先后任中科院分子遗传实验室主任、遗传所学术委员会委员、中国遗传学会微生物遗传与分子遗传专业委员会副主任等职。

《分子遗传学文集》科学出版社,1982年;科学出版社,1996年(国家图书馆书目)

《基因及其表达》科学出版社,1996年(国家图书馆书目)

蒋子安,1928年出生,原横沿乡蒋家村人。新中国成立前外出当兵,任蒋介石卫士。1963年从台湾军方退役,从事广播电视文艺事业。台湾《昨夜星辰》《星星知我心》等电视剧由其担任节目制作人、编剧或编审。

《战国风云》(电视剧)

《长白山上》(电视剧)

吴贤淳,1928年出生,原遂安岩村乡吴家村人。1954年毕业于中央美术学院。先后任中国书画函授大学教授、中国西安于右任书法学会常务理事等职。

《图案艺术》

《最新装饰美术字》陕西科学技术出版社,1988年(国家图书馆书目)

《吴贤淳花鸟画集》美国海风国际艺术中心出版社,1997年11月

《吴贤淳花卉集·牡丹》深圳名冠艺术出版社,1997年11月(浙江图书馆)

《吴贤淳画集》美国海风国际艺术中心出版,1997年11月

《吴贤淳花卉集·月季》深圳名冠艺术出版社,1997年11月(浙江图书馆)

《**吴贤淳牡丹画集**》美国海风国际艺术中心出版,2001年6月

　　郑成义,1928年7月出生,原屏峰乡郑家埠人。1949年浙江省杭州高级工业职业学校毕业。先后任作协上海分会理事、《萌芽》杂志编委、丛书编辑室主任等职。

　　《**上海组诗**》(合著) 中国青年出版社,1956年6月(国家图书馆书目)

　　《**鼓点集**》上海文化出版社,1958年9月(国家图书馆书目)

　　《**烟囱下的短歌**》(合著) 作家出版社,1958年6月(国家图书馆书目)

　　《**河山春色**》(合著) 上海文艺出版社,1959年3月(国家图书馆书目)

　　《**万弦琴**》宁夏人民出版社,1984年(国家图书馆书目)

　　《**湖岛**》上海文艺出版社,1986年9月(国家图书馆书目)

　　《**外滩的贝壳**》学林出版社,1987年11月(国家图书馆书目)

　　《**候帆**》(主编) 学林出版社,1991年5月(国家图书馆书目)

　　《**雨中迷楼**》百家出版社,1993年6月

　　《**千岛湖梦帆**》

　　余西祥,1929年1月出生,原妥桥乡郑家坊人。1949年5月参加中国人民解放军,历任35师司令部作战参谋、104团司令部作训股长、12军司令部作训参谋、南京军区司令部军训部参谋、科长、副部长(副师职)等职。

　　《**郭兴福教学方法**》军事教育片剧本,八一电影制片厂摄制

　　《**步兵班进攻**》军事教育片剧本,八一电影制片厂摄制

《步兵排进攻》军事教育片剧本,八一电影制片厂摄制

《鏖战东南山》军事教育片剧本,八一电影制片厂摄制

《余西祥山水画选集》解放军文艺出版社,2011年7月

王召里(1929～2008),笔名华阳、邵野,安徽省绩溪县人。1949年在淳安参加工作,历任文书、记者、文艺辅导组长、副研究员等职。中国民间文艺家协会会员、中国民俗学会会员、中国淮海书画院名誉院长。

《方腊民间故事》浙江人民出版社,1963年3月

《方腊民间传说》浙江人民出版社,1982年7月

《海瑞传奇》海峡文艺出版社,1987年12月

《中国民间文学集成·浙江淳安卷》(主编)浙江省民间文学办公室,1988年10月

《巧换金罗汉》中国民间文艺出版社,1989年7月

《王召里书法集》亚太国际出版有限公司出版,2001年6月

《千岛湖风物传说》澳门国际炎黄文化出版社,2001年

《古城忆旧》(编著)中国文史出版社,2017年3月

洪 波(1929～2010),原名发生,姜家镇龙源村人。1959年毕业于华东师范大学汉语言文学系,分配在杭州大学任教。为哲学系中国哲学史教研室主任、教授。先后参加《辞海》《汉语大辞典》等多部辞书的编写工作。

《黄宗羲文选注》全十二册(与吴光等人合作) 浙江古籍出版社,1985～1994年

《学海求道——洪波自选集》天马图书出版有限公司出版,2005年12月

余家齐,1929年出生,汾口镇翁川村人。1960年毕业于哈尔滨军事工程学院,担任炮兵工程学院助教、讲师、教授,研究室主任等职。

《炸药理论》国防工业出版社,1982年1月(杭州地区图书馆)

《炸药及装药》兵器工业部出版社

《炸药及炸药性能原理》华东工程学院出版社

应树芳,1929年12月出生,原淳安老城镇人。1949年参加工作,历任桥西区工委书记、县乡镇企业局副局长、林业局局长等职。

《千岛湖底倩影》天马图书出版有限公司出版,2003年5月

《千年淳安古县城》天马图书出版有限公司出版,2010年4月

方文标,1930年出生,汪宅乡富溪桥村人。1955年上海同济大学毕业,在地质部门工作。先后担任技术指导员、苏联专家工作组技术负责人、测量系主任兼讲师、高级工程师等职。

《地质地貌学》中国地质出版社,1956年

《高等数学》中国地质出版社,1958年

《测绘数学》浙江测绘院出版,1978年

《钱塘江传奇》(长篇小说)金陵书社出版公司出版,1998年6月

来宛仙,1930年6月出生,女,祖籍萧山,5岁随父迁居淳城镇上直

街。1953年毕业于南开大学统计系；1956年毕业于中国人民大学经济统计研究生班。1958年调北京经济学院,任教授。

《社会主义经济效益学》南开大学出版社,1987年(国家图书馆书目)

《统计学原理》西北大学出版社,1988年8月

余人杰,1930年10月出生,安阳乡人。1952年毕业于上海同济大学电机工程系,先后任上海冶金专科学校副教授,上海市有色金属学会计算机及自动化专业委员会主任,上海华东冶金自动化技术工程部经理等职。

《计算机控制技术》西安交通大学出版社,1989年1月(国家图书馆书目)

王韵清,1930年12月出生,鸠坑乡青苗村人。1955年毕业于华东师范大学政教系。先后任北京科技大学社会科学系哲学教研室主任、《历史唯物主义研究》编辑部副主任等职。

《马克思主义原理及其当代形态》东方出版社,1989年(浙江图书馆)

《科学社会主义理论和实践》

《马克思、恩格斯、列宁、斯大林、毛泽东论历史唯物主义》

《马克思、恩格斯、列宁、斯大林论人生、异化、人道主义》

方宁书,1931年2月出生,左口乡瑶村人,1949年3月去台湾,后考入中兴大学,获法学学士学位。曾任多所大专院校讲师、教授,报纸杂志主编、编辑、总编辑。20世纪70年代辞去公职,皈依佛教,法号"圣文"。

《**也是诗**》台湾立华出版有限公司出版，2001年12月

王志英，1931年出生，原威坪镇人。北平京华美术学院毕业。历任上海同济大学建筑系副教授，中国美术家协会上海分会会员，中国盆景艺术家协会会员等职。

《**海派盆景造型**》台北淑馨出版社，1989年（国家图书馆书目）

《**中国盆景艺术造型**》同济大学出版社，1989年9月（浙江图书馆）

《**盆景·中国微型园林艺术**》

《**中国园林艺术**》同济大学出版社，2006年（国家图书馆书目）

方满棠，1931年出生，南赋乡人。1961年南开大学汉语言文学系毕业，从教23年。从1984年起，致力于徽州学研究会筹建和研究。历任黄山市徽州学研究会秘书长，黄山市政协常委，《徽州文化大词典》编委会主任、主编等职。

《**屈原的爱国主义和诗歌浪漫主义**》中国科学院河北分院出版，1959年

《**中国学术通览·戴学篇**》北京语言学院出版社，1995年2月

钱　美（1932～2010），原名长祥，小名北农，别号劳心。威坪镇蔗川村人。1949年5月入二野军大三分校学习。1957年就读于郑州炮兵学校政治队，1960年就读于北京军区文化学校高等师资语文系。1964年转业，任县委办秘书、县委调研组组长和县委报导组长等职。离休后，任淳安县老干部诗词协会会长，在国家、省、市级刊物发表诗词百余首。

《秀水丹枫》(诗词集,主编) 2002年1月

《劳心吟咏集》(诗词曲联选) 2011年6月

余象煜,1932年6月出生,安阳乡山路村人。1958年毕业于浙江师范学院生物系,历任杭州大学生物教研室主任、系副主任、教务处副处长,浙江省植物学会理事长等职。

《果实》中国大百科全书出版社

《生物标本与教具制作》浙江科技出版社

《中学生物实验指导》浙江科技出版社,1982年

《学生植物图鉴》浙江教育出版社,1986年9月

方　璟,1932年出生,原进贤渡五村人。1949年严州师范毕业,参加土改工作队,后调分水中学任常务副校长,1959年调新登中学仍任主持工作副校长。中学高级教师。

《圣园春晓》作家出版社,2007年4月

《心中的绿》作家出版社,2008年12月

余葭生,1933年1月出生,原赋溪乡人,余光凝之女。1954年毕业于北京大学图书馆学系,曾任陕西师范大学图书馆副馆长、陕西省图书馆学会副理事长、学术委员会副主任、陕西省社科情报学会副理事长、研究馆员等职。

《汉语拼音著者号码表》陕西师范大学图书馆出版,1983年

《中小学图书馆概论》陕西旅游出版社,1993年

《中小学图书馆工作理论与实践》(与武德运合编) 知识出版社,1999年

邵华泽,1933年6月出生,威坪镇邵宅村人。1960年中国人民大学哲学系研究生毕业生。先后任解放军报社编辑、副处长、副社长,解放军总政治部宣传部部长,《人民日报》社社长兼总编辑,中华全国新闻工作者协会主席,中国共产党第十四、十五届中央委员等职。

《新闻评论写作漫谈》长城出版社,1986年11月

《生活与哲学》上海人民出版社,1988年11月

《历史转变中的思索》解放军出版社,1989年3月

《思想方法和理论思考》中国华侨出版社,1992年12月

《新闻评论概要》人民日报出版社,1996年1月

《同研究生谈新闻评论》人民日报出版社,1999年4月

《邵华泽书法集》亚太经济文化研究所(韩国)出版,2001年

《海外摄影集》长城出版社,2001年4月

《伏案金台十一年——批示谈话集》人民出版社,2001年8月

《伏案金台十一年——新闻宣传论说集》(上、下) 人民日报出版社,2001年8月

《邵华泽自选集》学习出版社,2002年10月

《邵华泽书法选》光明日报、大众报(香港)报社出版,2004年

《马克思主义新闻观及其在当代中国的运用和发展》人民出版社,2009年1月

《邵华泽书淳安古诗词选》（书法）红旗出版社，2018年2月

江健生，1933年出生，原威坪镇人。1957年毕业于清华大学机制系机床及其工具专业，在北京铣床研究所从事机床设计工作，高级工程师。

《机床设计与计算》六册

余奕昌，1933年2月出生，横沿乡后门村人。1958年毕业于华东师范大学地理系本科，曾在华东师大、上海同济大学任教。

《环境水文学》

《陆地水文学》

《水资源水文学》

汪士游（1933～1998），原龙川乡茅坪村人。1955年华东政法学院法律专业毕业，曾任华东师大保卫处副处长、处长等职。

《中华人民共和国刑事诉讼法概论》

《证据在刑事活动中的地位与作用》

童彭庆，1933年7月出生，原云源乡云头村人。1960年复旦大学毕业，留校任教。历任国际政治系办公室主任、系副主任，思想政治研究室主任等职。

《思想政治教育学原理》复旦大学出版社，1986年12月

《思想政治教育学词典》 兰州大学出版社,1990年5月

《思想政治教育原理》 高等教育出版社,1991年8月

《思想政治教育心理学》 高等教育出版社,1996年11月

程有仁,1933年出生,原金水乡江家畈人。1956年毕业于浙江师范学院体育专修科,先后任浙江机械专科学校体育教研室、杭州工学院体育教研室、浙江大学体育教研室主任等职。

《浙江省高校体育》

洪振声,1933年出生,原清平乡项宅村人。1954年毕业于浙江省工业干部学校机械科,分配在北京水力发电学校担任教师。1956年至1960年在北京水电学院机械系学习,毕业后分配在黄坛口、乌溪江水电工程局机电处工作,后调至浙江省水电技校任教务科长。该校停办后,1963年调至浙江省水电设计院从事设计工作。教授级高级工程师,享受政府特殊津贴。

《潜水螺杆泵》

《单螺杆泵技术条件》

《单螺杆泵型与基本参数》

方荣耀,1933年12月出生,原威坪镇人。1955年毕业于清华大学水利系,先后在北京永定河引水工程、山东水利勘测设计院、南京市中国石油化工总公司扬子石油化工公司工作,高级工程师。

《山岩压力计算》

《有限元与边界元》

《扬子乙烯工程桩基完整性测定》

方孔木，1934年4月出生，金峰乡朴树坞村人。1956年毕业于浙江师范学院政治专修科，后入中国人民大学党史研究生班学习，毕业后分配在中国革命博物馆工作。先后任陈列部主任、馆党委委员、研究员等职。

《纪念毛泽东》(画册·主编) 文物出版社(杭州地区图书馆)，1986年

《中华人民共和国风云实录》(上、下册) 河北人民出版社，1994年(国家图书馆书目)

《中华人民共和国50年》(图集) 上海人民出版社，1999年9月

吴枝培，1934年4月出生，原淳城镇县前街人。1957年毕业于南京大学中文系本科，任南京医科大学政治教员。1958年考取南京大学中文系博士研究生。攻读中国文学批评史专业。1962年毕业留校任教。曾任文艺理论、古代文学教研室主任。南京大学教授、硕士生导师。

《中国文学史话》南京大学出版社，1990年

《中国文论要略》南京大学出版社，1995年

《马恩列斯文艺论著选读》(上、下册) 烟台人民印刷厂出版，1977年

《大学语文》高等教育出版社，2005年8月

方民生，1934年10月出生，大墅镇人。1955年9月入复旦大学经济系研究生班学习，毕业后至杭州大学任教，1973年调中共浙江省委理论辅导组，1976年12月该组并入省委宣传部，1978年4月调浙江省社会科学研究所，任经济研究所所长、社科院副院长。

《重视流动领域的研究是孙冶方经济理论的一大特色》人民文学出版社，1985年

《经济开拓者的战略思考》浙江人民出版社，1986年6月

《现代旅游经济》四川人民出版社，1987年3月

宋晓嵇，1934年11月出生，原淳城镇星桥上人。1957年中央民族学院毕业，分配入藏，在拉萨中学任教。1959年3月，接管大昭寺，后返校边教书边译物理教本。1982年调西藏大学执教，任民族宗教教研室主任，并晋升为教授。

《勋努达美》(藏译汉，合译) 西藏人民出版社，1984年10月

《释迦牟尼故事》(汉译藏) 四川民族出版社，1985年10月

《向岭之战》(格萨尔王传之一部) 西藏人民出版社，1986年2月

《西藏寓言故事》四川民族出版社，1986年12月

《西藏宗教简史》四川民族出版社，1988年9月

《民族政策与民族问题》西藏人民出版社，1986年9月

方月桂，1935年1月出生，又名安利、安利农，千岛湖镇东庄村人。1949年参加工作，曾任中共淳安县委秘书、县委办公室副主任等职。

1961年就读于杭州大学政治系,1965年毕业于中共浙江省委党校理论班本科。

《淳安乡镇企业之光》(报告文学集) 当代中国杂志社出版,1995年7月

《千岛湖之晨》 香港天马图书有限公司出版,2002年10月

方祖烈,1935年2月出生,王阜乡甘坪村人。1957年北京钢铁学院(现北京科技大学前身)矿业工程专业毕业,先后任北京科技大学资源工程学院教授、博士生导师,中国岩石力学与工程学会软岩工程专业委员会副主任等职。

《岩石力学新进展》

《1991年第七届国际岩石力学大会论文集》

《复杂岩石中的建筑物国际学术讨论会论文集》

方柏生,1935年5月出生,原遂安武泉乡殿边村人。1958年毕业于北京石油学院钻采系采油专业。先后在四川石油局合川大队、四川南充市西南石油学院采油教研室、成都市四川石油局勘探开发研究院等单位任高级工程师。

《黏土矿物与石油开采》

《国内外三次采油概况》

《孟买近海盆地超压区的分析研究》(译著)

《减轻海上平台甲板重量的设计方法》(译著)

《多相运输系统中液塞长度的分配规律》(译著)

《关于川中凉高山、大安寨储层岩石湿性研究》

胡昭庚，1935年出生，安徽省绩溪县人。1960年毕业于杭州大学生物系。先后在金华师范学院、淳安中学任生物教师。1982年始任淳安县微生物研究所所长，高级工程师。

《**专业户种菇技术**》(合编) 中国林业出版社，1985年

《**食用菌**》浙江科学技术出版社，1991年

《**中国食用菌百科**》(合编) 中国农业出版社，1993年

《**食用菌模式栽培新技术**》浙江科学技术出版社，1994年

《**中国实用科技成果大辞典**》(合编) 西南交通大学出版社，1995年

《**菇农手册**》浙江科学技术出版社，1997年

《**食用菌制种技术**》中国农业出版社，1999年

《**蘑菇栽培新法**》中国农业出版社，1999年

《**17种药用真菌栽培**》中国农业出版社，1999年

《**食用菌菌种分离制作与贮藏**》中国农业出版社，1999年

《**名贵食用菌栽培**》上海科学技术普及出版社，2000年

《**灵芝生产全书**》中国农业出版社，2004年

商学政，1935年出生，原淳城镇人。1962年毕业于华东水利学院，留校从事科技管理和研究工作。研究员职称。

《**河海大学科技进展**》(主编) 河海大学出版社，1990年10月

《**水工设计手册**》八卷，河海大学出版社，1995年10月

曹德元，1935年6月出生，安徽省绩溪县人。1957年毕业于厦门大学中国文学语言系，分配在淳安中学任教，后在里商初中、浪川初中、唐村中学任教。1981年调安徽绩溪中学。中学语文高级教师。

《罹难记》中国文化出版社，2008年5月

孙燕生，1935年10月出生，福建省惠安县人。1958年福建集美水产中等专业学校毕业。任职于淳安县新安江开发总公司。中国水产学会会员、县水产学会常务理事，高级工程师。

《新安江水库渔具渔法渔船图谱》中国海洋出版社，1993年9月

《千岛湖渔业——淡水鱼类养殖与捕捞》中国林业出版社，1995年11月

《新安渔歌》浙江人民出版社，2009年9月

《足迹》浙江人民出版社，2012年1月

《追梦》浙江人民出版社，2016年10月

章百成，1935年11月出生，姜家镇桂溪村儒竹源自然村人。1963年毕业于杭州大学中文系，中学高级教师。曾担任浙江省委组织部干部、人民公社社长、建设兵团营党委委员、中学校长。

《淳安进士》(编著) 浙江工商大学出版社，2013年11月

《淳安宗谱》(编著) 中国文史出版社，2017年3月

《陈硕真传奇》(编著) 西泠印社出版社，2021年8月

方竹庭，1935年11月出生，金峰乡朴树坞村人。1960年毕业于金华

师范学校,先后在金华多所中学任教,担任市教委教研室主任、市教育科学研究所所长等职。

《初中物理标准化测试》

《高中物理标准化测试》上海科学技术出版社,1989年3月(国家图书馆书目)

《初中物理学习错误纠正》(合著)

洪春生,1935年12月出生,鸠坑乡树山村人。淳安中学高级教师。

《小学复式班体育教学》(教科书)人民教育出版社,1956年12月

《鸠坑乡志》(主编)浙江大学出版社,2003年9月

潘景友(1935~2003),原名金友,字雪园,号壶山人,浙江省武义县人。1948年入上海美术研究社学画。在淳安县科协工作,曾任县科协委员、县政协委员、县文联常委、县美协副主席等职。为中国美术家协会会员,省美协会员、浙江山水画研究会成员,省科普美术顾问。

《中国山水画皴法与地质构造》浙江大学出版社,1989年4月(国家图书馆书目)

《潘景友画集》开明出版社,1995年5月

《中国山水画南北派的地质风格》浙江大学出版社

方天钺,1936年3月出生,原淳城镇东湖上人。1962年大连工学院化工专业本科毕业,历任大连化工厂工程师、副处长,化工部制碱工业研究所所长,教授级高级工程师。

《联合法生产纯碱和氯化胺》（合编）

詹斐生，1936年7月出生，安阳乡人。1959年唐山铁道学院机械系内燃机车专业毕业。历任铁道科学研究院研究员、博士生导师，牵引动力国家重点实验室学术委员会委员等职。

《机车动力学》中国铁道出版社，1990年10月

孙慧华，1936年出生，原港口镇人。1959年上海第二医科大学医学系毕业，分配在上海仁济医院眼科工作。先后任住院部医师、主治医师、副主任医师、主任医师、教授等职。

《临床医疗学》

《现代眼科进展》

《眼科进修医师必读》

余长根，1937年1月出生，原淳城镇一村麻车里人。1962年毕业于华东师范大学政治教育系本科和哲学研究班，留校任教。先后任大学政治辅导员、华东师大纪委委员、党委宣传部副部长、教授等职。

《学点哲学史》（合著）上海人民出版社，1972年

《马克思主义关于社会主义建设问题著作选编》（主编）上海人民出版社，1987年8月

《高等教育管理学体系》（合著）教育科学出版社，1988年10月

《管理的灵魂》复旦大学出版社，1993年11月

《混沌大世界》山东友谊出版社,1998年12月

《中华人民共和国教育史》(合著) 黑龙江教育出版社

《21世纪:应用哲学的新视野》(合著) 华东理工大学出版社,2000年10月

邵树昌,1937年出生,千岛湖镇龙门坑人。1964年上海水产学院毕业。1965~1966年在农业出版社担任编辑。1971~1977年在全国农业展览馆担任美术设计工作。1978~1998年任农业部《中国水产》杂志社摄影记者、主任编辑。

《中国渔业》中国海洋出版社,1991年1月

《当代中国的水产业》当代中国出版社,1991年11月

王传书,1937年2月出生,王阜乡王村埠人。1961年毕业于中国人民大学哲学系。历任北京林业大学社会科学系主任、全国高等农林院校自然辩证法研究会副秘书长、《农林辩证法》杂志副主编等职。

《自然辩证法农业系统论》山西人民出版社,1981年

《农业哲学基础》科学出版社,1991年1月

《自然辩证法教程》(合著) 中国科学技术出版社,1991年6月

《林业哲学与森林美学问题研究》(主编) 北京科学出版社,1994年4月

方搏天,1937年2月出生,乳名秧牛,原淳城镇人。1960年清华大学毕业。历任旅大市523厂技术员,上海重型机器厂副主任、副厂长、高级工程师,广州市穗沪高压釜开发公司、上海市扬子水泥设备成套服务

公司董事长等职。

《冷轧辊制造》（合著）1966年

吴来峰，1937年出生，原赋溪乡人。毕业于河海大学，分配在中国科学院水利水电科学研究院从事原子能在水电工程中的应用研究。先后任中国水力发电工程学会施工专业委员会副主任、中国制冷学会常务理事、水利电力部水利水电规划设计院高级工程师等职。

《核效应试验》国防科委出版社，1976年

《建坝新途径》水力电力出版社，1987年

《吴来峰诗词剧本集》

《水工混凝土工程及施工》（合著）水力电力出版社，1991年

《吴来峰论文集》水力电力出版社，1999年

《飞瀑——一个科学家的自叙：我是中国人》中国戏剧出版社，2008年

《露中的太阳》大众文艺出版社，2009年

《建坝新途径》（科教片脚本）国家音像出版社，2000年

《不裂绿色高效益水工补偿收缩混凝土》水力电力出版社，2010年

王忠仁，1937年出生，浙江省武义县人。1961年毕业于南京林学院，在淳安从事林业、风景园林工作。

《横鹭溪畔的牧歌》大众文艺出版社，2007年1月

《石头的声音》（诗集）中国文化艺术出版社，2010年1月

《藏风聚气明堂地——解读郭洞、俞源古村落的奥秘》中国文史出版

社,2010年6月

童善庆,1937年1月出生,原屏峰乡富康村人。1960年上海第二医科大学毕业留校任教,长期从事医学微生物学的教学与科研工作。教授、博士研究生导师。

《**现代微生物学**》上海医科大学出版社,1991年

《**现代免疫学**》上海科学技术出版社,1995年

《**医学微生物学**》人民卫生出版社,1996年

《**医学微生物学进展**》(主编) 上海第二医科大学出版社,1996年

《**现代医学免疫学**》上海医科大学出版社,1999年

《**分子免疫学**》上海医科大学出版社,2001年

《**小生物大贡献**》上海教育出版社,2001年

《**细胞微生物学**》(主编) 上海第二医科大学出版社,2004年

《**免疫学技术**》科学技术出版社,2009年

方鸿鼎,1937年12月出生,淳安县左口乡人。1964年毕业于杭州大学历史系本科。中技高级讲师。从事语文教学三十余年,其间担任中学、中技校教导主任十五年。

《**吴祥达传奇**》香港天马图书有限公司出版,2012年8月

《**严陵旧事**》(编著) 中国文史出版社,2017年3月

唐耿星,1938年7月出生,东亭乡唐家村人。1960年毕业于南京华

东水利学院水道及港口工程专业,留校任教,教授。

《港口工程》人民交通出版社,1978年6月

《国内新建船坞》人民交通出版社,1982年

《渔港工程》农业出版社,1984年

《干船坞设计规范》人民交通出版社,1987年

《高桩码头规范》人民交通出版社,1995年

江一正,1938年8月出生,原港口镇妥桥乡江家坦村人。1960年8月入伍。1970年任第七军医大学第二附属医院军医。1984年3月任第三军医大学政治部组织处处长(师级)。1995年聘为《中国军事百科全书》编审、解放军后勤指挥学院研究员。

《中国军事百科全书》金盾出版社,2002年8月

《中国人民解放军后勤历史资料丛书》解放军出版社,2010年

《后勤百科全书·后勤人物卷》2006年

许汉云,1938年9月出生,原港口镇许村人。1962年浙江师范学院中文系本科毕业。先后担任淳安中学副校长兼教导主任,淳安县教育局副局长、教委副主任,淳安县科协、政协常委等职。

《教坛求索》浙江大学出版社,2000年6月

《千岛湖楹联集》中国旅游出版社,2012年12月

余森海,1938年11月出生,原赋溪乡关王庙村人。1962年毕业于上

海第二医学院医疗系,1984年获美国土伦大学公共卫生和热带医学硕士,任中国疾病预防控制中心寄生虫病研究所所长、研究员等职。

《人体寄生虫学彩色图谱》中国科学技术出版社,1992年10月

《中国人体寄生虫公布与危害》人民卫生出版社,2000年

王志和,1938年11月出生,威坪镇洪圻村人。1962年毕业于四川成都电子科技大学,分配在西安军事电讯工程学院任教。1969年回淳安,在县无线电厂主持开发新产品。1978年调杭州大学物理系任教。

《卫星电视接收设备调试与维修》浙江科学技术出版社,1995年(国家图书馆书目)

成巧云(1939~2008),原港口镇人。1965年浙江大学毕业。北京矿冶研究总院教授级高级工程师。

《有色浮选药剂分剂》冶金工业出版社,1987年

张齐生,1939年出生,原渡渎乡徐坑村人。1959年移民建德县邓家红宅村,后转迁江西省资溪县。1960年南京林学院木材加工专业毕业。为浙江林学院院长、中国工程院院士。

《胶合板生产技术问答》(主编) 林产工业编辑部出版,1981年10月

《胶合板制造学教材》(合编) 中国林业出版社,1981年11月

《木材应用基础》(日译中) 上海科学出版社,1986年7月

《木材工业手册》(日译中) 中国林业出版社,1991年7月

《中国林业辞典》（合编）上海科技出版社，1994年10月

《中国竹材工业化利用》（主编）中国林业出版社，1995年4月

《中国竹工艺》（主编）中国林业出版社，1997年5月

《世界竹藤》（合编）辽宁科学技术出版社，2002年9月

何百永，1939年4月出生，浙江省湖州市人。1957年从浙江省临安农业技术学校茶叶专业毕业后分配至淳安，从事茶叶工作逾40年。农艺师，中国农学会会员，中国茶叶学会会员。

《淳安古今咏茶诗词选》中国文史出版社，2014年8月

童潮山，1939年12月出生，梓桐镇童家村人。1965年北京钢铁学院毕业，分配在上海钢铁研究所工作，任教授级高级工程师、首席研究员，上海宝钢股份特殊钢分公司技术中心顾问。

《核能材料军工史》（第六分册）

孙　平，1939年12月出生，浙江省杭州市人。1965年毕业于北京大学历史系，曾任淳安县志编纂委员会副主任、主编等职。副研究员。

《淳安县志》汉语大词典出版社，1990年11月

《方腊研究》汉语大词典出版社，1993年12月

傅明元，1939年12月出生，原赋溪乡傅家村人。1958年毕业于浙江省杭州商业学校计划统筹专业。先后在商业系统、新安江过坝工程指挥

部、毛竹源码头革命委员会等单位工作。后调入淳安县印刷厂担任美术设计,1999年退休。曾任淳安县美术家协会秘书长。

《傅明元风景写生集》(美术作品)中国美术学院出版社,2020年8月

徐福荣,1940年1月出生,原赋溪乡里齐村人。1965年毕业于浙江大学应用数学系,分配在航天工业部一院十四所工作,高级工程师,先后任中国航天科技集团公司可靠性专家组顾问,中国运载火箭技术研究院首席专家,国务院、中央军委军工产品定型委员会专家咨询委员会委员等职。

《数理统计基础》北京工业大学出版社,1991年10月

《系统可靠性评定方法论文集》(主编)浙江大学出版社,1998年11月

《航天可靠性设计手册》机械工业出版社,1999年1月

杨培忠,1940年2月出生,郭村乡上郭村人。毕业于中国人民解放军政治学院,先后担任师政治部主任、师副政委,宁波市工商局党委副书记、副局长等职。

《摆正位置,履行职责——加强经济合同监督管理工作》工商出版社,1996年3月

《论规模化建设》中国文联出版社,2002年11月

刘志华(1940~2021),临岐镇夏坑村人。1962年建德师范毕业,历任淳安县文化广播电视局文化股长,县文联常务副主席等职,曾任杭

州市文联委员、杭州市作家协会理事、浙江省民间文艺家协会、浙江省群文学会会员等职。

《淳安古诗选》汉语大词典出版社，1995年11月

《千岛湖清韵》上海古籍出版社，1999年9月

《淳安姓氏》西泠印社出版社，2008年10月

《淳安县文化志》（主编）浙江工商大学出版社，2016年10月

江涌贵，1940年9月出生，淳安县威坪镇人。大专文化。长期从事文化、宣传、文秘、地方人大、地方史志工作。现为中国散文学会、中国音乐文学学会、中国音乐著作权协会、浙江省作家协会会员。

《中国共产党浙江省淳安县组织史资料》（副主编，组织史）新华出版社，1992年12月

《奔涌的情流》（散文集）中国文联出版社，1999年9月

《大江的涛声》（诗集）香港天马图书有限公司出版，2000年3月

《珍贵的诤言》（杂文集）香港天马图书有限公司出版，2000年6月

《淳安县人大志》（主编，地方志）浙江摄影出版社，2004年12月

《秀水之恋》（散文集）内蒙古人民出版社，2005年5月

《带刺的红玫瑰》（杂文集）内蒙古人民出版社，2007年4月

《红色足迹》（主编，党史）西泠印社出版社，2008年8月

《血染的历程》（报告文学）中国文史出版社，2011年6月

《红色的记忆》（党史）中央文献出版社，2011年6月

《淳安县水利志》（主编，地方志）浙江人民出版社，2011年12月

《熔炉》(散文集) 中国言实出版社,2012年9月

《大美千岛湖》(散文集) 中国文联出版社,2012年12月

《哲学的思考》(论文集) 世界汉文化出版社,2013年12月

《苦旅》(散文集) 世界汉文化出版社,2014年9月

《真情的表白》(诗集) 文汇出版社,2015年7月

《风清云淡》(短篇小说集) 文汇出版社,2016年7月

《新安儿女》(人物集) 文汇出版社,2016年8月

《湖畔歌声》(歌词歌曲集) 中国电影出版社,2017年5月

《布衣情怀》(报告文学) 现代出版社,2017年11月

《爱晚的情怀》(杂文集) 团结出版社,2018年8月

《梦恋乡情》(散文集) 团结出版社,2019年5月

《红色三坦》(地方党史) 四川民族出版社,2019年10月

《啬峰红叶》(散文集) 四川民族出版社,2020年11月

《梦声心语》(散文集)《光明日报》出版社,2022年7月

《布衣皇后杨桂枝》(报告文学) 四川民族出版社,2022年11月

《陈硕真轶事》(传奇) 北京燕山出版社,2022年12月

《布衣皇后杨桂枝》(传记文学,与王塔新合著)) 吉林文史出版社,2023年10月

《永恒的军魂》(诗歌、散文、短篇小说集) 线装书局有限公司出版,2023年11月

王谏正(1940～2018),原淳城镇人。杭州大学外语系毕业,在淳安县千岛湖风景旅游管理局工作,主任科员。

《千岛湖情缘》香港天马图书有限公司出版,2005年8月

《中国明珠千岛湖》浙江文艺音像出版社,2008年

《山城秀水情》(编著)中国旅游出版社,2009年

《淳安儿女》(1,主编)中国文联出版社,2011年7月

《淳安儿女》(2,主编)中国文联出版社,2012年12月

《淳安儿女》(3,主编)中国文联出版社

《难忘的淳安大移民》(主编)万卷出版公司出版,2013年12月

黄曼云,1940年12月出生,原淳城镇人。1965年毕业于浙江大学化学系,先后任国家冶金部钢铁研究总院化学室工程师,人事处副处长、处长,高级工程师等职。

《钢铁冶金物料分析》(上、下册)装甲兵出版社,1981年

徐树林(1940~2014),威坪镇驮岭脚村人,高中肄业,在各种报刊发表作品70余万字。杭州市作家协会会员,浙江省作家协会会员。

《威坪》浙江人民出版社,2008年12月

《淳安纪事》西泠印社出版社,2008年10月

《人物春秋》(合著)西泠印社出版社,2008年10月

《沧桑淳安》作家出版社,2011年9月

《淳安都文化》(古淳安三十六都)中国文化艺术出版社,2012年12月

《方腊传》浙江古籍出版社,2021年4月

方　才,1942年8月出生,字龙媒,笔名芭蕉、团之、富春、马北舁,

原光昌乡富山村人。大专文化。先后任浙江省文学、历史、方志、地名学会会员，杭州市历史学会常务理事、浙江《三国演义》《水浒》专业委员会常务理事等职。

《旅游基础知识》(署名富春) 淳内准字9205号，1992年10月

《千岛湖古今诗选》(整理、注释) 香港《时代中国》出版社，1995年3月

《导游知识》(署名芭蕉) 淳内准字9803号，1998年8月

《千岛湖民间故事精选》(三) 浙江省新闻出版局浙内准字〔2000〕第85号，2001年9月

《〈水浒〉宋江征方腊是大明兵打张士诚的历史移植》(中国专家丛书) 中国文化出版社，2003年7月

《一方水土》(编著) 中国文史出版社，2017年3月

《方腊是淳安人》(主编) 北方妇女儿童出版社，2019年5月

阿　南，1942年出生，原名方梅步，字阿南，文昌镇人，毕业于南京军区卫生干校，历任技术员、卫生院院长、主治医师等职。

《中华诗词创作指南》云南美术出版社，2005年11月

傅　瑜，1943年出生，淳安人。云和县政协副主席，浙江省戏剧家协会、民间文艺家协会、群文学会会员。

《傅瑜作品选》国际炎黄文化出版社，2003年2月

《心路屐痕》作家出版社，2008年7月

余锦根，1943年8月出生，原屏峰乡夏禹村人。1964年毕业于淳安中学，1965年应征入伍，历任排长、参谋、作训股长、营长等职。1982年4月转业，先后任中共淳安县委办公室主任、统战部长、县政协副主席等职。

《**新安江大移民**》(主编) 浙江人民出版社，2005年4月

徐远龙，1943年11月出生，威坪镇茶合村人。1967年9月浙江大学毕业，曾任淳安县人大常委会副主任，2003年4月退休，2008年3月开始淳安党史写作。

《**中国共产党淳安历史**》(1949～1978)(主编、撰写) 中共党史出版社，2010年11月

《**中国共产党淳安历史**》(1919～1949)(主编、撰写) 中共党史出版社，2012年6月

《**南下淳安**》(主编、史料) 中共党史出版社，2013年4月

《**淳安县革命老区发展史**》(主编、撰写) 浙江人民出版社，2021年6月

《**中国共产党淳安历史**》(1978～2002)(主编、撰写) 浙江人民出版社，2021年12月

高秋扬，1944年出生，浙江省绍兴市人。1958年考入淳安越剧团，后参军到部队文艺宣传队，1986年起任淳安县文化局长兼文联主席。

《**高秋扬戏集**》香港凌天出版社，2003年2月

《**淳安三角戏**》(编著) 浙江摄影出版社，2015年12月

张炳根，1944年8月出生，原港口镇人。1961年由中国人民解放军南京军区卫生干部训练大队录取并入学，1963年底毕业。大专学历。分配至南京军区军事医学研究所工作，曾任技术员、军医、助理研究员、高级实验师、军队流行病学研究室副主任、副所长兼科研保障中心主任。大校军衔。享受国务院特殊津贴。

　　《生命关口》

　　《营军医手册》

　　《基层医生手册》

　　吴光，1944年10月出生，原名吴绵彩，笔名晔如、日光、江凡，原狮峰乡普慈村人。1969年毕业于中国人民大学历史档案系。先后任中共浙江省委党校讲师，浙江省社会科学院哲学研究所副所长、所长等职。

　　《黄老之学通论》浙江人民出版社，1985年6月

　　《黄宗羲南雷杂著稿真迹》(整理出版) 浙江古籍出版社，1987年8月

　　《黄宗羲论》浙江古籍出版社，1987年12月

　　《浙江哲学研究巡礼》浙江大学出版社，1988年1月

　　《清初启蒙思想家黄宗羲传》浙江人民出版社，1988年1月

　　《古书考辨集》台湾允晨文化出版社，1989年12月

　　《黄宗羲著作汇考》台湾学生书局出版，1990年5月

　　《儒家哲学片论——东方道德人文主义之研究》新加坡东亚哲学研究所，台湾允晨文化出版社出版，1990年6月

　　《王阳明全集》全二册(与钱明、董平、姚延福编校) 上海古籍出版社，1992年12月

《黄宗羲全集》十二册（主编）浙江古籍出版社，1985～1994年

《儒道论述》台湾东大图书公司出版，1994年6月

《南雷杂著稿真迹》（整理释文）台湾学生书局出版，1990年5月

《黄梨洲诗文补遗》（编校）台湾联经出版公司，1995年8月

《刘宗周全集》全五册（合编）台湾中央研究院中国文哲所出版，1997年

《黄梨洲三百年祭》当代中国出版社，1997年12月

《中华人文精神新论》上海古籍出版社，1998年10月

《浙江文化史话丛书》七册（主编）宁波出版社，1999年12月

《王阳明与明末儒学》（与钱明、屠承先译）上海古籍出版社，2000年5月

《阳明学研究》上海古籍出版社，2000年10月

《中华佛学精神》上海古籍出版社，2002年4月

《当代新儒学探索》上海古籍出版社，2003年4月

《中华道学与道教》上海古籍出版社，2004年12月

《浙江研究集萃》上海古籍出版社，2005年1月

《当代儒学的发展方向》汉语大词典出版社，2005年6月

《中国廉政史话》浙江人民出版社，2005年10月

《廉政镜鉴丛书》六册，浙江人民出版社，2005年10月

《古今廉文》（与祝鸿杰注译）浙江人民出版社，2005年10月

《中国文化世家·吴越卷》湖北教育出版社，2005年10月

《黄宗羲与明清思想》上海古籍出版社，2006年3月

《从民本走向民主》浙江古籍出版社，2006年12月

《刘宗周全集》全六册（主编）浙江古籍出版社，2007年4月

《继往开来论儒学》浙江古籍出版社,2008年4月

《马一浮研究》上海古籍出版社,2008年7月

《天下为主——黄宗羲传》浙江人民出版社,2008年11月

《黄宗羲与清代浙东学派》中国人民大学出版社,2009年10月

《阳明学研究丛书》十一册(主编)中国人民大学出版社,2009年10月

《比较文学研究》上海古籍出版社,2009年12月

《马一浮思想新探》(主编)上海古籍出版社,2010年6月

方茂之(1944～2020),威坪镇长岭村人。1962年建德师范毕业。历任淳安中学教导主任、副校长、淳安中学语文教学研究会会长,淳安县教育学会常务理事、省市中学语文教学研究会会员等职。1990年被评为中学高级教师。

《中学生作文技巧大全》浙江教育出版社,1999年4月

童禅福,1945年1月出生,原松崖乡人,后移民开化,转迁江西省德兴县。1969年毕业于浙江农业大学。1972年进入新闻单位。1973年入党。1985年被评聘为浙江省广电厅记者,1990年任浙江广电厅总编室副主任。1993年调任浙江省委办公厅调研写作处副处长、信息督查处处长。1997年任浙江省委、省政府信访局局长。1999年任浙江省民政厅副厅长。2005年被浙江省人民政府聘为参事。

《一个老记者的路》(新闻集)浙江人民出版社,2002年6月

《足迹——童禅福摄影选集》(摄影)浙江人民出版社,2004年5月

《国家特别行动：新安江大移民》(报告文学) 人民文学出版社，2009年1月

《察访中国：社会调查四十年咨询国是的报告》(调研报告) 浙江大学出版社，2013年12月

《走进新时代的乡村振兴道路——中国"三农"调查》(社会调查) 人民出版社，2018年3月

《我为什么要写〈中国"三农"调查〉》(评论综述) 浙江工商大学出版社，2020年11月

《察访中国：农村70年调查追寻》(散文) 浙江工商大学出版社，2021年2月

方本昌，1945年11月出生，威坪镇长岭村人。高中文化。1963年入伍，任文书、班长、宣传干事、营职秘书等职。1986年转业地方，先后任淳安县委报道组组长、淳安报社副总编、总编等职。

《千岛湖民间故事精选》之一(主编) 杭州市新闻出版局，1999年12月

《千岛湖民间故事精选》之二(主编) 浙江省新闻出版局，2000年10月

《淳安遗韵》(编著) 杭州出版社，2019年9月

王传三，1946年5月出生，王阜乡王村埠人。1968年上海体育学院毕业，即去广西部队、山村、乡镇中学劳动锻炼、教学。1973年调入柳州师范高等专科学校，任学校党委书记、校长，体育教授，田径国家级裁判员。

《田径》广西师范大学出版社，2002年

《田径学习指导》广西师范大学出版社，2003年

《新世纪西部少数民族地区基础教育创新型师资培养》广西师范大学出版社,2004年

叶 东,1946年出生,原名叶火木,号千岛一叶,临岐镇叶家畈村人。1964年浙江医科大学毕业。先后任中国人民解放军海军东海舰队军医、主治军医,海军医学专科学校讲师、副教授、教授,中国营养学会理事,中华预防医学会舰艇卫生学会主任委员等职。

《数字抄码心理测验的研究与使用》海军出版社,1980年8月

《军队食品卫生》第二军医大学出版社,1990年1月

《食品感官检查》(中、英文版) 江苏省音像出版社,1990年1月

《肉类食品卫生》(中、英文版) 江苏省音像出版社,1990年1月

《食物中毒调查处理》(中、英文版) 江苏省音像出版社,1990年1月

《食品卫生监督管理》(中、英文版) 江苏省音像出版社,1990年1月

《舰艇卫生学》第二军医大学出版社,1991年12月

《军校学员营养状况》营养学报出版社,1992年12月

《海岛军粮中黄曲霉素污染的预防》中华航海医学与高气压医学杂志社,1994年3月

《海军卫生学》第二军医大学出版社,1996年12月

《核潜艇员必需元素的摄入量及发中含量研究》中华航海医学与高气压医学杂志社,1998年2月

《军队卫生检验学》第二军医大学出版社,1997年12月

《比数比齐性检验在食品卫生合格率比较中的应用》中华预防医学杂

志社出版出版，2000年3月

《合理营养有问必答》江苏科学枝术出版社，2001年1月

《营养与保健食品论文集》上海科学技术出版社，2004年10月

黄瑞祥，1946年10月出生，梓桐镇黄村村人。1967年10月毕业于浙江省严州师范学校，从事中小学教育及教育行政工作16年。1982年进中共浙江省委党校理论师资培训班学习，1984年毕业。调至中共淳安县委党校任教，从事干部理论教育工作23年，高级讲师职称。2006年10月退休。退休后参与《中国共产党淳安历史》一、二、三卷的编写工作，为主要执笔人之一。

《淳安诗联选》（主编，诗联）世界汉文化出版社，2014年9月

《古今梓桐源》（编著，文史）浙江工商大学出版社，2017年6月

《美在淳安》（诗词）中国三峡出版社，2018年9月

余小沅，1946年11月出生，原安阳乡游畈村人。西北大学文艺理论硕士。先后任宁夏石嘴山市作家协会专职副主席、浙江省作家协会《江南》文学期刊小说编辑、浙江省政协《联谊报》副总编辑等职。

《商鼎》（长篇小说）群众出版社，1981年6月

《微笑的女郎》（长篇小说）花山文艺出版社，1984年10月

《女杀手》（长篇小说）中国民间文艺出版社，1988年6月

《煤魂》（长篇小说）宁夏人民出版社，1995年4月

《副刊学概论》（文艺理论）中国社会科学出版社，2003年5月

余　晖，1947年出生，笔名越山人，汾口镇湛川村人。1966年毕业于严州师范，后就读于南京艺术学院。曾任西泠印社办公室副主任，西泠印社副秘书长，西泠印社出版社主任、主编等职。西泠印社社员、中国美术家协会浙江分会会员。

《中国画技法全书》河南美术出版社，2002年3月

《竹子》人民美术出版社，2008年1月

王传璧，1947年11月出生，王阜乡王村埠人，幼随父王圣扬生活在上海。1969年3月作为知青去内蒙古卓资县插队。1976年8月毕业于山西大学生物系微生物专业。1981年7月调山西省卫生防疫站工作。主任技师。

《卫生执法守法知识大全·消毒篇》新华出版社，1993年8月

王　兢，1947年5月出生，汾口镇三底村人。1951年迁居淳安县赋溪乡赋溪村。1966年毕业于建德师范学校。先后在郑家公社"五七"学校、汾口镇中任教。中学高级语文教师，2007年退休。中国散文学会会员，浙江省诗词楹联学会会员。

《激流回澜》香港天马图书有限公司出版，2010年

《淳安都文化》(古遂安县十八都) 中国文化艺术出版社，2012年12月

《碧潭帆影》团结出版社，2016年3月

《品味新安》》(编著) 中国文史出版社，2017年3月

《古邑遂安人文辑要》(编著) 文汇出版社，2018年5月

《遂安人文》 杭州出版社,2019年9月

王昌鸿,1948年出生,浪川乡芳梧村人。1968年毕业于安徽马鞍山钢铁学院(安徽工业大学)。2001年5月任国务院国有重点企业监事会26办事处主任。

《审计学》

王次炤,1949年10月出生,祖籍浪川乡芹川村,出生于杭州。教授、博士生导师。曾任中央音乐学院院长、全国政协委员、中国音乐家协会副主席兼理论委员会主任、《人民音乐》主编、全国高等学校艺术类专业教学指导委员会主任等职。

《歌剧艺术的改革者》(编著) 人民音乐出版社,1986年10月

《音乐家、文艺家、美学家论音乐与各门艺术之比较》(合编) 人民音乐出版社,1991年5月

《音乐美学基础》(合著) 人民音乐出版社,1992年5月

《含着眼泪的歌唱》(编著) 人民音乐出版社,1993年3月

《蒙特威尔第:牧歌》(译著) 花山文艺出版社,1999年4月

《音乐美学基本问题》 中央音乐学院出版社,2016年12月

《音乐美学新论》 中央音乐学院出版社,2003年12月

徐 平,1949年出生,威坪镇岭脚村人。大专文化。先后任中共淳安县委组织部副部长、宣传部部长、常委等职。

《可爱的杭州·淳安卷》(主编) 浙江人民出版社,1994年11月

徐和森,1949年出生,威坪镇茶合村人。高级经济师,曾任淳安县新安江库区建设投资公司经理兼移民办公室主任,淳安县人民政府副县长等职。

《中国特色的移民之路》河海大学出版社,1995年6月

《水库移民——实践与探索》华艺出版社,1991年5月

方　立,1951年6月出生,又名田水,富文乡龙泉庄人。1980年毕业于中央党校科学社会主义专业班。1983~1985年在南京大学哲学系进修。历任中共中央政策研究室信息局局长、政研局局长、国际局局长、中央政策研究室副主任等职。

《科学社会主义概论》中央党校出版社,1983年

《辩证唯物主义历史唯物主义》天津人民出版社,1986年

《改革开放知识手册》(主编)

《当代中国的命运与前途》团结出版社,1992年1月

《剧变中的东欧》(合著) 中共中央党校出版社,1992年3月

《多极化世界格局中的中国社会主义》华文出版社,1998年6月

《中国西部现代化发展研究》(主编) 河北人民出版社,1999年11月

《共产党人前进的旗帜》人民出版社,2002年6月

《中华民族的脊梁》晨光出版社,2004年7月

《古丝绸路上的当今对话》(主编) 中央编译出版社,2006年7月

金健人，1951年9月出生，原遂安狮城镇人。1982年杭州大学中文系毕业，留校任教。先后任杭州大学中文系副主任、教授、博士生导师等职。

《文学写作基础》(合著) 湖北人民出版社，1985年11月

《小说结构美学》浙江文艺出版社，1987年10月

《文学体裁写作基础知识》(合著) 浙江大学出版社，1988年

《新写实小说选》(编著) 浙江文艺出版社，1993年2月

《文学：作为语言艺术》百花文艺出版社，1994年7月

《中外写作技法大观》上海教育出版社，1994年12月

《全国高校文学概论教学大纲》(合著) 高等教育出版社，1994年

《韩国独立运动研究》(主编) 学苑出版社，1999年11月

《韩国研究》第四辑(主编) 学苑出版社，2000年3月

《韩国传统文化·语言文学卷》(主编) 学苑出版社，2001年8月

《中韩海上交往史探源》学苑出版社，2001年12月

《浙江省写作学会写作论文集》(主编) 时代文艺出版社，2001年12月

《写作概论》(主编) 浙江大学出版社，2006年

《研究性作文教与学》(主编) 浙江大学出版社，2006年

《韩国研究》第七辑(主编) 学苑出版社，2007年

《大韩民国临时政府在杭州》(主编) 国际文化出版公司，2008年

《"韩流"冲击波现象分析与文化研究》国际文化出版公司，2008年

《论文学的特殊本质》浙江大学出版社，2009年5月

刘来根，1951年出生，富文乡漠川村人，祖籍江西上饶，中专文化程度，曾任浙江省民间文艺家协会会员、浙江省群文学会会员、杭州市民间文艺家协会理事、杭州市群文学会会员、常务理事、淳安县文联委员、民间文艺家协会主席。

《晓楼说古》(民间故事) 香港天马图书有限公司出版，2003年7月

《拓荒者之路》(论文集) 香港天马图书有限公司出版，2005年7月

《民间拾遗》(民间文学) 香港天马图书有限公司出版，2007年8月

《民间艺术》(主编) 西泠印社出版社，2008年8月

《淳安竹马》(编著，非遗) 浙江摄影出版社，2019年6月

《新安记印》(编著，历史文化) 团结出版社，2021年5月

《富文麦秆扇》(非遗) 团结出版社，2021年5月

《烽火淳建》(编著，历史) 中国文化出版社，2022年10月

《往事犹存》(回忆录) 中国文化出版社，2022年10月

《海瑞传说》(民间文学) 中国文化出版社，2023年10月

徐兆义，1951年出生，威坪镇唐村村人。1967年初中毕业，1970年12月入伍，1972年4月入党，1975年退伍。曾担任公社和乡镇党委书记11年。1990年调淳安县工商管理局工作，2010年退休后，多次在千岛湖策划举办国际国内大型画展。

《千岛情：龙吟文化活动集锦》(主编) 现代出版社，2018年12月

程亨华，1952年5月出生，中洲镇中二村人。1978年8月上海同济大

学建工系工民建专业毕业,分配在粮食部基建局基建处工作。后任商业部科学研究院土建设计室助理工程师、工程师,设计室副主任、主任,副院长、高级工程师等职,国家一级注册结构工程师。

《现代筒仓理论和设计》中国科学技术出版社,1995年5月

姜国良,1952年8月出生,鸠坑乡金塔村人。1969年参军,1977年毕业于解放军南京工程兵工程学院,2002年任空军工程设计研究所总工程师办公室主任。文职3级(大校),技术6级(教职)高级工程师。

《空军机场工程核毁伤与防护技术》

徐龙发,1952年10月出生,籍贯浙江省义乌市,高中文化程度。"淳帮菜"创始人。浙江省餐饮行业专业评委,国家特一级厨师,国家一级营养师,国家餐饮质量管理体系内审员,国家职业技能竞赛裁判员,曾荣获"中国烹饪大师"称号。

《千岛湖百鱼百味》浙江人民出版社,2016年12月

徐金才,1952年12月出生,威坪镇凤凰村人。1968年唐村中学毕业,1969年1月应征入伍。2005年任南京军区司令部作战部部长(副军级)。2007年7月授予少将军衔,任浙江省军区副司令员。

《别有洞天》南京军区人防办公室出版,2003年2月

《观天测海》南京军区司令部作战部出版,2003年3月

《城下之城》南京军区人防办公室出版,2007年10月

《谋计献策》南京军区司令部作战部出版，2009年6月

《论剑东南》浙江省军区出版，2010年12月

《情系人防》浙江省军区出版，2010年12月

汪丁丁，1953年5月出生，淳安人。1981年获北京师范学院数学系理学学士学位。1984年获中国科学院"数学与系统科学"硕士学位。1990年获美国夏威夷大学经济学博士学位。1991年任教于香港大学。1997年任教于北京大学。

《自由人的自由联合》鹭江出版社，2000年10月

《永远徘徊》社会科学文献出版社，2002年3月

《风的颜色》社会科学文献出版社，2002年3月

《制度分析基础：一个面向宽带网时代的讲义》社会科学文献出版社，2002年8月

《海的寓言》中信出版社，2003年6月

《知识印象》中信出版社，2003年6月

《在市场里交谈》上海人民出版社，2003年8月

《我思考的经济学》生活·读书·新知三联书店，2003年8月

《理性的追问：关于经济学理性主义的对话》(合著) 广西师范大学出版社，2003年12月

《麦田里的歌》中信出版社，2004年1月

《寻找麦田》中信出版社，2004年1月

《企业的权力结构》世界图书出版公司北京公司，2004年5月

《情境笔记》上海人民出版社,2005年1月

《寻路问学》上海人民出版社,2005年1月

《制度经济学三人谈》(合著) 北京大学出版社,2005年4月

《制度分析基础讲义》上海人民出版社,2005年6月

《市场经济与道德基础》上海人民出版社,2007年1月

《经济学三人谈》上海人民出版社,2007年8月

《影子对话》上海人民出版社,2007年9月

《经济学思想史讲义》上海人民出版社,2008年1月

《盘旋的思想》生活·读书·新知三联书店,2009年11月

《串接的叙事》生活·读书·新知三联书店,2009年11月

《行为经济学讲义》上海人民出版社,2011年9月

《新政治经济学评论》(第1-24卷,主编) 浙江大学出版社,2005年-2013年

《新政治经济学评论》(第25-34卷,主编) 上海人民出版社,2014年-2017年

《青年对话录:人与知识》东方出版社,2014年3月

《思想史基本问题》东方出版社,2019年3月

余书旗,1953年1月出生,汾口镇宋祁村人。淳安县作家协会会员。曾担任村民委员会主任和村党支部书记15年。淳安县第十、十一、十二届人大代表,宋祁村续修《宋祁余氏宗谱》主修,村文化礼堂撰稿人。

《宋祁古今》(散文集) 吉林文史出版社,2016年12月

徐光进,1953年9月出生,淳安人,中共党员,大专文化,1969年12

月参加工作。曾任县供销合作总社主任、党委书记，县物资局局长、党组书记，县政府副县长、党组成员。2003年3月，任政协第六届淳安县委员会副主席、党组副书记。2007年2月，任政协第七届淳安县委员会主席、党组书记。2013年11月退休后，任淳安县茶文化研究会会长。

《一叶知千岛》(主编,散文) 中国文史出版社,2017年4月

《千岛湖茶记忆》(主编,茶文化) 上、下两卷,杭州出版社,2021年9月

王水法，1954年1月出生，姜家镇人。浙江大学文学院研究员，浙江大学传媒与国际文化学院硕士生兼职导师，浙江省风景名胜区协会会长，杭州市文史馆馆员，西泠印社社员，兰亭书法社副社长兼秘书长。曾任杭州市委副秘书长、市委政策研究室主任，杭州市园林文物局局长，西湖风景名胜区管委会党委书记、主任，杭州西湖、大运河申报世界遗产办公室主任。

《八百年前云和月：南宋王朝》(主编,历史文化) 浙江摄影出版社,2010年4月

《相约西湖》(主编,书画作品集) 西泠印社出版社,2011年1月

《灵动西湖——庆贺西湖申遗成功一周年专题书法作品集》(主编,书法作品集) 西泠印社出版社,2012年7月

《看风景的心情：我与西湖"申遗"不期而遇》(随笔) 浙江人民出版社,2023年3月

方爱毅，1956年5月出生，威坪镇横石村人。博士研究生，高级工

程师。1976年入伍海军东海舰队。2005年6月调总参作战部气象水文局任海洋专项办公室主任,先后立三等功2次。少将军衔。

《美国潜艇100年》海潮出版社,2002年1月

余利生,1956年10月出生,千岛湖镇人,退休教师。中华诗词学会会员,浙江省诗词与楹联学会会员,杭州市诗词楹联学会常务理事兼副秘书长,淳安县诗词楹联协会副会长,淳安县作家协会会员,淳安县老干部诗词协会会长兼《千岛湖情韵》诗刊主编。

《璜溪吟稿》(诗词集)中华文化出版社,2022年6月

洪淳生,1957年1月出生,原淳安茶园镇人。1959年移民建德县。1982年浙江师范大学中文系毕业,先后任教寿昌中学、建德县教师进修学校。曾任《建德日报》副总编、建德市委宣传部副部长,市文联主席、市总工会主席、市委党史办主任。2017年3月退休。现任杭州市历史学会副会长兼秘书长,杭州市历史学会苏东坡研究专委会副会长兼秘书长。

《飞瀑》(小说)中国戏剧出版社,2002年8月

《白雪放歌》(散文集)中国戏剧出版社,2002年12月

《雾中的太阳》(合著)大众文艺出版社,2008年12月

《中国共产党建德历史(1949~1978)》(主编,史论)中共党史出版社,2008年12月

《李频评传》(论著)中国戏剧出版社,2013年11月

《陈怀白传》(传记) 中国文史出版社,2015年7月

《新安集团志》(主编,方志) 方志出版社,2015年8月

《四大名著与杭州》(论著,与王益庸合著) 杭州出版社,2017年3月

《三国水浒与建德》(主编,史论) 文汇出版社,2017年5月

《建功立德论孙韶》(主编,论文集) 文汇出版社,2018年11月

《严州特产》 杭州出版社,2020年9月

《严州文化史》(论著) 中国社会科学出版社,2021年4月

王恒堂,1957年1月出生,鸠坑乡常青村人。1998年任南赋乡党委书记,2001年任鸠坑乡党委书记,2005年任淳安县委统战部副部长、民宗局局长,2007年任淳安县工商联主席,2017年退休。

《鸠坑茶》(主编,科普) 西泠印社出版社,2013年10月

《中国传统村落——常青村》(编著,村落文化) 西泠印社出版社,2018年1月

王富强,1957年2月出生,字胡子,号三千仙翁,鸠坑乡人。毕业于解放军信息工程大学,历任郑州市书法家协会副主席、河南省企业文化促进会专家副会长等职、中国书法家协会会员。

《世界风云中的中国》(主编之一) 河南人民出版社,1996年11月

《书画魂》(主编之一) 河南美术出版社,2001年6月

《魅力河南》(主编) 河南人民出版社,2006年12月

严卫华,1958年1月出生,界首乡人。曾供职于淳安县委党史研究

室,现已退休。

《青溪拾遗》中国文史出版社,2017年3月

吴宗其,1958年出生,祖籍浙江义乌,出生于浙江淳安。第六届、第七届浙江省摄影家协会主席。从影四十多年,先后有千余幅摄影作品在国内外获奖、入选和发表。其中《狂舞》作品曾于1986年获第十四届全国摄影艺术展览金牌奖,填补了浙江省空白。曾多次担任过国内外摄影大赛评委,并多次在中国、美国、巴西等地举办个人摄影作品展览,百余幅摄影作品被国内外博物馆、美术馆、艺术馆永久收藏。2015年由中国摄影家协会和浙江省文联在浙江美术馆联合举办《家在千岛湖——吴宗其摄影作品展览》。中国摄影金像奖和十杰人民摄影家以及郎静山大师艺术摄影终身成就奖获得者。首届PSA china世界摄影十杰获得者。现为中国摄影家协会艺术摄影委员会委员、浙江省摄影家协会名誉主席、杭州市摄影家协会名誉主席。

《千岛湖——吴宗其风光风情摄影作品》(摄影艺术) 中国摄影出版社,2004年4月

《吴宗其摄影作品集》(主编,摄影艺术) 浙江文艺出版社,2012年

《家在千岛湖——吴宗其摄影作品集》(摄影艺术) 中国摄影出版社,2015年6月

周 红,1958年出生,祖籍山东,生于淳安。浙江大学毕业。先后担任淳安县二轻总公司经理、中共淳安县委常委、宣传部部长等职。

《可爱的淳安》（主编）浙江人民出版社，2000年11月

严建刚，1958年9月出生，安阳乡黄家源村人。大专文化。历任淳安县文化局副局长，县城管办、人防办主任，县政府办公室副主任等职。

《湖底回声》（主编）大连出版社，2003年8月

吴枝山，1958年出生，金峰乡人。1979年应征入伍，1982年进淳安邮电局工作。曾任《淳安邮电志》编辑，邮电局机要员。

《爱的心旅》国际文化出版公司出版，1998年11月

章建胜，1958年4月出生，姜家镇人。大专文化，副研究馆员。中国散文学会会员、中国民间文艺家协会会员、浙江省写作学会会员、浙江省文学学会水浒研究会会员。

《一山一村一世界》（散文集）黄河出版社，2014年9月

《听山里人讲老故事》（主编，民间文学）九州出版社，2015年1月

《千岛湖风物故事精选》（编著，民间文学）团结出版社，2016年5月

《杭黄高铁线上的明珠——文昌》（主编）沈阳出版社，2017年5月

《瀛山随笔》（散文集）百花洲文艺出版社，2022年10月

郑春华，1959年3月出生，原屏峰乡郑家埠人，郑成义之女。1985年入北京鲁迅文学院短训班培训，1987年考入南京大学作家班深造。任少年儿童出版社编辑，《幼儿文学版》责任编辑。

《白象》中国少年儿童出版社，1984年1月

《小豆芽芽》宁夏人民出版社，1985年8月（国家图书馆书目）

《宝宝趣味果》新世纪出版社，1988年10月（国家图书馆书目）

《大头儿子和小头爸爸》（幼儿长篇故事）

《非常小子马鸣加》（幼儿长篇故事）

《贝加的樱桃班》（幼儿长篇故事）

《圆圆和圈圈》（儿童诗集）

《紫罗兰幼儿院》（幼儿长篇故事）湖南少年儿童出版社，1985年（国家图书馆书目）

《甜甜的托儿所》（儿童诗集）上海少年儿童出版社，1986年（国家图书馆书目）

《挂满孩子的"树"》南京大学出版社，2020年7月

余　辉，1959年10月出生，出生于北京，祖籍浙江淳安。1983年在南京师范大学美术系获学士学位，1990年于中央美术学院美术史系获硕士学位，同年工作于故宫博物院至今。历任故宫博物院书画部主任、研究室主任，现为国家文物鉴定委员会委员、故宫博物院研究馆员、中外文化交流研究所所长。

《形神兼备——中国人物画》（艺术史）吉林美术出版社，1999年1月

《画史解疑》（艺术史）台北东大图书公司出版，2000年11月

《元代绘画》（主编，艺术史）上海科学技术出版社，2005年6月

《故宫藏画的故事》（编著）故宫出版社，2014年7月

《画马两千年》（艺术）上海书画出版社，2014年8月

《秀骨清像——魏晋南北朝人物画》(艺术史) 故宫出版社,2015年2月

《隐忧与曲谏——〈清明上河图〉解码录》(艺术史) 北京大学出版社,2015年9月

《画里江山犹胜——百年艺术家族之赵宋家族》(艺术史) 中国美术学院出版社,2018年3月

《百问千里——王希孟〈千里江山图〉卷问答录》(艺术史) 人民美术出版社,2020年5月

《清明上河图深度游》(艺术史) 辽宁美术出版社,2021年3月

《了不起的中国画:清宫旧藏追踪录》(艺术) 上海书画出版社,2021年8月

《千里江山越千年——中国山水画艺术与〈千里江山图〉》(合著,艺术史) 中国青年出版社,2022年3月

《看见故宫》(合著,历史) 湖南文艺出版社,2023年4月

蒋中崎,1960年10月出生,杭州市人。1981年杭州师范学院中文系毕业。1996~1997年在北京中国艺术研究院研究生部戏曲史论专业学习。先后担任浙江省艺术研究所副所长、研究员,浙江艺术职业学院教授等职。

《睦剧发展史》(与周福金合著,艺术史) 浙江人民出版社,1998年10月

王北苏,1960年4月出生,浪川乡芹川村人,号一墨。美术本科毕业。中学高级教师。中国书法家协会会员,中华诗词学会会员,浙江省花鸟画家协会会员,淳安县政协书画院副院长。

《王北苏书画作品集》(书画作品集) 华夏美术出版社,2012年12月

《中国实力派书画家·王北苏》(书画作品集) 九州出版社,2020年1月

严立贤,1960年7月出生,原东亭乡竹贤村人,1958年移民龙游县。1984年7月毕业于兰州大学经济系。1993年8月至1995年8月在中国社会科学院近代史研究所从事博士后研究,副研究员。

《走向现代之路》(合著) 中国新闻出版社,1989年

《国外发展理论研究》(合著) 人民出版社,1993年

《日本资本主义形态研究》中国社会科学出版社,1995年

金功发,1961年出生,淳安人。1983年大学毕业。2002年被评为浙江省语文特级教师,曾任杭州第二中学教育科研处主任。

《初中课课通》(第一、三、五册主编) 浙江少儿出版社,2002年8月

《高考话题作文的99种构思》(主编) 海南出版社,2005年2月

《生活DOREMI——初中生亮点作文》(主编) 浙江人民出版社,2005年9月

《心情调色板——初中生亮点作文》(主编) 浙江人民出版社,2005年9月

《想象的天空——初中生亮点作文》(主编) 浙江人民出版社,2005年9月

《生活T型台——高中生亮点作文》(主编) 浙江人民出版社,2005年9月

《我思故我在——高中生亮点作文》(主编) 浙江人民出版社,2005年9月

《心情停靠站——高中生亮点作文》(主编) 浙江人民出版社,2005年9月

《立竿见影——初中语文新课程作文指导(七年级)》(主编) 浙江人民出版社,2006年2月

《立竿见影——初中语文新课程作文指导（八年级）》（主编）浙江人民出版社,2006年2月

《立竿见影——初中语文新课程作文指导（九年级）》（主编）浙江人民出版社,2006年2月

《全品高考复习方案（老教师手册）》（主编）西苑出版社,2006年5月

《全品高考复习方案（语文听课手册）》（主编）西苑出版社,2006年5月

《考试精短记叙及多角度》（主编）浙江人民出版社,2011年9月

鲍旭君,1961年10月出生,浪川乡人,现居杭州。

《月亮的一半是湖水》（诗集）吉林文史出版社,2019年5月

《大浪川》（诗集）中国文艺出版社,2020年7月

《网易原创诗》（编著,诗集）中国文艺出版社,2020年7月

《美哉千岛湖》（诗集）中国文艺出版社,2021年10月

张　蕊,1962年6月出生,原渡渎乡徐坑村人。1984年江西财经学院会计专业毕业。教授、博士生导师。曾任江西财经大学会计学院院长。

《西方民间审计》中国财政经济出版社,1995年6月

《审计学教程》（主编）山西经济出版社,1995年12月

《现代租赁会计与决策》（编著）中国财政经济出版社,1998年6月

《舞弊甄别与诉讼会计》（编著）经济管理出版社,2000年1月

《企业战略经营业绩评价指标体系研究》中国财政经济出版社,2002年4月

《会计学原理》(主编) 中国财政经济出版社,2002年8月

《会计审计前沿问题探索》中国财政经济出版社,2004年8月

《审计学》(主编) 科学出版社,2011年1月

李明书,1962年出生,笔名热雪,中洲镇乘风源村人。大专文化。曾供职于淳安县广播电视局,后至杭州。杭州市作家协会会员。

《大地之门》新华出版社,1993年8月

《融入千岛湖》百花文艺出版社,1998年8月

《摇滚的词语们》中国文联出版社,2002年11月

洪永平,1962年9月出生,淳安县中洲镇木瓜村人。1983年7月毕业于中国人民大学中文系,文学学士。现任安徽省政协常委、文化文史和学习委员会副主任,安徽省徽学学会会长、安徽师范大学兼职教授。曾任中共安徽省委宣传部副部长、省新闻出版局(版权局)局长,省委讲师团团长、省社科联党组书记、常务副主席。长期从事理论、社会科学研究和学术组织工作,主持或组织安徽地域文化重大项目和重大学术活动,主持省社科规划重点项目,组织编撰《徽州文化全书》《徽州文化史》《人文安徽》等著作,主编"学界兴皖丛书""安徽历史文化丛书"等十多部作品,在《人民日报》《光明日报》《经济日报》等报刊发表十余篇理论文章。

《青年审美向导》中国青年出版社,1987年12月

《包拯研究与传统文化》(副主编) 安徽人民出版社,2001年1月

《皖江文化探微》(副主编) 合肥工业大学出版社,2005年11月

《淮河文化新探》合肥工业大学出版社,2006年10月

《淮河文化纵论》合肥工业大学出版社,2008年9月

《徽州文化全书》(参与组织编辑) 二十卷,安徽人民出版社,2005年

汪小金,1962年12月出生,枫树岭镇沿店村人。1982年江西财政学院毕业,分配在水电部布鲁革工程局工作。1996年赴澳大利亚维多利亚墨尔本皇家理工大学读硕士、博士学位。2002年任云南大学教授。

《理想的实现——项目管理方法与理念》人民出版社,2003年(国家图书馆书目)

《汪博士解读PMP考试》北京电子工业出版社,2006年(国家图书馆书目)

《把"水"搅活》云南大学出版社,2007年5月(国家图书馆书目)

鲍艺敏,1962年出生,祖籍安徽,出生于千岛湖镇。大专文化,任淳安县文管所所长,文博副研究员。中国古陶瓷学会、中国硬笔书法家协会、浙江省考古学会、浙江博物馆学会、浙江省书法研究会会员。

《商辂传》(长篇章回体小说) 浙江文艺出版社,2001年12月

《文物叙略》西泠印社出版社,2008年10月

《淳安的祠堂》中国文史出版社,2012年6月

《淳安馆藏文物精品集》(主编) 西泠印社出版社,2015年12月

《淳安的祠堂》(Ⅱ) 中国文史出版社,2017年12月

《是真名士自风流》(文化散文) 浙江人民美术出版社,2020年10月

《淳安历史的32张面孔》（文化散文）中国言实出版社,2023年4月

方有禄,1962年10月出生,淳安人。中国戏剧家协会会员,中国舞蹈家协会会员,浙江省曲艺家协会会员,杭州市曲艺家协会副主席,淳安县曲艺家协会主席。曾供职于淳安县文化馆,研究馆员。

《睦剧唱腔精选》（第一辑）（主编,戏曲）浙江摄影出版社,2016年12月

《唱响千岛湖——2016年全国原创歌曲征集大赛优秀歌词集》（主编）浙江摄影出版社,2016年12月

《睦剧唱腔精选》（第二辑）（主编,戏曲）浙江摄影出版社,2017年12月

《春日暖阳——方有禄现代小戏集》（戏曲）中国戏剧出版社,2022年8月

何次平,1962年11月出生,文昌镇人。1984年毕业于浙江农业大学,长期在基层从事农林科研工作,曾获得浙江省科技进步三等奖一次、杭州市科技进步二等奖一次。1998年,任淳安县微生物研究所副所长,2003年获农林科研副研究员职称。2016～2021年主持承担杭州市科技项目"千岛湖大型真菌资源调查与研究"。

《千岛湖大型真菌》（主编）浙江科学技术出版社,2021年6月

毛有根,1962年12月出生,淳安人。杭州市作家协会会员。高中文化。当过教师、务过农、打过工、经过商,做过保安。作品散见于省、市、县多种报纸杂志。

《故乡情》（散文集）团结出版社,2018年8月

陆朋红，1963年5月出生，祖籍淳安陆家埠，出生于杭州。大专文化，曾供职于淳安县文化馆。浙江省作家协会会员，杭州市作协委员。

《千红之舞》(诗集) 浙江文艺出版社，2000年12月

《牵花之手》(诗集) 大众文艺出版社，2003年12月

王放放，1963年出生，淳安人。1984年杭州大学毕业，1986年起从事行政学的教学与研究工作。

《中国行政改革思想史》浙江教育出版社，1999年4月

章有良，1963年出生，屏门乡年川村人。1982年10月入伍。1984年6月加入中国共产党。2007年6月，任上海市公安边防总队主任。

《归真书法》

郑建功，1963年出生，淳安人。1990年毕业于北京中医药大学，分配在浙江省中医药研究院工作。2006年任《浙江中医杂志》副主编、《养生期刊》副主编，并任浙江省中医药学会第五届理事会理事。

《中国气功图》吉林科学技术出版社，1994年8月

杨京平，1963年出生，千岛湖镇人。1983年浙江农业大学毕业。现为浙江大学环境与资源学院教授、博士生导师。

《农业生态工程与技术》化学工业出版社，2002年5月

《生态安全的系统分析》化学工业出版社，2003年5月

《生态恢复工程技术》化学工业出版社,2003年6月

《生态系统管理与技术》化学工业出版社,2004年5月

《浙江效益农业百科全书·生态农业》中国农业科学技术出版社,2004年2月

《生态工程学导论》化学工业出版社,2005年5月

《信息生态学》化学工业出版社,2005年6月

《生态设计与技术》化学工业出版社,2005年10月

《环境生态学》化学工业出版社,2006年1月

《园林生态学》化学工业出版社,2007年5月

《生态农业工程》中国环境科学出版社,2009年7月

周启星,1963年5月出生,原东亭乡竹贤村人,20世纪50年代新安江大移民时移居龙游县。1986年毕业于浙江大学环境与资源学院。先后任南开大学环境科学与工程学院院长、教授、博士生导师。

《复合污染生态学》中国环境科学出版社,1995年

《环境生物地球化学及全球环境变化》科学出版社,2001年

《污染生态毒理学》科学出版社,2004年

《污染土壤修复原理与方法》科学出版社,2004年

《健康土壤学:土壤健康质量与农产品安全》(主编) 科学出版社,2005年

《生态修复》中国环境科学出版社,2006年

方金华,1963年5月出生,威坪镇方宅村人。1980年参加工作。浙江

省作家协会会员。

《陌生的家园》(散文集）现代出版社,2016年9月

徐富荣,1963年7月出生,笔名银鱼儿、守清。淳安人。浙江省作家协会会员,杭州市诗词楹联协会会员,淳安县传统文化研究会监事。曾任淳安县作家协会副主席。供职于淳安县红十字会,现已退休。

《徐震东轶事》(长篇纪实文学）团结出版社,2014年5月

《掘魔》(长篇纪实文学）浙江摄影出版社,2018年12月

罗卫东,1963年8月出生,威坪镇流湘村人。1982年7月参加工作,1988年10月加入民盟。第十四届全国政协委员。杭州大学经济系本科、硕士研究生,浙江大学人文学院外国哲学专业博士研究生,研究生学历,教授、博士生导师。现任浙江大学城市学院院长、浙江大学人文高等研究院院长、杭州城市大脑研究院院长、民盟中央委员、经济委员会副主任、浙江省委会副主委,兼任浙江大学光华法学院院长、浙江大学社会科学院院长、杭州发展研究会第三届理事会会长、浙江大学教育基金会第三届理事会副理事长、浙江大学校友总会第五届理事会常务副会长。

《比较经济体制分析》(合著）浙江大学出版社,1999年2月

《经济思想通史》(合著）浙江大学出版社,2003年4月

《情感·秩序·美德:亚当·斯密的伦理学世界》中国人民大学出版社,2006年1月

《庆贺陈桥驿先生九十华诞学术论文集》(主编) 浙江大学出版社,2014年2月

《"一带一路"一百问》(主编) 浙江大学出版社,2015年9月

《山水契阔:陈桥驿先生学行录》(主编) 浙江大学出版社,2016年8月

《商业与正义》(主编) 浙江大学出版社2016年9月

《抗战文军:抗日战争时期的国立浙江大学》(主编) 浙江大学出版社,2017年5月

《市场经济与企业家精神:奥地利经济学文集》(主编) 浙江大学出版社,2017年10月

《书山行旅》(学术随笔) 商务印书馆,2022年7月

程　就,1963年8月出生,又名程必停、程必腾。祖籍安徽休宁五城,出生淳安县临岐镇。毕业于中央广播电视大学汉语言文学专业,从事新闻采编工作数十年,现为淳安县融媒体中心编辑,高级政工师。淳安县第九届政协委员,淳安县民间文艺家协会理事。先后获得浙江省县市区域报"十佳编辑","杭州市劳动模范",淳安县"好记者""百名拔尖人才"等荣誉。

《光耀淳安》(纪实文学) 现代出版社,2017年11月

《风云韭菜坪》(纪实文学) 团结出版社,2019年5月

《永恒记忆》(纪实文学) 团结出版社,2023年1月

余利归,1963年8月出生,汾口镇云林村人。1988年毕业于杭州大

学经济系,1988年8月就职于中共淳安县委党校。1996年调入淳安县政协工作,历任办公室科长、副主任,文史和教文卫体委员会主任、委员工作委员会主任。从事文史工作十余年。

《云林故事》(随笔) 北京日报出版社,2016年1月

《淳安佛教》(主编,宗教) 宗教文化出版社,2017年1月

鲁永筑,1963年10月出生,临岐镇人。浙江省作家协会会员,浙江省写作协会会员。现任淳安县社科联副主席,淳安县人文历史研究会副会长兼秘书长,淳安县新联会副会长,淳安县对云文化创意有限公司总经理。

《五彩瑶山》(长篇小说) 白山出版社,2016

《临岐意象》(主编,诗集) 杭州出版社,2017年7月

《对云集》(诗集) 四川民族出版社,2019年9月

汪永明,1963年10月出生,梓桐镇尹山村高山人,大学本科,姜家镇政府事业干部。热衷于地方文化资源整合及书画、摄影等文化艺术。入选"2023年浙江省隶书百家"。浙江省书法家协会会员,杭州市书法家协会隶书委员会委员兼副秘书长,县新安文化研究会理事。

《狮城千年·姜家》(主编,民间故事) 团结出版社,2018年11月

钱尼万,1963年12月出生,威坪镇人。在职本科学历。1983年9月参加工作,先后在妙石乡、王阜乡、宋村乡、南赋乡、严家乡、工商联、统计

局、政协文史委工作,担任过乡长,乡党委书记,工商联党组书记、主席、县委统战部副部长,局党组书记,县政协文史委主任等职务。

徐宗祥,1965年5月出生,淳安县千岛湖镇人。1986年7月毕业于浙江农业大学农业经济管理专业。1986年8月始,先后在县农业局、龙川乡、凤林港水电开发总公司、千岛湖镇、富文乡、临岐镇、国土局、统计局、政协文史委工作,担任过乡镇长、乡镇党委书记,局党组书记、局长,县政协文史委主任等职务。

《淳安村落》(二十六卷,联合主编) 中国文史出版社,2021年

《淳安县政协志(2004～2019)》(联合主编) 中国文史出版社,2022年2月

王学武,1964年1月出生,威坪镇安川村人。1986年毕业于四川大学,先后在中国电子报社、中国财经报社、科技日报社等机构任职。曾任中国信息化杂志社执行社长。

《亲疼》(散文集) 北京大学出版社,2012年10月

《亲缘》(散文集) 北京大学出版社,2013年10月

《亲享》(主编,散文集) 北京大学出版社,2013年10月

《乡读手记》(散文集) 北京大学出版社,2020年1月

余昌顺,1964年6月出生,笔名余弃水,中洲镇人。曾就读于复旦大学作家班,中国作家协会会员。供职于淳安县融媒体中心(淳安县广播电视台)。

《信不信由你》(小说集) 南方出版社,2001年8月

《千岛湖的孤独》(散文集) 大众文艺出版社,2009年9月

《乡愁·中洲》(主编,散文集) 中国文联出版社,2016年10月

《一个人的淳安地理》(散文集) 中国言实出版社,2023年4月

孤 岛,1964年9月出生,本名李泽生,曾用名李正利,中洲镇李家坞村人。1985年杭州大学中文系毕业自愿支边到新疆,国家一级作家。现为新疆维吾尔自治区文联全委会委员、《新疆文艺界》执行主编,系中国作家协会会员、中国游记名家联盟副主席、中国西部散文学会副主席,中国民主同盟中央文化艺术研究院理事和民盟新疆维吾尔自治区文化委员会主任,民盟中央美术院新疆分院院长、新疆美术家协会理事。作品荣获第四届、第五届冰心散文奖,中国当代散文奖,中国西部散文奖,首届刘成章散文奖,西部文学奖;书法入选首届中国作家书画展等,书法评论获首届兵团书学研讨会优秀论文奖。

《雪和阳光》(诗集) 新疆青少年出版社,1995年

《青春放歌》(合著,报告文学集) 新疆青少年出版社,2006年

《新疆流浪记》(长篇散文) 中国文化出版社,2009年

《沙漠上的英雄树》(散文集) 新疆人民出版社,2011年

《新疆瓜果文化》(文化随笔集) 新疆大学出版社,2012年

《啊,塔里木河》(散文集) 新疆青少年出版社,2014年

《孤岛散文选》(散文集) 新疆大学出版社,2014年

《孤岛诗选》(诗集) 中国书籍出版社,2016年

《天山南北浙江人》(副主编,报告文学集) 新疆人民出版社,2004年

《中国西部散文精选》(副主编,散文集) 甘肃美术出版社,2011年

程毅强,1964年出生,安阳乡人。1981～2002年服役于海军某部,转业后任中国甲午战争博物馆书画艺术客座研究员,中国书法家协会会员。

《程毅强书法作品集》国际文化出版公司出版,1999年5月

《程毅强行草硬笔书法》山东友谊出版社,1993年12月

《中国实力派书画家——程毅强书法集》中国社会出版社,2000年4月

何建华,1964年8月出生,临岐镇新华村人。1984年兰州大学哲学系毕业,分配在中央党校工作,哲学教授。

《墨子》华侨出版社,1996年

《王充》华侨出版社,1996年

《政治经济关系论》浙江人民出版社,2003年

方敬华,1964年9月出生,屏门乡齐坑村人。大学文化。曾任共青团淳安县委书记、淳安县千岛湖风景旅游管理局局长、浙江省旅游集团公司党委书记、董事长。

《心泊千岛湖》(主编) 人民文学出版社,2001年1月

邵吉明,1964年10月出生,淳安人。1984年6月加入中国共产党。1985年8月参加工作,大学学历。曾先后担任淳安县人民政府办公室

副主任、党组成员,淳安县档案局(馆)党组书记、淳安县档案局(馆)局(馆)长。

《千岛湖书画拾粹》(主编) 西泠印社出版社,2013年12月

《千岛湖书画拾粹(二)》(主编) 西泠印社出版社,2019年12月

张固也,1964年12月出生,浪川乡全朴村人。1982～1986年就读于杭州师范学院政史系。1986～1988年在淳安县汾口中学、双源中学任教。1990年考入吉林大学古籍研究所,师从陈维礼先生,攻读历史文献学专业硕士学位。1993年3月留所任教。1998年师从金景芳先生,在职攻读先秦史专业博士学位,2002年获得历史学博士学位。2000年初评为副教授,2004年12月底晋升教授。2009年1月聘为博士研究生导师。曾任吉林大学古籍所历史文献研究室主任,兼吉林省历史学会理事。2010年调入华中师范大学历史文化学院工作,2016年11月任历史文献学研究所所长。主要从事历史文献学研究。发表学术论文近百篇。

《新唐书艺文志补》吉林大学出版社,1996年1月

《百年外戚——窦融世家》(第一署名) 吉林人民出版社,1997年8月

《元文类》(点校) 吉林人民出版社,1998年

《〈管子〉研究》齐鲁书社,2006年1月

《尔雅正义》(点校,儒藏,第一署名) 北京大学出版社,2012年

《史通》(注译) 中州古籍出版社,2012年12月

《唐代文献研究》中州古籍出版社,2014年8月

《古典目录学研究》华中师范大学出版社,2014年12月

严承高，1965年3月出生，界首乡严家村人。1988年东北林业大学硕士毕业，分配在国家林业局工作。教授级工程师，任国家林业局湿地保护中心副主任。

《中国21世纪议程林业行动计划》中国林业出版社，1995年

《中国林业资源》中国林业出版社，1996年

《中国生物多样性国情研究报告》中国环境科学出版社，1998年

《中国生物防火林带建设》中国林业出版社，2003年

《湿地生态工程——湿地资源利用与保护的优化模式》化学工业出版社，2003年

詹黎平，1965年5月出生，笔名达达。汾口镇鲁村人。现供职于淳安县税务局。1990年起至今在省市纯文学刊物发表诗歌、散文、随笔等七百多篇（首）。现为淳安县作家协会名誉主席。2014年参加鲁迅文学院浙江作家首届高研班学习，2016年被评为淳安县首届"十佳文艺人才"，2020年加入中国作家协会。

《月夜的模拟》（诗歌、散文）青海人民出版社，2001年1月

《箱子里点灯》（诗集）现代出版社，2014年3月

《生活史》（诗集）黄河出版社，2015年5月

《生活史补遗》（诗歌）香港类型出版社，2016年2月

《混世记》（诗集）长江文艺出版社，2017年10月

《混世记补遗》（诗歌）香港类型出版社，2019年1月

《光阴诺》（诗集）团结出版社，2021年4月

《光阴诺补遗》（诗歌）香港类型出版社，2023年2月

吴清旺，1965年出生，梓桐镇人。2004年获西南大学博士学位，任浙江星韵律师事务所主任，杭州市委书记随行律师。

《房地产开发中的利益冲突与平衡》

方震凡，1966年出生，威坪镇方宅村人。浙江财经大学88届会计专科毕业。历任淳安县梓桐镇党委书记，新安江开发总公司党委书记、董事长，千岛湖旅游集团党委书记、董事长。曾获浙江省林业厅、浙江省林学会第十二届"科技兴林奖"。

《千岛湖植物》（与于明坚、金孝锋联合主编）高等教育出版社，2012年12月

《千岛湖鸟类》（与丁平、陈水华联合主编）高等教育出版社，2012年12月

胥　弋，1966年出生，山东济南市人。自由撰稿人。

《挽留·方向诗集》（编选）香港金陵书社出版公司，1997年12月

柯尚逮，1966年10月出生，淳安人，在职本科学历。1987年10月毕业于杭州市人民警察学校，分配在淳安县公安局工作。2001年12月起先后任淳安县大墅镇党委书记，县司法局党组书记、局长，淳安千岛湖建设集团有限公司党委书记、董事长，淳安县新安江生态开发集团有限公司党委书记、董事长。

《逐梦山水六十年》（主编，纪实）中国商务出版社，2022年10月

《新安江开发公司志》(主编,志书) 中国方志出版社,2022年9月

姚樟树,1967年4月出生,里商乡人。曾任淳安县枫树岭镇党委书记。现任淳安县文联党组书记、主席。

《穿越湖山》(主编,散文集) 现代出版社,2022年11月

邵红卫,1967年11月出生,威坪镇邵宅村人。杭州市作家协会会员,浙江省书法家协会会员。历任乡镇党委书记、县文联主席、县委党校常务副校长,县政协文史和教文卫体委员会主任。

《蓄势待发》(主编,散文集) 现代出版社,2018年9月

《源远流长》(主编,散文集) 现代出版社,2019年9月

《好人徐遂》(主编,报告文学) 中国言实出版社,2020年6月

《淳安守艺人》(主编,纪实) 现代出版社,2021年4月

余进利,1967年出生,汾口镇宋京村人。2005年上海市普通高等学校博士毕业。先后任浙江师范大学教授,博士、硕士生导师。

《基础教育课程改革纲要(试行)解读》(参编) 华东师范大学出版社,2002年

《普通高中新课程方案导读》(参编) 华东师范大学出版社,2003年

《新课程的观念与创新——师范生读本》(参编) 高等教育出版社,2003年

《研究性学习在农村》华东师范大学出版社,2004年

《新课程的领导、组织与推进》(参编) 高等教育出版社,2004年

《有效教育》(参编) 华东师范大学出版社,2009年

《课程领导研究》上海教育出版社,2009年

方向群,1967年出生,金峰乡朴树坞村人。解放军总医院南楼呼吸科副主任、主任医师。

《**慢性阻塞性肺疾病图解**》(主译) 科学出版社,2008年6月

《**肺功能结果判读**》(主译) 科学出版社,2009年1月

《**呼吸系统感染的治疗对策**》(主编) 科学出版社,2010年3月

徐志清,1967年出生,威坪镇妙石村人。现在"东语之声"电台工作。

《**候鸟之爱**》正之出版社,1992年4月

《**红帆**》金马图书公司出版,2004年

万明祥,1968年4月出生,鸠坑乡人。1992年7月杭州师范学院汉语言文学系本科毕业,从事中学教育工作。2012~2014年任威坪中学校长。现供职于淳安电大教师进修学院。

《**王阜乡志**》(执行主编) 浙江人民出版社,2020年11月

张良仁,1969年出生,汾口镇仙居村人。1991年毕业于北京大学考古系,同年进入中国社会科学院考古研究所工作,1996年获得中国社会科学院研究生院硕士(在职)学位,2000年赴美留学,2007年获得加州大学洛杉矶分校博士学位,现任南京大学历史系教授。

《**欧亚大陆北部的古代冶金:塞伊玛·图尔宾诺现象**》(审校)中华书局

出版,2010年7月

《商文明》(合译) 辽宁教育出版社,2002年2月

《古代和田》(合译) 广西师范大学出版社

Ancient Society and Metallurgy (Archaeo press, 2012)

《东学西问》(学术论文集) 中国社会科学出版社,2021年8月

方三忠,1970年2月出生,威坪镇方宅村人,浙江省作家协会会员。

《心灵的天空》(诗集) 中国文联出版社,2011年12月

《无处不在》(诗集) 中国文联出版社,2014年3月

王　犁,1970年10月出生于浙江淳安。现为中国美术学院艺术管理与教育学院教授、硕士研究生导师、艺术管理系主任。中国文艺评论家协会会员、浙江文艺评论家协会理事,浙江美术家协会会员。文化部艺术发展中心创作研究院青年画院艺委会委员、陕西国画院青年画院学术委员,《美术教育研究》编委,《书画艺术》编委。

《书桌画案》(评论集) 四川美术出版社,2008年1月

《排岭的天空》(散文集) 广西师范大学出版社,2015年11月

《洪勳——作品 访谈 年谱》(主编) 广西美术出版社,2016年5月

《忍不住的表达》(随笔集) 河南美术出版社,2017年1月

《时钟突然拨快——生于七十年代》(主编,随笔集) 中国美术学院出版社,2017年12月

《回到铅笔》(艺术笔记) 浙江人民美术出版社,2024年1月

王雅梅，1970年10月出生，威坪镇琴坑村人。毕业于宁波大学，现任教于杭州市钱塘区学林小学。浙江省普通话水平测试员，冰心儿童文学新作奖获得者。作品入选《世界最美儿童诗集·中国卷》《新湖畔诗选》等，偶有作品获奖或散见刊物。

《阳光落在蝉鸣之上》(诗集) 吉林人民出版社，2023年1月

方从安，1971年12月出生，笔名方淳，大墅镇人。居于杭州，教育学硕士，高级教师，中国作家协会成员，中国民主同盟成员。

《风流笕桥》(编著)(风志读物) 浙江教育出版社，2005年

《病人》(长篇小说) 上海锦绣文章出版社，2009年

《动漫之都：一座城市的梦幻之旅》(报告文学) 浙江人民出版社，2013年

《月是故乡明》(短篇小说集) 中国言实出版社，2016年

《麦墅纪》(散文集) 广西师范大学出版社，2017年

《路过后坞》(访谈录) 广西师范大学出版社，2018年

《拍卖师》(中短篇小说集) 云南美术出版社，2020年

邵京华，1972年7月出生，梓桐镇富石村人。浙江农业大学本科毕业。曾任淳安县蔬菜技术推广站站长、县农业局副局长等职。

《浙江效益农业百科全书·辣(甜)椒》 中国农业科学技术出版社，2004年

王良贵(1972~2021)，笔名逍遥，威坪镇琴坑村人。大学文化。曾任中国美术学院办公室秘书、中国美术学院视觉中国协同创新中心副

主任。

《地点上的人物》(小说集) 百花文艺出版社,2005年5月

《幽暗与慈悲》(诗集) 上海社会科学院出版社,2015年6月

《火的骨头》(诗集) 中国人口出版社,2020年8月

毛瑞升,1973年9月出生,淳安人。中学高级教师,淳安县D类人才,县教坛新秀,浙江省农村英语骨干教师。

《新目标英语初中英语说课稿》(副主编,教育专著) 宁波出版社,2007年9月

泉　子,1973年10月出生,本名胡伟泉,梓桐镇人。作品被翻译成英、法、韩、日等多种语言,曾获刘丽安诗歌奖、艾青诗歌奖、储吉旺文学奖、陈子昂诗歌奖、苏轼诗歌奖、十月诗歌奖、西部文学奖、汉语诗歌双年奖等,现居杭州。

《雨夜的写作》(诗集) 浙江文艺出版社,1999年12月

《与一只鸟分享的时辰》(诗集) 大众文艺出版社,2004年12月

《从两个世界爱一个女人》(诗画对话录) 广西美术出版社,2009年7月

《雨淋墙头月移壁》(诗画对话录) 河北教育出版社,2012年4月

《杂事诗》(诗集) 浙江文艺出版社,2012年12月

《湖山集》(诗集) 长江文艺出版社,2014年12月

《秘密规则的执行者》(诗集) 阳光出版社,2015年3月

《空无的蜜》(诗集) 长江文艺出版社,2017年11月

《诗之思》(诗学笔记) 陕西人民教育出版社,2018年6月

《**青山从未如此饱满**》（诗集）长江文艺出版社,2020年5月

《**山水与人世**》（诗集）北岳文艺出版社,2022年1月

　　章临凯,1974年1月出生,杭州市临安区人。在职大学,中共党员,曾任杭州市临安区政府办公室党组书记、主任。现任中共淳安县委常委、宣传部部长。

《**星耀淳安**》（主编,非虚构）团结出版社,2023年6月

　　徐恒辉,1974年12月出生,浙江省建德县人,1998年1月加入中国共产党,1992年8月参加工作,中央党校大学学历。曾先后任中共淳安县委常委、宣传部部长,中共淳安县委纪委书记、监委主任,现任中共杭州市纪委常委。

《**走进新安文化**》（主编,文化散文）浙江人民出版社,2018年12月

　　姜仁健,1975年1月出生,中洲镇人。2001年任上海浦东国际机场第一餐饮部经理,并获第一届东方美食国际大奖赛金牌。2004年任上海北岛酒店副总经理兼行政总厨。2009年创办"上海品味千岛湖酒店",获世界名厨创新大赛特等奖、金牌厨神奖。中国餐饮业国家评委、国家级烹饪技师、世界厨师联合会副会长。

《**美味家常鱼精选**》中国纺织出版社,2011年10月

　　江琦军,1975年4月出生,笔名一酸,姜家镇人。浙江省作协会员。

淳安县文联副主席,淳安县作家协会主席。作品见于《联谊报》《浙江诗人》《中国自然资源报》《人民日报(海外版)》《杭州日报》等。

《都市童话》(短篇小说集) 阳光出版社,2017年6月

《拾级》(散文集) 现代出版社,2022年11月

郑凯亮,1975年6月出生,汾口镇郑家村人。1993年毕业于严州师范淳安分校普师专业。1993年8月,在原淳安县龙源乡中心小学任教,先后担任汾口镇界川小学、中洲镇中心小学、汾口镇小学校长。2021年调入中共淳安县委宣传部,现任县委宣传部机关党支部副书记。

《可爱的中洲》(主编,乡土教材) 现代出版社,2018年10月

刘 政,1975年7月出生,富文乡人。在职大学,中共党员,曾任杭州市淳安县大墅镇党委委员。现任淳安县文学艺术界联合会党组成员、副主席。

《淳安民俗卷》(主编,民俗文化) 浙江摄影出版社,2016年12月

《淳安民间文学卷》(主编,民间文学) 上、下两卷,浙江古籍出版社,2016年12月

《睦州印迹——淳安非遗图册》(主编,图册) 浙江摄影出版社,2016年12月

郑家平,1976年8月出生,淳安人。1999年毕业于宁波大学管理学系应用数学专业本科。2001年进入杭州千岛湖发展集团有限公司工作至今。主要从事鱼文化、企业文化、文化创意等方面的工作,在文字、文宣、文创领域积累工作内容,为公司"十二五计划""十三五计

划""十四五计划"撰稿人。

《中国鱼：一个鱼头和千岛湖的故事》（与屈波合著，企业史）中国经济出版社，2019年9月

江　波，1978年1月出生，千岛湖镇人。2003年毕业于清华大学电子工程系本科，微电子学硕士。2003年开始科幻文学创作。中国科幻银河奖、京东文学奖、全球华语科幻星云奖金奖得主，中国"硬科幻"代表作家。中国科普作家协会理事，中国科幻研究中心特聘专家。

《银河之心Ⅰ·天垂日暮》（长篇科幻小说）四川科学技术出版社，2012年1月

《银河之心Ⅱ·暗黑深渊》（长篇科幻小说）四川科学技术出版社，2013年8月

《移魂有术》（短篇集）辽宁少年儿童出版社，2014年1月

《银河之心Ⅲ·逐影追光》（长篇科幻小说）四川科学技术出版社，2016年5月

《机器之门》（长篇科幻小说）四川科学技术出版社，2018年3月

《宇宙尽头的书店》（短篇集）作家出版社，2018年4月

《光渊：欧菲亚战记》（长篇科幻小说）重庆出版社，2020年10月

《时空追缉》（短篇集）科学普及出版社，2020年11月

《湿婆之舞》（短篇集）科学普及出版社，2020年11月

《最后的游戏》（短篇集）科学普及出版社，2020年11月

《洪荒世界》（短篇集）科学普及出版社，2020年11月

《随风而逝》（短篇集）科学普及出版社，2020年11月

《无边量子号·启航》（少儿科幻小说）安徽少年儿童出版社，2022年5月

《无边量子号·迷途》（少儿科幻小说）安徽少年儿童出版社，2022年7月

《无边量子号·火星》(少儿科幻小说）安徽少年儿童出版社,2022年8月

《无边量子号·惊变》(少儿科幻小说）安徽少年儿童出版社,2022年10月

余来明,1978年12月出生,祖籍淳安,出生于九江市德安县。1996年考入江西赣南师范学院,2002年考入武汉大学文学院,2005年毕业后留校任教。2006年获文学博士学位。2007年入武汉大学历史学院博士后流动站工作,任武汉大学中国传统文化研究中心副教授,主持国家社科基金项目,中国博士后科学基金项目。

《中华大典·明清文学分典》(参与编纂）凤凰出版社,2005年9月

《中国文学编年史·元代卷》(文学史）湖南人民出版社,2006年9月

《嘉靖前期诗坛研究》(学术研究）武汉大学出版社,2009年6月

蒋旭峰,1981年11月出生,千岛湖镇人。北京外交学院毕业,在新华通讯社工作,先后任新华通讯社记者、编辑、翻译。

《罗斯福传——坐在轮椅上转动世界的巨人》中信出版社,2005年8月

《德鲁克日志》上海译文出版社,2006年1月

《感人至深的四句心灵告白》哈尔滨出版社,2006年4月

《最危险的总编辑》中信出版社,2006年7月

《疯狂的时代呼唤疯狂的组织》中信出版社,2006年11月

《勇敢抉择：卡莉·菲奥莉娜自传》中信出版社,2007年1月

《书的魔力——改变53个名人人生轨迹的经典佳作》广西科学技术出版社,2007年6月

《战略风险管理》中信出版社,2007年10月

《赢在品质》广西科学技术出版社,2007年10月

《蜜蜂的哲学》中信出版社,2008年4月

《赤裸的公司：透明化时代将如何推进企业变革》上海译文出版社,
2008年6月

《巴菲特传：一个美国资本家的成长》中信出版社,2008年9月

《追逐日光(珍藏版)》中信出版社,2009年8月

《免费——商业的未来》中信出版社,2009年9月

《管理十诫——影响您一生的管理哲学》中信出版社,2010年1月

《引爆趋势》中信出版社,2010年1月

《放下孩子：犹太人的家教制胜之道》广西科学技术出版社,2010年5月

陈政华,1985年10月出生,笔名烽火戏诸侯。浪川乡人。中国作家协会会员,浙江省网络作家协会副主席,杭州市网络作家协会主席,第九届浙江省文联委员,第九届杭州市文联委员。

《雪中悍刀行》(玄幻武侠小说) 江苏文艺出版社,2013年9月

《剑来》(古典仙侠小说) 浙江文艺出版社,2020年4月

杨小花,本名杨永娟,1985年11月出生于浙江诸暨,定居于淳安。淳安县知联会理事,淳安县作家协会会员。在基层从事群众文化工作十余年,爱好阅读、写作、音乐等,曾以独特视角和深沉情感围绕非遗等元素创作系列村歌,代表曲有《千古长明》《心灵的港湾》等。热衷于

慈善,以聪慧、勤奋和勇于探索的精神,帮助残疾人就业创业。杭州市第4届亚残运会火炬手,曾获杭州市爱心助残个人嘉奖。

《南宋桂枝传》(全三册,长篇历史小说) 西泠印社出版社,2023年12月

吴祥丰,1985年12月出生,威坪镇三坦村人。笔名千岛、千岛鱼。浙江省作家协会会员,淳安县作家协会副主席。有作品发表在《诗刊》《江南》《十月》等刊物上,现供职于淳安县发展和改革局。

《鱼说：水中玫瑰》(诗集) 团结出版社,2019年2月

郑华美,1987年9月出生,屏门乡人。大学本科。现任淳安县博物馆副馆长、淳安县民间文艺家协会副秘书长。

《淳安传统舞蹈卷》(主编,传统舞蹈) 百花洲文艺出版社,2018年1月

《淳安传统美食卷》(美食文化) 浙江摄影出版社,2018年12月

《淳安传统技艺卷)(主编,民间工艺) 浙江工商大学出版社,2019年11月

钱　雪,1993年12月出生,笔名钱雪儿。籍贯浙江省建德县,出生于淳安县千岛湖镇。旅居加拿大温哥华。作品散见于《解放军报》《青年文学家》《神州》《散文百家》《读书文摘》《传奇故事》《当代旅游》等刊物。现为中国翻译协会专家会员、浙江作家协会会员、中国散文学会会员。

《钱塘儿女行》(散文集) 浙江文艺出版社,2022年5月

《商务英语》(副主编) 吉林出版集团,2018年12月

《英语教学与翻译研究》(参编) 中国商务出版社,2018年12月

县史录

人文淳安

RENWEN CHUNAN

XILIE CONGSHU

三国志·吴书·贺齐传

（三国）陈　寿

　　贺齐字公苗，会稽山阴人也。少为郡吏，守剡长。县吏斯从轻侠为奸，齐欲治之，主簿谏曰："从，县大族，山越所附，今日治之，明日寇至。"齐闻大怒，便立斩从。从族党遂相纠合，众千余人，举兵攻县。齐率吏民，开城门突击，大破之，威震山越。后太末、丰浦民反，转守太末长，诛恶养善，期月尽平。

　　建安元年，孙策临郡，察齐孝廉。时王郎奔东冶，候官长商升为朗起兵。策遣永宁长韩晏领南部都尉，将兵讨升，以齐为永宁长，晏为升所败，齐又代晏领都尉事。升畏齐威名，遣使乞盟。齐因告喻，为陈祸福，升遂送上印绶，出舍求降。贼帅张雅、詹强等不愿升降，反共杀升，雅称无上将军，强称会稽太守。贼盛兵少，未足以讨，齐住军息兵。雅与女婿何雄争势两乖，齐令越人因事交构，遂致疑隙，阻兵相图。齐乃进讨，一战大破雅，强党震惧，率众出降。

　　候官既平，而建安、汉兴、南平复乱，齐进兵建安，立都尉府，是岁八年也。郡发属县五千兵，各使本县长将之，皆受齐节度。贼洪明、洪进、苑御、吴免、华当等五人，率各万户，连屯汉兴，吴五六千户别屯大潭，邹临六千户别屯盖竹，同出馀汗。军讨汉兴，经馀汗。齐以为贼众兵少，深入无继，恐为所断，令松阳长丁蕃留备馀汗。蕃本与齐邻城，耻见部伍，辞不肯留。齐乃斩蕃，于是军中震栗，无不用命，遂分兵留备，进讨明等，连大破之。临陈斩明，其免、当、进、御皆降。转击盖竹，军向大潭，二将又降。凡讨治斩首六千级，名帅尽擒，复立县邑，料出兵万人，拜为平东校尉。十年，转讨上饶，分以为建平县。

十三年，迁威武中郎将，讨丹阳黟、歙。时武强、叶乡、东阳、丰浦四乡先降，齐表言以叶乡为始新县。而歙贼帅金奇万户屯安勒山，毛甘万户屯乌聊山，黟帅陈仆、祖山等二万户屯林历山。林历山四面壁立，高数十丈，径路危狭，不容刀楯，贼临高下石，不可得攻。军住经日，将吏患之。齐身出周行，观视形便，阴募轻捷士，为作铁弋，密于隐险贼所不备处，以弋拓堑为缘道，夜令潜上，乃多悬布以援下人，得上百数人，四面流布，俱鸣鼓角，齐勒兵待之。贼夜闻鼓声四合，谓大军悉已得上，惊惧惑乱，不知所为，守路备险者，皆走还依众，大军因是得上，大破仆等，其余皆降，凡斩首七千。齐复表分歙为新定、黎阳、休阳。并黟、歙凡六县，权遂割为新都郡，齐为太守，立府于始新，加偏将军。

十六年，吴郡余杭民郎稚合宗起贼，复数千人，齐出讨之，即复破稚，表言分余杭为临水县。被命诣所在，及当还郡，权出祖道，作乐舞象。赐齐軿车骏马，罢坐住驾，使齐就车。齐辞不敢，权使左右扶齐上车，令导吏卒兵骑，如在郡仪。权望之笑曰："人当努力，非积行累勤，此不可得。"去百余步乃旋。

十八年，豫章东部民彭材、李玉、王海等起为贼乱，众万余人。齐讨平之，诛其首恶，余皆降服。拣其精健为兵，次为县户。迁奋武将军。

二十年，从权征合肥。时城中出战，徐盛被创失矛，齐中兵拒击，得盛所失。

二十一年,鄱阳民尤突受曹公印绶,化民为贼,陵阳、始安、泾县皆与突相应。齐与陆逊讨破突,斩首数千,余党震服,丹杨三县皆降,料得精兵八千人。拜安东将军,封山阴侯,出镇江上,督扶州以上至皖。

黄武初,魏使曹休来伐,齐以道远后至,因住新市为拒。会洞口诸军遭风流溺,所亡中分,将士失色,赖齐未济,偏军独全,诸将倚以为势。

齐性奢绮,尤好军事,兵甲器械极为精好,所乘船雕刻丹镂,青盖绛襜,干橹戈矛,葩爪文画,弓弩矢箭,咸取上材,蒙冲斗舰之属,望之若山。休等惮之,遂引军还。迁后将军,假节、领徐州牧。

初,晋宗为戏口将,以众叛如魏,还为蕲春太守,图袭安乐,取其保质。权以为耻忿,因军初罢,六月盛夏,出其不意,诏齐督廉芳、鲜于丹等袭蕲春,遂生房宗。后四年卒,子达及弟景皆有令名,为佳将。景子邵,别有传。

议移州治疏略

（唐）州司马　沈成福

州城俯临江水，先是江皋硗确、崎岖不平，展拓无地。置州筑城，东西南北纵横才百余步。城内惟有仓库、刺史宅、曹司官宇；自司马以下及百姓，并沿江居住。城内更无营立之所。每至夏中，江水泛涨浸没，频年修理，夫役极多；补整之间，实大劳敝。欲求转移，更无去处。今岁夏水又湮，江岸崩颓，道路断绝。附郭雉山县置在州东，更甚卑下，曾经大水，漂失盖藏，屋被浸没。一州管三万余户，置州西界，州西惟有四乡，其桐庐等县并在州东。水陆两途二三百里，江水险阻，已极艰虞。加之夏雨暴至，进退不能，殊为掣肘。桐庐县令先后三人，皆为赴任上州并遭没溺。言之可痛，闻者伤心！是以建德等三县在州东者，官人百姓并请移州就建。道里稍平，输纳租庸，沿江甚易；空船归棹，迟亦无妨。其建德地形高爽，当三江之口，五县之中；近岁以来，未遭水患。若许移州治，并移雉山县入州，旧城亦得牢固。既益公私，不敢隐蔽。谨因朝集使、登仕郎、录事参军张志节奏表以闻。轻触宸严，伏增战越。

　　此疏乃永徽三年唐高宗之壬子岁也。后州治于神功元年始徙于建德。

方腊漆园誓师

酒数行,腊起曰:"天下国家,本同一理。今有子弟耕织,终岁劳苦,少有粟帛,父兄悉取而靡荡之;稍不如意,则鞭笞酷虐,至死弗恤,于汝甘乎?"

皆曰:"不能!"

腊曰:"靡荡之余,又悉举而奉之仇雠。仇雠赖我之资,益以富实,反见侵侮。则使子弟应之,子弟力弗能支,则谴责无所不至。然岁奉仇雠之物,初不以侵侮废也。于汝甘乎?"

皆曰:"安有此理!"

腊涕泣曰:"今赋役繁重,官吏侵渔,农桑不足以供应。吾侪所赖为命者,漆楮竹木耳,又悉科取无锱铢遗。夫天生烝民,树之司牧,本以养民也,乃暴虐如是,天人之心能无憾乎?且声色、狗马、土木、祷祠、甲兵、花石糜费之外,岁赂西北二虏银绢以百万计,皆吾东南赤子膏血也。二虏得此,益轻中国,岁岁侵扰不已,朝廷奉之不敢废,宰相以为安边之长策也。独吾民终岁勤动,妻子冻馁,求一日饱食不可得。诸君以为何如?"

皆愤愤曰:"惟命!"

腊曰:"三十年来,元老旧臣贬死殆尽,当轴者皆龌龊邪佞之徒,但知以声色土木淫蛊上心耳,朝廷大政事一切弗恤也。在外监司、牧守,亦皆贪鄙成风，不以地方为意。东南之民，苦于剥削久矣！近岁花石之扰，尤所弗堪。诸君若能仗义而起，四方必闻风响应。旬日之间，万众可集。宋臣闻之，固将招徕商议，未便申奏。我以计縻之，延滞一两月，江南列郡可一鼓下也。朝廷得报，亦未能决策发兵，计其迁延集议，亦须月余，调集兵食，非半年不可，是我起兵已首尾期月矣。此时当已大定，无足虑也。况西北二虏岁币百万，朝廷军国经费千万，多出东南，我既据有江表，必将酷取于中原。中原不堪，必生内变；二虏闻之，亦将乘机而入，腹背受敌，虽有伊吕不能为之谋也。我但画江而守，轻徭薄赋，以宽民力，四方孰不敛衽来朝？十年之间，终当混一矣。不然，徒死于贪吏耳。诸君其筹之！"

皆曰："善！"

遂部署其众千余人，以诛朱勔为名，见官吏、公使人皆杀之。民方苦于侵渔，果所在响应，数日，有众十万，遂连陷郡县数十，众殆百万，四方大震。

摘录自南宋《容斋逸史》

龙山怀古

刘志华

  龙山，以横嶂排空，不附群峦，形似苍龙而得名。海拔二百零七点八米，周围六千米，面积五百二十五亩。相传"吴永安五年黄龙现于此"，又是淳安老县城的来龙山，故历代淳安人对它非常尊崇，视其为神圣的"活龙山"。

  东汉建安十三年，孙权遣威武中郎将贺齐击定山越，析丹阳郡之黟、歙为始新、新定、黎阳、休阳等六县，置新都郡。贺齐为太守。第二年，即选定龙山南麓新安江与东源港之广袤地带辟建郡城，以利舟楫上溯徽州，下通杭州，近达四乡。因此城属贺齐所筑，故称贺城。历新都、新安、睦州，迄武周神功元年四百八十九载皆为郡（州）治。其后，州治徙建德，新安县治始从雉山脚下迁此，历名新安、还淳、青溪、淳化、淳安，一直是县治所在。

  贺城有内城、外城之分，周围二里又二百二十五步。有澄清、振德、还淳、环翠、孝义、巩安六城门；县前、冯公、官贤、直街等三十六条街路巷弄；市井繁华，商铺林立；还有学宫、文庙、魁星楼、牌坊等众多文教设施。至1956年，城内已有居民一千四百五十三户、六千七百三十二人，各类房屋五千零九十六间。站立龙山之巅俯瞰，街巷纵横交错，房屋栉比连云，极为壮观。

  此外，龙山及县城周围还有洞灵宫、龙山庵、石峡书院、南宋状元方蛟峰祖宅、海公祠等著名人文景观。

所有这些建筑，都在一九五九年新安江水库形成时被波涛吞没。"今日旧城寻不见，倩人指点认龙山"，留给人们的是无穷的眷恋和遐思。

名文录

人文淳安
RENWEN CHUNAN
XILIE CONGSHU

昌黎韩先生墓志铭

（唐）皇甫湜

　　长庆四年八月，昌黎韩先生既以疾免吏部侍郎，书谕湜曰："死能令我躬，所以不随世磨灭者惟子，以为嘱。"其年十二月丙子，遂薨。明年正月，其孤昶，使奉功绪之录，继讣以至。三月癸酉，葬河南河阳。乃哭而叙铭其墓，其详将揭之于神道碑云。

　　先生讳愈，字退之，后魏安桓王茂六代孙；祖朝散大夫桂州长史，讳睿素；父秘书郎赠尚书左仆射，讳仲卿。先生七岁好学，言出成文。及冠，恣为书以传圣人之道，人始未信。既发不掩，声震业光，众方惊爆而萃排之，乘危将颠，不懈益张，卒大信于天下。

　　先生之作，无圆无方，至是归工。抉经之心，执圣之权，尚友作者，跋邪觚异以扶孔氏，存皇之极。知人罪，非我计，茹古涵今，无有端涯；浑浑灏灏，不可窥校。及其酣放，豪曲快字，凌纸怪发，鲸铿春丽，惊耀天下。然而栗密窈眇，章妥句适，精能之至，入神出天。呜呼极矣！后人无以加之矣！姬氏已来，一人而已矣。

　　始先生以进士三十有一仕历官，其为御史、尚书郎、中书舍人。前后三贬，皆以疏陈治事，廷议不随为罪。常愧佛老氏法溃圣人之堤，乃唱而筑之。及为刑部侍郎，遂章言宪宗迎佛骨非是，任为身耻，上怒天子。先生处之安然，就贬八千里海上。呜呼！古所谓"非苟知之，亦允蹈之"者邪？吴元济反，吏兵久屯无功，国涌将疑，众惧汹汹。先生以右庶子兼御史中丞行军司马、宰相军出潼关。请先乘，遽至汴，感说都统，师乘遂和，卒擒元济。王庭凑反，围牛元翼于深，救兵十万，望不敢前。诏择庭臣往谕，众慄缩，先生勇行。元稹言于上曰："韩愈可惜！"穆宗悔，驰诏无径入。先生曰："止，君之仁；死，臣之义。"遂至贼营，麾其众责之，贼怔汗伏地，乃出元翼。春秋美臧孙辰告籴于齐，以为急病，校其难易，孰为宜褒？呜呼先生，真古所谓大臣者邪！还拜京兆尹，敛禁军，帖旱籴，鬷佞臣之铗，再为吏部侍郎。薨年五十七，赠礼部尚书。

先生与人洞朗轩辟，不施戟级；族姻友旧不自立者，必待我然后衣食嫁娶丧葬。平居虽寝食，未尝去书，息以为枕，飧以饴口。讲评孜孜，以磨诸生。恐不貌美，游以诙笑啸歌，使皆醉义忘归。呜呼！可谓乐易君子、巨人者矣！

夫人高平郡君范阳卢氏；孤，前进士昶；婿，左拾遗李汉、集贤校理樊宗懿；次女许嫁陈氏，三女未笄。

铭曰：维天有道，在我先生；万颈胥延，坐庙以行；令望绝邪，痌此四方；惟圣有文，乖微岁千；先生起之，焯役于前；纩义滂仁，耿照充天；有如先生，而合亘年；按我章书，经纪大环；唵不时施，昌极后昆。噫嘻永归，奈知之悲！

谕　业

（唐）皇甫湜

　　《逍遥游》曰："适百里者宿舂粮，适千里者必聚粮。"此言务远则积弥厚。成安君曰："千里馈粮，士有饥色；樵苏后爨，师不宿饱。"此言持不实则危。一则寓论，一则武经，相发明其义符也。故强于内者外必胜，殖不固者发不坚，功不什倍，不可以果；志力不兼两，不可以角敌。号猿贯虱，彻札饮羽，必非一岁之决拾；仰马出鱼，理心顺气，必非容易之搏拊；浅辟庸种无嘉苗，颣絇疏织无良帛。夫欲利其获，不若优其为获之方；若欲显其能，不若营其为显之道。求诸人不若求诸己，驰其华不若驰其实。彼则趑趄于卿士之门，我则娑娑于圣贤之域；彼则巾车于名利之肆，我则冠屦于文史之囿。道寝而后进，业成而后索。与其劳以彼，何若勤于此；与其背于路，何若赍于家。求售者声门而衒贾，致贱者深匮而俟价，求聘者自容于靓妆，取贿者嫌扁于密影。鲔可荐也，不虑纶罟之不逢；橘可贡也，不虑包匦之不入。务出人之名，安得不厉出人之器；战横行之阵，安得不振横行之略。书不千轴，不可以语化；文不百代，不可以语变。体无常轨，言无常宗，物无常用，景无常取。在谭其理，核其微，赋物而穷其致。歌咏者极性情之本，载述者遵良直之旨，觭类而长，不失其要。此大略也。

　　夫比文之流，其来尚矣。自六经子史至于近代之作，无不详备。当朝之作，则燕公悉以评之。自燕公已降，试为子论之。燕公之文，如梗木柟枝，缔构大厦，上栋下宇，孕育气象，可以燮阴阳而阅寒暑，坐天子而朝群后。许公之文，如应钟鼙鼓，笙簧錞磬，崇牙树羽，考以宫县，可以奉明神，享宗庙。李北海之文，如赤羽白甲，延亘平野，如云如风，有貙有虎，阗然鼓之，吁可畏也。贾常侍之文，如高冠华簪，曳裾鸣玉，立于廊庙，非法不言，可以望为羽仪，资以道义。李员外之文，则如金舆玉辇，雕龙彩凤，外虽丹青可掬，内亦体骨不饥。独孤尚书之文，如危峰绝壁，穿倚霄汉，长松怪石，倾倒溪壑，然而略无和畅，雅德者避之。杨崖州之文，如长桥新构，铁骑夜渡，雄震威厉，动心骇耳，然而鼓作多容，君子所慎。权文公之文，如朱门大第，而气势宏敞，廊庑廪厩，户牖悉周，然而不能有新规胜概，令人竦观。韩吏部之文，如长江秋注，千里一道，冲飙激浪，瀚流不滞，然而施诸灌溉，或爽于用。李襄阳之文，如燕市夜鸿，华亭晓鹤，嘹唳亦足惊听，然而才力偕鲜，悠然高远。故友沈谏议之文，则如隼击鹰扬，灭没空碧，崇兰繁荣，曜英扬蕤，虽迅举秀擢，而能沛艾绝景。其它握珠玑、奋组绣者，不可一二而纪矣。若数公者，或传符于帝宰，或受命于神工，或凤骞词林，或虎踞文苑，或抗辔荀孟，或攘袂班扬，皆一时之豪彦，笔砚之麟凤。今皆游泳其波澜，偃息其林薮，铨其一揖之旧也。而骤以谕业之言，动子之志，诚未当也。遂绝意随计，解装退修，循力行待取之儒规，达先难后获之通理，将为通退，真勇进也，斯可尚矣。子既信余之不欺，余亦贵子之不忽，因源流遵业而列谕焉。

康塘三瑞堂记

（南宋）朱　熹

余素耽山水之趣，凡有名山大川无不悉至。则一石一木可寄游览而助吟咏者，悉皆留情。

岁在辛卯，余访友遂安。城北十里馀许，有名康塘者，山川佳胜，木石鹿豕，可纵居游，诚高蹈之墟，君子之居也。中有隐君子号志曾者，爱泉石，乐琴书，迹不履城市，交不接浮夸，其逃世之君子欤！令允三：长字守成、次守引、三守泽，皆文坛骥足，中原旗鼓。余每造其宅，与三君子商榷古今，匪朝伊夕。

宅傍建一楼，高十馀丈。楼置瑶琴百具，每当风晨月夕，幽致飘然，按弦而抚，百琴应响，如出一律。所谓啸虎闻而不吼，哀猿听而不啼，惜子期不再，空负此高山流水也。楼后竹千竿，楼之左右，百卉备举。前一池，广可二十余亩，中有鲤鲶、菱莲、蒲藻，无不悉具。两岸桃李繁饶，池内置设画舫，凡宾朋交错，皆游赏其中，即曲水流觞，何多让焉！

其年春笋怒发，亭亭直上数丈馀，峭直无节，此一异也；池内莲实，每枚体大如盏，清芬逼人，此二异也；荷下之菱，其大如枕，水溢味甘，其琼浆耶？其醴泉耶？此三异也。洪公颦蹙告余曰："有此三异，花木之妖也，不禳且有祸。"余曰："否！否！草木得气之先者也。和气致祥，则动植之物先应焉，此休征也。兆当在三嗣男矣！"是岁，三子举于乡，果并与选，奏名礼部。所谓必有祯祥者，信不诬也。

噫！斯皆天意所钟，岂人力所能为哉！以洪公平昔律身端严，行己有耻，居家笃厚，伦理待人，不亢不阿，恭顺尊长，轸恤孤寡，种种德范，难以笔罄。斯殆天诞德裔，以张大其门，为善人德积光裕之报也。

后二岁，洪公新其祠宇。祠成而余再至，因颜其堂曰"三瑞"。附之以联曰："三瑞呈祥龙变化，百琴协韵凤来仪。"而并述其事，以志不朽云。

康塘百琴楼歌

（南宋）朱　熹

　　余尝习静于银峰之半亩方塘，时与洪子守成昆仲会文百琴楼中，故作歌以志之。

　　歌曰：武强洪氏有康塘，山崔嵬兮水飞湍，卓哉硕人生其间，作德日休心自闲。崇楼广置百琴张，兴来鼓操乐且耽。

　　其声高，萧萧静夜鹤鸣皋；其声古，洞洞金徽传太初；其声洪，兀兀铁骑响刀弓；其声幽，溶溶花落咽泉流。

　　琴宜春，春日霭，东风应声律，肺腑春满怀；琴宜夏，夏景长，披襟奏南薰，夏阁生微凉；琴宜秋，秋思爽，金飙助宫商，万壑秋声朗；琴宜冬，冬令寒，呵手弄冰弦，和风解冬霜。

　　书虞倦，琴满案，玉轸常与牙签伴，任教披吟历万卷，终是心恬神亦健。棋虞喧，琴满轩，焦桐常置烂柯边，任教当局猛争先，终是心和形也捐。画虞癖，琴满壁，朱弦常与丹青匹，任教骨髓爱奇笔，终是心融情自适。

　　有时风，竹松送响和丝桐，飘扬午夜号长空，余音袅袅似鸣钟；似鸣钟，百琴之乐乐融融。有时月，清辉弄影声疏越，嫦娥亲自云端阅，大笑人间音妙绝；音妙绝，百琴之乐乐泄泄。有时雪，琼树瑶台音韵别，一团和气满腔彻，顿觉寒威忘凛冽；忘凛冽，百琴之乐乐习习。

昔有琴台传至今，今见琴台擅其名，矧是楼头鼓百琴，猗与休哉孰与群？噫嘻，振振绳绳深有庆于洪氏之后允！噫嘻，振振绳绳深有庆于洪氏之后允！

与詹侍郎书

（南宋）朱 熹

熹窃以春雨复寒,伏惟知府经略殿撰侍郎丈阃制威严,神物拥护,台侯动止万福。

熹区区托庇,幸粗推遣,但祠禄已满,再请未报,前此延之。诸人报云,势或可得,未知竟如何? 居闲本有食不足之患,而意外之费,复尔百出不可支。吾亲旧有躬耕淮南者,乡人多往从之,亦欲妄意为此。然尚未有买田雇夫之资,方此借贷。万一就绪,二三年间或可免此煎迫耳!

衰病作辍,亦复不常。此旬月间,方粗无所恼,绝不敢用力观书。但时阅旧编,间有新益。如《大学》"格物"一条,比方通畅无疑,前此犹不免是强说。故虽屡改,更终不稳当。且夕别写求教。前本告商省阅,有纰漏处,痛加辨诘,复以示下为幸也。

桂人蒋令过门相访云:"尝上疏《论广西盐法》,见其副封,甚有本末。"渠归必请见,因附以此,匆遽不暇详悉。未有侍教之日,临风惘然,切乞以时为国自重,有以慰善类之望,千万至祷!

答詹体仁

（南宋）朱　熹

　　湘中学者之病，诚如来教。然今时学者大抵亦多如此，其言而不行，固失之；又有一种，只说践履而不务穷理，亦非小病。钦夫往时，盖谓救此一种人，故其说有大快处，以启流转之弊。今日正赖高明有以救之也。为学是份内事，才见高自标致，便是不务实了，更说甚底！今日正当反躬下学，读书则以谨训说为先，修身则以循规矩为要。除却许多悬空闲话，庶几平稳耳！不审尊意以为何如？

与詹体仁

（南宋）张　栻

　　栻惶恐再拜，上问尊眷。伏惟中外均受新祺，令子一一胜庆！小孙每蒙垂问，足见慈幼之所推及也。幸颇耐壮，差慰目前。

　　辱寄两图，恍若陪笑语于其间。桂林山川，真是胜绝不可忘。而此两图，足尽其要。目力心匠，何翅较三千里也。荆南极目浩渺，更无一山，安得壮士提挈数峰置我前。然两日大雪，登城纵观，益觉壮伟，亦复不恶耳！《易传》《语解》损益，刻并领慰。感是三者，若非兄主张，当复坠渺茫耶！

　　糖冰并荷见饷。简君丁香，竟得一石，此尤绝，市无有也。蜀笺二百，附子五十，鹅梨十对，谩纳上，幸检收！文潜论学，竟肯下意否？

宋左中奉大夫直秘阁封建德县男詹公墓志铭

（南宋）张　栻

　　国家承平日久，士大夫豢于宠利，无捐躯殉国之志；狃于宴安，讳言兵事。一旦戎马入中原，相视愕眙，不过为畏避偷生之计。仗节死义，罕有所闻。至其谋国，则以退怯为高算，事仇为全策。风俗至此，夫岂一朝夕之故哉！

　　然而，其间天资忠义、务为实用、不汩于习俗者岂无其人？顾有，而绌于时论不克尽其用，为可慨叹若詹公是也。

　　建炎初元，公通判巩州。虏骑再渡河狙胁陕洛，长驱至秦陇将及巩。守假它檄去。公即日合兵民七千人，授甲登陴。虏至城下大呼趋降，公命以劲弩射之。虏围合数重，公部分既定，归与家人诀曰："自国门直巩，九郡皆不守；吾守，死矣！"竭家赀犒军士，谓其父老曰："我已与家人诀，尔当共助我。"皆感激，争出金谷。虏尽力攻，五日不能破。会公所求熙和兵至，与虏战，杀其酋三人，虏遂遁去，城卒全。

　　绍兴初，苗傅等甫伏诛，虏乘间凭陵。诸将有愤激戮力之意，而有司顾以调度不给为忧。会将大飨明堂，已下诏矣。公时从招讨使慨然奏疏曰："靖康之祸，人神共愤久矣！今大敌在前，国势不立。与其崇孝飨之虚文，曷若励复仇之大义？请停大礼，悉以其费佐军，督诸将分道攻讨，以慰祖宗在天之灵。"继志述事，孰大于此？事虽不行，识者韪之。

丞相张忠献公督帅，遴选时彦，首辟公掌机事。剧贼杨么据洞庭，公奉檄走鼎州，度事宜所条上，悉中机会。

是时虏挟我叛臣日窥边，诸将列屯淮汉，幕府议军事曲折，有非文檄所能传者，必委公往喻意，析理会情，无不切当。

盖公尝为河州士曹，故将王渊方为寨主，捶小校至死，郡守欲加罪。公曰："小校犯阶级，是不可以常人论也。"卒免之。王公感激，平生事公如父兄。张浚、韩世忠始皆渊部曲也，故其言尤为诸将所信，忠献公以是任之。公善料兵事，尝佐韩公解济州之围，行至熙阳间，虏骑已南。公曰："卒遇敌，进退何据？当驻山阳以佚待之，一战可胜。"韩公意锐，不能从。至宿迁，果溃。自是愈心服。

刘光世之罢兵柄也，兵部尚书吕祉往莅其军，于合肥公已去幕府，移书忠献曰："吕尚书之贤，固一时选，然于此军，卵翼成就，恐不得与前人比肩。此军今已付王德，德虽有功，然与郦琼辈皆等夷尔，恐其中有不能平者。愿更择偏裨、素为军中所亲附者，使为德副，以通下情。"忠献公然其言。未及行而郦琼以叛闻，其明审有谋类如此！

自忠献公去国，和议兴，公不复用。有荐之时相者，时相方谋和亟，恶言兵，乃言曰："詹君而贤，何乃乐从兵间耶？"嗟呼，是岂知公心者哉！

及虏暂归河南地，见大夫无可使者，则又谓公有守巩劳，俾以使诣往关中。时公年高矣，亲旧争劝毋行。公曰："朝廷名为抚旧疆，吾虽老敢辞乎？"曰："然则无以家行乎？"公曰："人情危疑，使者不以家行，是重之也。"即日尽家行，引道间关入境，延父老问疾苦，布宣德意。会虏败盟，不克终事。盖其慷慨殉义之意，至老不衰。其为人本末，大略如此。所谓天资忠义、务为实用、不汩于习俗而有志于当时者，若公非耶？而绌于时论不得尽其用以死，可不为之叹息哉！予故特表而出之，世之君子必有能辨之者。

公讳至，字及甫，严州人。曾祖瑀，赠正奉大夫。祖询，仕信州永丰簿。父安，学行为乡里所宗，以累举恩仕为婺州浦江主簿、赠宣奉大夫。母余氏，太硕人。

公中崇宁元年进士乙卯科，授泗州、河州推官从事曹参军；改秩监在京广衍仓，通判潍州，易南京留台，通判永静军及巩州，召未对；除陕西转运使，以亲老辞。改御营平寇左将军随军转运判官，主管临安府洞霄宫，起为江淮招讨使司、随军转运副使，知常州，改徽州，辟都督府主管机宜文字，以幕府功除直秘阁。忠献荐于上，会太硕人有疾，力辞。遭内艰，服阕，提举台州崇道观、知处州。言者希时相意，论公与诸将善，坐是罢。起为永兴军等路提点刑狱。公事后复丐祠以崇道归。绍兴十四年，微疾殁于家之正寝，享年六十有八。初娶何氏，两娶许氏，俱封令人。子男三人：攸之、仰之、倬之，并右从事郎。孙光祖、绍祖、似祖、兴祖、昭祖。女：长适右迪功郎潘渊明；次适承节郎方守中；三适承务郎王兴义。是岁十月甲子，葬于遂安县移风乡新村之阳。积官至左中奉大夫，封建德县开国男，食邑三百户。

公自幼忱厚寡言，外朴中敏，孝友尚义。居太硕人之丧，乡党以为法则。育伯兄孤孙如己子。孀妹来归，为之区处生事，儿女婚嫁皆得所。宗族之贫无以给者，曰："生，于我衣；死，于我葬"，以至外姻亦赖以济。

度量恢廓，喜怒不形，而人亦莫敢犯。奖励后进，闻一善若出于己；有不善为之忧，每曲讽晓之，虽甚不肖亦知愧。训诱子弟，不欲伤恩，反复谆谆不惮。故凡宗族与其乡之人，生则相与爱敬，疾则合力祈禳，终则至于流涕，此岂偶然也哉！

公于书无不读，读辄不忘，务以躬行。为主考论制度，往往得经意。尤喜推原历代治乱得失之故，蕴蓄深厚。发为文章，雅健追古。其得意时操笔如风，及读之，虽宿致思者不能及。其稿随散失所，衰拾得《瀛山集》十卷。

詹氏系本南阳人，五代时有避地时来归严之建德者，实公始祖也。其二子徙居遂安：一居遂安之源；一居新安之源。居遂安源而至宣奉公纠族讲学，而詹氏始多秀士。至公益纯笃，惧两源子弟世远日疏，乃立二老祠，每岁仲春悉合其少长奉祀，事已相与饮酒、序亲爱以无忘厥初，雍雍然也。又为之立墓祭之式，使后人世守之。其尊祖纠宗之意甚备。詹氏人材之盛抑未艾也。公季弟械仕为宗正寺丞，于公盖同志者。公之葬，状公行事甚详，而铭文未有所属。后三十有四年，宗正有子曰仪之，为广南西路转运判官，与帅张栻联事讲学相好也。于是始以属栻，而栻实所从忠献公之嗣子也，乃不克让，为之论次如此而铭之：

猗若人之好修兮，怀瑾以为美也。不随俗而风靡兮，励秋霜以为志也。羌视仇而弗疾兮，已独斯之耻也。纷怀生以自营兮，子何艰之避也。周旋羽檄之间兮，将以伸其义也。凛自信而疑兮，曾习俗之何睨也。勒贞珉以昭之，尚后人之兴起也！

三潭记

（南宋）钱　时

淳安之西百里有三潭焉，在崇冈僻峤极深处。源出昱岭，至是始析而东，泻瀑垂斗，绝潴而为潭。连三垂瀑而三潭，高下相比，上者可一亩，居中者尤大，而其下则又差小。傍崖石，圆拱口，收而腹衍如釜，势束乎两山之间，倾注濆洞，声振林麓；路临其上，撼撼欲浮然。而寒碧渊澄，波纹不动。闻之故老，尝有轮麻缕垂石下测之者尽一轮，莫竟其底。

中潭之涯，则小山孤起，有古祠出苍烟老木间。下有岩穴，容数十辈，水溢东出，淙淙从乱石中流去。道左片石侧立，过者飕飕闻松风声，曰"响石"。又数十百步，两崖对峙如堵墙，水流其间，宛若门阙过。上多怪石，其掔然作手形者，曰"仙人掌"。

三潭之别源当合富、流浆，二水之冲有石柱尤奇。方广三丈许，从涧底挺然拔起者几七十寻，上下相直不偏倚。蟠松寿蔓，夭矫缠纠，呜呼异哉！

三潭之名予儿时则尝闻之，至若石柱，乃得之创见。斯二者天地之奇观，自开辟以至于今未之有改。生长此乡，往往寂无知者。因念深山大泽，瑰伟绝特之胜，名不登于载籍，不为高人胜士所题咏，埋没不闻于世，如是者多矣。天拆此秘，使吾一游目焉，殆似不偶然也。

后七年，有善水墨者，追其仿佛，作两图，悬之壁间，且为文以记。虽然非玩物也，聊以志所感云。

小金山记

（南宋）洪扬祖

余既作锦溪赋，略及小金山之胜，未悉也。

山居水中像金山，故以是名。逊其大而自处以小，谦也！拳然块石，偃仰波涛，吞吐烟云，面面涵碧。一面稍狭可济，溢则航焉。幸而涸，则揭若厉，跻攀以升，余百步乃及巅。梵宇峭然，修竹环之，半隐半见，独钟楼佛阁层出其杪。屋虽古，轩楹曲折皆幽迥可爱。檐之外，崎岖二百步，汇于重渊，可以登舟。水石之际，怪奇万状，非舟莫见也。渔者言，其下嵚岩甚莫测其极，盖"龙宫"云。

余家万山窟，未及过京口，不知金山之胜果何如？僧住鉴光，人行鳌背，此固与彼等矣。若曰长江浩浩，惊涛拍天，彼虽以旷达自诧，决不如此清且丽也。矧夫输奇敷秀，拱一山于澄清万顷，顾盼皆伟观乎。

盖其东则西洲也，洲附邑郭，平铺如掌，环列诸峰若揖；市廛错落，仿佛出甍栋；其西则锦溪也，溪当上流，一派如蓝。儒家仕族聚居江上，岩峰千仞，奕奕助秀。特北有茂林崇峦，气雄势止。冷泉泠泠，直其面而漈焉。其面则负大麓，苍崖巉然，脉理略与山相协，宛然快剑斫而殊之。缘麓有磴，以登石洞。洞有三：其一高不可到，二皆可到。胡床十数，憩者当暑，凛入神骨。右旋十数步，号"龟石滩"。滩有大石如龟，类游而将升于岸者。步履翩翩，探寻略饫，返乎楼阁而休焉，则十里之景，萃于一览。

　　时当仲春,锦江对境,梨白胜雪;西洲一株红桃敌绣,左璀右璨,与游者衣冠相照映。乃若林峦之幽、泉之洁、麓之高、崖之瘦、洞之邃、龟石之怪,则四时等一,清古荣萃不变如我心事。试以是诧于金山,彼将窅然丧其有矣,而容可以自小乎? 故悉记之。他日掀髯而起,击楫中流,绝扬子而北首,将持此记一较其大小乃去。

请革西厂疏

（明）商　辂

　　题为体天道、循旧章、安人心、弥灾异等事。仰惟皇上临御以来，敬天法祖，任贤使能，政事修明，纪纲振举。是以十余年间，海内晏然。虽天象屡示警戒，而灾变自消；虽水旱比岁相仍，而民无离叛。实由皇上宽仁大度，省刑薄敛，慈仁爱人之心感孚于上下也。

　　夫何近日伺察太繁，法令太急，刑纲太密？官校提拿职官，事皆出于风闻。暮夜搜检家财，初不见有无驾帖。人心汹汹，各怀疑畏。内外文武重臣，托之为股肱心膂者也，亦皆不安于位；百司庶府之官，资之以建政立事者也，举皆不安于职；商贾不安于市；行旅不安于途；士卒不安于伍；庶民不安于业。承平之世，岂宜有此？

　　究其所以，盖缘陛下委听断于汪直之一人。而汪直者，转寄耳目于群小。汪直之失，虽未为甚。而群小之中，其奸谋足以颠倒是非；其巧佞足以蛊惑人心。如韦瑛者，自言亲承密旨，得专予夺之柄；自谓百官进退，尽在掌握之中。擅作威福，虚张声势。其间同恶相济如王英者，则以附己而荐之；稍存公论，有所谏正者，则以异己而黜之。如狼如虎，肆无忌惮。原其立心，惟知希求进用，以为一身之荣，不思伤害善良，亏损国体，大为圣德之累。陛下若谓防微杜渐，不得不然，则前数年间，何以帖然无事？往者，曹钦之反，皆由逯杲生事，有以激之，人所共知，可为明鉴。

　　昔唐太宗当天下甫定之后,骨肉相残,群雄侧目,嫌疑之际宜乎过慎也。而乃从魏征仁义之言,拒封德彝刑罚之说,遂致海内殷富,斗米三钱,外户不闭,几于刑措。太宗因封德彝死,谓群臣曰:"此魏征劝我行仁义之效也! 恨不令封德彝见之。"夫德修而民自化,法急而民愈乱。考之前史,历历可验。

　　孔子曰:"道之以政,齐之以刑,民免而无耻;道之以德,齐之以礼,有耻且格。"我国家积德百有余年,深仁厚泽,浃洽人心;四方万国,孰不归戴? 陛下为守文令主,严刑峻法,诚非所宜! 况今天鸣地震,无处无之;水旱灾伤,日甚一日。省躬念咎、弥灾息患之道,莫先于恤刑狱,莫要于安人心。而乃反此所为,使人人嗟怨,感伤和气。一旦有警,变且莫测。腹心之患,可不惧乎? 可不虑乎?

　　伏愿皇上体天道之包容,勿察察于事情;遵祖宗之成宪,勿屑屑于改易。旨意必经于六科,防将来之假冒;奏诉必由于通政,杜滥受于他门;责政事于府部,而严课功核实之权;付刑狱于法司,而申三覆五奏之令。收回伺察之人,诛逐奸邪之辈;其有谋逆奸细,并贪赃坏法重情,悉依旧规,委任历练老成之人管理。如此,则谗言不入于耳,自足以颐情而养神;苛政不加于下,自足以安邦而定国;延圣寿于万年,保皇图于不拔,其端皆在于此。不然,此风日长,众口哓哓,国之安危未可知矣!

　　臣等荷陛下生成之德,寘诸宥密之地,一念爱君之心拳拳,朝夕有所闻见,岂容缄默。谨条陈大略,具题以闻。伏候圣断,即赐施行。则宗社幸甚！天下幸甚！臣等谨俯伏俟命。

计开：

旧设行事人员，专一缉访谋反、妖言、强盗、人命及盗仓库钱粮等项大事。今西厂专却寻搜细故，凡街市斗殴骂詈、争鸡纵犬及一时躲避不及者，或加棰楚，或烦渎圣听，致干重法。以致在城军民，惊惶不安。

官职有犯，缉访得出，请旨拿送，经该衙门问招明白，有罪者奏请发落，供明者请旨还职，系是定制。今闻西厂将广西勘事郎中武清，自通州听选方面官刘福，自歇家具拿到厂监禁，数日辄又释放。且武清系五品官，刘福系正三品官，擅拿擅放，恣意所为，紊乱朝政莫大于此。

官员犯罪追赃者，法司自有成规。今西厂自擅封兵部武选司门。以后遇官员有犯，正身未曾问招，先将本家门封闭，或畲夜越墙进入搜检财物，或将命妇剥去衣服，用刑辱打。被害之家，有同抄劫，以致各衙门大小官员惊惶不定。若从此不止，日后或有奸人强盗假名害人者，真伪何由而辨？

京营管军头目，俱系朝廷托以重寄之人，其公私勤惰，朝廷自有赏罚。今闻西厂不论有无事情，一概令人跟缉钤束，以致各怀危疑不安。

各处镇守总兵等官，乃一方安危所系，既被选用，当任之无疑，待之从厚。其或有事，不得不差人体察，事毕即已。今闻西厂各处差人採听事情，彼其闻知，无不虑恐患及，退缩自保，误事非轻。

各布政司多有王府所在，今西厂差校尉分投去彼行事，不但官司惊疑，各王府亦未免有危，事生不测。天顺年间，曾差校尉各处行事，皇上即位之初即已革去。后三四年，尚有假充校尉诈钱害人者，此明验也，不可不惩。

河道系两京各处钱粮货物经由之路,要皆通行,不宜阻滞。今闻西厂官校,分布沿河一带,遇有船到,即加盘问,间有公差官员被其搜检。以致往来客商军民人等,闻风惊疑。有未起程,停止不来;有在中途,寄放回还者。似此货物不通,将来京师公私用费何以仰给?抑恐奸盗假此搜船劫人,卒难禁止。

朝廷威福,不可下移。自立西厂之后,太监汪直每日外出,跟随之人甚多。但遇官员人等,无不喝令下马,虽大臣亦谨回避。如兵部尚书项忠,当早朝鼓响伺候之时,汪直令校尉就左掖门下呼叫项忠不得,朝罢被校尉拥逼而去,其欺凌大臣如此!至于法司郎中御史等官,每遇吊查文卷,俱要亲赍赴厂,竟日伺候,不得一见。又如东西两长安门牌上,用黄纸贴写太监汪传奉圣旨,不书其名,满朝官员,见者无不惊骇。

百户韦瑛,系无籍小人,累投势要,不肯容留从正,侥幸得升前职。夤缘投西厂行事之后,发人事情,言多失实,又引进谲诈小人王英,结为心腹,专一讦人阴私,以固信任。凡前项拿人放人,擅封门户,搜检家财,凌辱妇女,惊动人心,紊乱朝政等项,俱系二人所为。

臣等窃详此等事情,非惟与治体相关,又与天道灾异相关,何也?去岁七月以后,有妖物出自西北,绕城伤人;当时人言必有应验,及妖怪方息,遂立西厂,惊骇人心,一如妖物伤人之时。以此观之,天道预先示戒,不可不虑。今太监汪直年幼未谙世事,止凭韦瑛等主使呈报,中间固有一二似为禁革奸弊,奈非祖宗旧制,所革未多,其失人心则已甚矣!中外骚然,安能保其无意外不测之变?若不早为革除,一旦祸兴,卒难消弭。伏望皇上断自宸衷,革去西厂,罢黜汪直,闲住以全其身;将韦瑛、王英拿送法司,会同锦衣卫推问明白,治其重罪。如此则人心可安,天意可回矣!

淳安县政事序

（明）海 瑞

君子何为而仕于人哉？天生一物，即所以生万物之理。故一人之身，万物之理无不备焉。万物之理备于一人，故举凡天下之人，见天下之有饥寒疾苦者必哀之；见天下之有冤抑沉郁不得其平者必为忿之。哀之忿之，情不能已，仕之所由来也。然君子居穷，应一身一家其事易；及应举入官，事为胶葛，人为奸欺，日临于前而不能操吾明且刚者以应之，谓能应事之善焉，不可也。且身当利害得丧之冲，始于执义，终于舍义随俗。宾客之怂恿，室人之交谪，始于为人，终于舍人为己。初仕，良心扩充之未能，私心之牿丧，而可哀可忿之在民者，与我不相关矣。吁！仕云乎哉！

瑞自滨海入中州知淳安县事，初阅册籍，民之逃亡者过半，问之则曰疲困不能堪赋役，朴直不能胜奸强使之。而予之心恻然痛矣！剥人以媚人，多科而厚费使之。可为民忿、可为民慨之事日临于目，日闻于耳，而吾不平之气愤然生矣。问识者以所处之方，则曰在今日不可能也，在今日又不可为也。宁可刻民，不可取怒于上；宁可薄下，不可不厚于过往。彼自为一说而不能当于予心也。

尝欲自为一编，以纪钱粮，以节财费，以酌事，使节文，昭国制日月之明，扩吾心体备万物之理，使淳得户晓焉。吏不能缘为奸弊，民得安业乐生，而予亦得以常目在之，俨有师法。而又私念秀才发轫仕途，知识有几，将笔复辄迟疑，三年有奇矣！壬戌人觐归，缘道服思，恍如有得，归取故籍，参考博访，以订所思。自信或可以究竟利弊，粹乎圣贤中正之道，公己公人之理，我祖宗颁行画一之制，一毫世俗之论不与焉。民风士习，借此发明，回心而向道，或有在也。夫彼上司，彼过客，万物之理赋予于造化，犹之我也，独无为民哀忿之心哉！时乎为己，见己不见人。一觉悟焉，而同归于道矣。

政之大者曰政，政之小者曰事。是帙淳安利弊兼有巨细。因撮其要，名曰《淳安县政事》。辟则坊与，如师予敬。前此曾为之说，政事有记，亦严师教戒意也。谆谆然欲吾民去其竞利争胜、私己罔上之故，而以善新焉。是亦与吾民为严师教戒也。益己益人，举于是册赖之。其可得而已乎！用是梓之，复为之序，以告吾民，使知是编之意。

海刚峰先生去思碑记

(明) 徐廷绶

　　遗爱之思，昉于召南棠芰。迨汉史称何武，所居无赫赫名，去后常见思。维不徇名，所以思弗谖。君子于武，可以观政矣！今郡邑以去思碑者林立，求无愧于碑文所载者几何人？若我海侯，殆古之遗爱欤！其永孚民心，去思有以也。侯讳瑞，号刚峰，南粤琼人。易直子谅，所志皆古圣贤德业。以名魁署教南平，丕著师范。戊午夏来令我淳，清修劲节，与民更始，移风易俗，厘弊肃纪。民初焉疑，既而翕然信，期年政通人和，颂声洋溢。至是移判嘉兴府，诸士民攀辕卧毂，垂泣拥留，而侯之驾不可延矣。佥谋镵石，备悉德政，以志无穷之思。

　　适余奉简书，便道归省，乡大夫士暨耆老辈，属余记之。余雅辱侯教泽，又淳民中被德尤深者，曷敢以不文辞。按余严所辖为邑六，淳据上游，为里八十有四，计境内山陵川谷居其半，为田者又十之三，有司百凡支应，取给于里甲。迩今倭变，差役派敛较昔数倍，小民每充役，至有倾产者。侯始至，愀然曰："东南民力竭矣，盍甦诸！"嘉意经理，斟酌区画，皆有成法：谓使客络绎，冲疲不堪也；损夫役，节馈赠，以省送迎之烦；谓料课征入，吏私羡赢也，革分例，禁加耗，以杜侵渔之弊；谓催科严迫，困穷靡给也，舒期限，缓督责，以免称贷之累；岁节贺庆，用侈繁仪，于是严交际之防；却馈遗，遏苞苴，而请托无所乘；播越流离，民罔攸底,于是溥怀徕之惠;蠲负逋,申播告,而逃亡有所定;告讦纷争,民罹刑宪,于是宏钦恤之仁;轻捶朴,减纸赎,而冤蠹有所控;文献自昔科第蝉联,时丁靡敝,是以有振作之典;精课试,优激赏,而士儒为之竞劝;棂星创始,兑面允宜,南易否乘,是以有修复之举;崇规制,设宫墙,而文运为之挽回;教场亭榭,湫隘倾颓,武备就弛,是以有创筑之工;辟区宇,时练训,而缓急为之有备。至于建社学以教子弟,浚濠渠以通水利,编保甲以备不虞,罢访察以安良善,发廪储以赈饥乏。凡设施措置,如政事录所志,更仆不能悉纪。

若夫时之弗便,有志而未行,势之所拘,将为而见持者,则当于侯之心求之。盖侯以仁爱忠诚之心,而励清介节省之行,布平易恺悌之政,舒徐优裕,若慈父母之育赤子焉,煦煦依然不忍伤。故民于侯之未去也,若赤之子慕慈父母焉,依依然不能舍;既去也,若赤子之远慈父母焉,皇皇然无所归。学者思其作养,赋者思其均平,役者思其简便,讼狱者思其矜怒,困乏者思其缓抚,流移者思其安集;利有当兴,害有当除者,思其干济之才;困于奸宄,屈于豪武者,思其御辑之威。君子曰,于海侯可以观政矣!

虽然,侯之政在吾淳者,百代而为范;侯之泽在吾民者,百年而未艾。侯之心在民所未尽谅、众所不及知者,足以表天日、质鬼神而无愧。是故有孚惠德,有孚惠心,不市名而名垂不朽。百姓永受其福,而绎思勿谖。甘棠所说,何武有光哉。佥曰:然! 遂命剞劂,以昭令德,以风有位。

淳昌二县界石记

（明）姚鸣鸢

　　昔在先王建国封侯，分定疆域，上下相维，大小相制，彼此各有界限而不相侵越，不相紊乱，纷争竞讼之端无所于起。

　　淳、昌二邑，为浙杭严属，地相连界。我国初兵乱之后，人物鲜少，林木繁茂，峻峰崇岭，险阻难夷，率皆抛荒蓁芜，未有人以经理之者；既而，披舆图、载版籍，淳邑则有田税，昌邑则有山税。是后居民日众，生齿渐繁，芟夷开辟之者，淳之功居多焉。桐坑源头有田数百亩、山数千亩，淳、昌之民兼理之，以山陇独石为界，各有分土定业，而无争讼之衅。

　　嘉靖壬午岁，昌之民朱淳与章延寿谋争山利，侵越淳界，互相争讼未决。淳民方信礼得知之。昌之民欲执山税而争吾淳之田，淳之民欲执田税而侵彼昌之疆。讼于县不决，由是而讼于府；讼于府不决，由是而讼于司、于巡，迟回数载，争讼未已。

　　是岁甲申，守巡有命，二邑委官以辩理之。时则典史吴鸣凤、朱秀，各诣山场相视形势，争之未息，讼之未决，欲辩之未能辩也；遂申请其事于巡御史欧公，以二邑重事，非得人以委托之不可，遂行二邑正官，会同勘处。于是，淳、昌之民听候约期而至。乃秋九月望前，余同彼县黄君昇严为之限，预为之处，俾各复其旧，各安其土。自陇至独石以左则为昌之界；自陇至独石以右则为淳之界。二邑之民相与听从悦服，而无有枉其是非之实，争自此而息矣，讼自此而决矣，辩论亦自此而已矣。暨冬十月，御史潘公始按浙，乃如议而决从之，夫谁有异议？於戏！以数年争讼，一朝辩理，是果何道而致此哉？亦以处置得宜，有以服其心故尔。居民胡锵、童明芳、何民述，相与祈太守邵公逵，立石纪其事。余以淳、昌二邑界首之分，自今日而始定，不可以无言，于是乎记。

瀛山书院记

（明）王　畿

　　瀛山距邑西北四十里，宋熙宁时有詹安者构书院于其冈，群族戚子弟而教之。山下凿池，引泉注之为方塘，以便游息。厥后其孙仪之，始慨然有志于学，举绍兴二十一年进士，累官吏部侍郎。淳熙中与朱晦翁相友善，常往来山中论格致之学，因为题方塘诗以见志。但世远芜废，仅存书院之名而已。

　　明隆庆戊辰，宛陵周子恪来令遂，与其兄太常君怡，尝从予与绪山钱子游，深信师门良知之学。其治遂也，以振起斯文为己任。每携同志访瀛山方塘之旧，锐意兴复，聚材鸠工。方君应时董其役，经始于七月望，再越月而落成。凡为屋二十有四楹，仍扁曰瀛山书院。中为格致堂，前为登瀛亭，后为三贤祠。周子走书币来征言。

　　夫晦翁之学，传五百年矣！自先师阳明先生倡致良知之教，海内往往皆创置书院，以为讲学之所。贞志向学，不无其人。然或徇名亡实，从意气上激注，知解上凑拍，甚至从门面格套上支撑文章，流为绮语。节气变为客气，未肯自反，从身心性情上理会。间有一二独立者，仅仅自守，得免堕落，亦已难矣！周子乃能兴复若此，此硕果反生之兆也。夫道有本，学有机，千古圣学，惟在会理性情，喜怒哀乐未发之中，道之本也。而其机，存乎一念之微；性情得，而天地万物举之矣。孔子称颜子好学,惟曰不迁怒,所以反情而复性也,颜子没而圣学亡。千载不传之秘,始发于濂溪而传之明道。曰主静无欲,曰定性无事,此其的也。龟山、上蔡、豫章、延平,皆令学者先立大本,观未发已前气象。至考亭学始一变。惟先师发明不学不虑之旨,所谓未发之中也。慎其机于不睹不闻,推其至于无声无臭。范围曲成,惟此而已。

先师尝谓:"格致之说,若与朱子有异,每疚于心。因取晦翁全书读之,晦翁固已深悔之矣。"今诸君所事者举业,所读者圣贤之书,而为学之志,未免为其所夺。若能审于名实之辨,屏斥繁华,专志于身心性情之务,炯然内照,观所谓未发之中,以求自得,岂徒以意气门面之习,汩于其间哉!周子笃信师传,不缁于习,以政为学,以身为教,其兴复书院,可谓能表先正而启后人矣!

不肖求友一念,老而弥切。何时策杖瀛山,相与登格致堂,问活水之源,申究先师与晦翁证悟之因,以助成弦歌之化,非徒一笑而已也。书此,以为左券云。

重修文献名邦坊记

（清）刘世宁

　　坊表之建，意即古者树风声、表宅里之遗模与！其栉比相望，虽各属一家，而或系于一邑，以昭人杰地灵之盛。厥初以木，其制俭。后渐以石，其制汰。惟其俭也，故一隽之获，必群萃而立之。自建五丈石，而加之雕文刻镂，夫于指竹木千头，然后辘轳邪许以上，是以难乎其为继，而式闾彰善之意，亦因以渐弛矣！

　　若淳邑之以文献名邦竖坊也，有古意焉。立之标准，其制公也，非私也；其质以木，无朴断丹臒之勤；其设在丽谯以前，其创始则明令泰和萧公元冈，而其书棹楔者，名笔也。更沧桑之变，风雨飘摇者数矣，而此四字岿然灵光，若有神物护持之。过斯邑者，往往临摹以去，称胜迹云。余惟文献足征，于是观《礼》《诗》之言：老成典刑，即献也、文也；传之言，事耆老，咨故实，亦献也、文也；太史公之言，藏名山，传其人，亦文也、献也；韩文公之言，存则人，亡则书，亦献也、文也。何代蔑有？亦何邑蔑有？而独以是名其邦，人亦无有以言大而夸相訾謷者，盖匪直文毅之三元宰相，接武沂公；而唐之皇甫，称韩门弟子；宋之蛟峰，绍程朱言，皆对策第一者也。融堂妙悟，潜斋诗歌，以逮元明之交，而鲁道源、徐大年辈，率能近文章，砥厉廉隅，有儒者之规为焉。以故积水成渊，至明中叶，如原之仰浦而益大坛宇坊表，东西极望，信其为文献林立之邦，而称斯名也，可以不愧矣！

日月既久，扙挏欲坏，余仍其旧，贯扶以大材为盖障之，使不忧旁风上雨。而邑之人士，如方玺、方正、王大乾、何其灼、吴大成、洪凤临、童如玑、鲁廷表、何隽、何学海辈义形于色。周爰执事，凡浃月而溃于成。夫莫为之前，虽美弗彰；莫为之后，虽盛弗传。今既为之后矣，独无有高冈之鸣，哕哕而雝雝者，起而应兹地灵，以竞爽前哲乎？余拭目俟之矣！

方塘赋

（邑人）郑禹畴

  遂邑西北有瀛山书院也。宋熙宁时，有詹安者结庐其上，凿池，引泉注之，以为方塘。厥后朱子访詹体仁于此，往来讲学，所题活水源头之句，使人循环讽咏，其风轨翚然，如遇诸天光云影间。因贤达之钟情，遂援笔而赋其词。曰：格致堂西，登瀛亭畔。水活源头，塘开蓬观。二十四楹之精舍，潋滟栏干；六百余载之高吟，徘徊曲岸。大类琵琶之涧，在彼中央；依稀龙舌之洲，分来一半。思脉脉兮犹存，泝渊渊兮未散。尔其客到问渠，地不盈亩，朱子行窝，詹公小有。几篙绿涨，呼吏部之廉泉；百里紫阳，移考亭之书酉。浓烟匝处，惯侵邀月之檐；软碧流时，斜卷飞云之牖。临流而扫笔床，隔竹而敲茶臼。不减笼鹅，池上镜面平铺；恍疑(落)雁，峰前野航恰受。遂使涓涓陶径荡漾其三，曲曲武夷玲珑者九。其清如许，其折则方，如戒觚圆之叹，如惩瓦合之伤。讶秦奁之乍拭，欣汉斗之同望。方以知乎，何劳敧侧；逢其原矣，怎地康庄。四角棱棱，明媚之璿源不似；双堤濯濯，匝流之玉水相当。乘兑令而廉隅自在；视坤形而匡万弥彰。早知谢草塘间，输其肃穆，更识辋川图里，逊此昂藏。乃瞻渺弥，乃濯琳琅。嘘吸万彙，吐纳三光。非鸭头雁齿之游泳，而深探乎洛水濂溪之秘；非荻蒲芦汀之萧瑟，而远印鹅湖鹿洞之堂。占有孚于习坎，听自取于沧浪。惟山下引来始见源泉滚滚，岂灵台泪后空言素液汤汤。沉夫两崖雨湿，静院风凉。春帧浮兮波泻，秋渚白兮葭苍。点荷衣而的皪，凌雪坳而微茫。似云谷，似星源，片片空蒙入画；亦周情，亦孔思，湾湾淡淡连床。所由想到沂歌拚曾公之洒落，漫云鱼乐笑濠上之颓唐者也，则见漱芳取润，贤象忘诠。纷裁锦字，散染涛笺。洗砚人归行到三贤院里，种枫叟倦卧来一鉴塘边。点易，则广矣大矣，衍畴，则息焉游焉。曾约东莱，浩乎百谷之宗海；未延子静，皎若银河之丽天。古迹传讹，都指建阳之曲；遗碑屹立，实惟瀛岫之前。夫以狮城杳霭，砥柱流沄。乳洞千重，冷逼仙人之药；霞源百丈，晴飞瀑布之纹。语石则翱翔鸾鹤，灵岩则溅㳠烟云。别有朱墩晓雨，婺岫斜暄，罗吉水联吟之濑，湛甘泉讲学之渍，皆为遂邑名区。郁神工而回薄，不若方塘绝胜，涵元气以氤氲。然则寒泉舍内编得《近思》，玉女嶂前题成《三省》，爰一览之溪山，作九峰之袖领，何如案头止水，长对冰壶，阶下澄澜，尽归云影。周宛陵池边俎豆，大是儒宗。王龙溪石上文章，祇为萍梗。所望方其义也，空山仰徽国之遗。浚斯塘兮，流泽继虚舟之永。歌曰：柳蕉晴波漫，草生春梦芳，美人不可见，延伫空苍茫，翠幌溶溶在，溪流淼淼长，微言未绝响，烟月叩方塘。

科举是封建王朝设科取士、任用官吏的制度。由于采用分科取士办法，故名科举。始于周，汉晋以前重征辟，隋唐以后尚制科，得人各极其盛。

原淳安、遂安"僻在一隅，土俗贵世家、尚诗书、安俭朴，比屋诵弦不辍"，故科甲蝉联，代不乏人。

1990年版《淳安县志》共录进士308名，其中原淳安224名（包括武进士5名）；原遂安84名（包括武进士4名）。查阅、对照《浙江通志》《宋登科考记》《光绪严州府志》《嘉靖淳安县志》《光绪淳安县志》《民国遂安县志》《明清进士题名碑录》（以下简称〈碑录〉）等，对其中遗录、误录的予以纠正、补充，全县计进士433名。其中，正奏名进士312名（原淳安231名，遂安81名）；武进士12名（淳安8名，遂安4名）；赐进士109名（淳安100名，遂安9名）。

正奏名进士

隋代始设进士科。有记载的是从唐高祖武德五年（622）至哀帝天祐四年（907）的264榜。一年一举，由原京兆府考，改为礼部试。因礼部在大明宫之南，俗称南省，故礼部试又称省试、会试；又因此试多在春天举行，故又称春闱、春试。考试主要有贤良孝廉诸科加时务策五道；明经则分三经、五经等。

宋承唐制,考试时间由一年一举改为三年一举;考试科目由此前的十余种改为进士一科;考试等级由原先的州府发解试、礼部省试,改为乡试、会试、殿试三级。殿试由皇帝亲自主持,故又称廷试或御试。省试合格者由礼部给黄牒,奏名过省叫"正奏名"。分五甲:第一二甲赐进士及第,第三四甲赐进士出身,第五甲赐同进士出身。第一名状元承事郎,第二名榜眼、第三名探花均文林郎,第四、五名从事郎,第六名至第五甲终并迪功郎。太平兴国年间由五甲改为三甲:第一甲赐进士及第,第二甲赐进士出身,第三甲赐同进士出身。考试方式也由唐时的"公荐""公卷"改为"糊名""誊录"。通过变革,两宋登科人数大为增加,先后考118榜,登科人数在十万以上,其中进士达四万二千多人,平均每科录取人数是唐朝的18倍。

元代文科分蒙古、汉人两榜。一甲第一名赐进士及第,从六品;第二名以下及二甲正七品;三甲皆正八品。两榜相同。元统癸酉年(1333)敕试进士,复增名额,赐第一甲3人及第,其余赐出身。

明清科举定乡、会两试,登乡试榜者为举人,登会试榜者为进士。至洪武十七年(1384)颁行科举成式:子、午、卯、酉年乡试;辰、戌、丑、未年会试。

原淳安籍正奏名进士

(231名)

吴少微,唐神龙年,左台监察御史

吴　巩,唐开元年,中书舍人

皇甫湜,唐元和年,对策第一,工部郎中

吴　超,唐元和四年,韦瓘榜,海宁知县

方　卫,唐乾符年,文林郎,兵部尚书

任　盛,后梁,贞明四年,陈逖榜,大理评事

洪　湛,宋雍熙二年,梁颢榜,廷唱第三,崇政殿说书。一作江宁府上元县人,一作歙州休宁县人

黄务本,宋咸平三年,陈尧咨榜,一作建州遂安县人

邵　焕,宋咸平三年,陈尧咨榜,金部员外郎(前志遗录)

吴　涟,宋景德二年,李迪榜,大理评事

邵　炳,宋天圣五年,王尧臣榜,秘书省校书郎

项　宣,宋天圣八年,王拱辰榜

童　宏,宋宝元元年,吕溱榜,驸马

倪天秩,宋庆历二年,杨寊榜,据《浙江通志》第2180页补

项　随,宋皇祐元年,冯京榜

邵景初,宋皇祐五年,郑獬榜

方仲谋,宋嘉祐二年,章衡榜,大理丞,累官殿中丞

徐　任,宋嘉祐二年,章衡榜,海州司法

项　陟,宋嘉祐八年,许将榜

方行可,宋元祐三年,李常宁榜

吴　才,宋绍圣元年,毕渐榜,朝奉大夫

汪　常,宋绍圣元年,毕渐榜,文华阁待制

方　阊,宋崇宁二年,霍端友榜,右文殿修撰,金紫光禄大夫

徐敏中,宋崇宁二年,霍端友榜,一作"敏之",朝议大夫

邵　愈,宋崇宁五年,蔡嶷榜(前志遗录)

姜师仲,宋大观三年,贾安宅榜,据《浙江通志》第2194页补

方　闳,宋大观三年,贾安宅榜,朝请大夫,判南京国子监

黄大知,宋政和八年,王昂榜

邵大受,宋政和八年,王昂榜,刑部侍郎

唐处仁,宋政和八年,王昂榜

吴　诚,宋政和八年,王昂榜,永福知县

陆时雍,宋宣和三年,上舍释褐,历秘书丞,知建昌军。据《宋登科考记》第629页补

徐时中,宋宣和三年,何涣榜,武学博士

唐友仁,宋宣和六年,沈晦榜

吴　详,宋宣和六年,沈晦榜,知县

吴　诩,宋建炎二年,李易榜,嘉兴府判

邵　拱,宋绍兴二年,张九成榜,昭州知府,朝奉大夫

吴　语,宋绍兴二年,张九成榜,礼部侍郎

吴　琏,宋绍兴八年,黄公度榜,州判

项　忱,宋绍兴十二年,陈诚之榜

洪嘉瑞,宋绍兴十五年,刘章榜,朝奉郎

黄安仁,宋绍兴十五年,刘章榜

胡一之,宋绍兴二十七年,王十朋榜,德庆守

胡南逢,宋绍兴二十七年,王十朋榜,阆州守

方有开,宋隆兴元年,木待问榜,司农丞,运判淮西

徐　衡,宋隆兴元年,木待问榜

徐孝恭,宋隆兴元年,木待问榜,德化县簿

徐孝纪,宋隆兴元年,木待问榜

汪万硕,宋隆兴元年,木待问榜,前志误为"王万项"

方　括,宋乾道五年,郑侨榜,历广州增城县尉

胡朝颖,宋乾道八年,黄定榜,岳州守兼湖北提刑

邵梦得,宋淳熙二年,詹骙榜

方　嶽,宋淳熙五年,姚颖榜,旧志作"岳",通志为"嶽","嶽"系临
安人

郑绍伊,宋淳熙八年,黄由榜,绍兴府司法参军

洪彦华,宋淳熙十一年,卫泾榜,朝奉大夫知兴化军

郑　煇,宋淳熙十四年,王容榜,前志误为"郑烨"

卢南一,宋淳熙十四年,王容榜

邵　缵,宋绍熙元年,余复榜

方　佃,宋绍熙元年,余复榜,旧志作"胄",照《浙江通志》改定

洪　琰,宋绍熙元年,余复榜,盱眙改清江军司法,终朝散郎

洪　璞,宋绍熙元年,余复榜,邵武通判

吴　仁,宋绍熙元年,余复榜,府判

任　体,宋绍熙四年,陈亮榜,大理寺卿。《光绪志》作"任体仁"

胡　絋,宋绍熙四年,陈亮榜,御史

方　强，宋庆元二年，邹应龙榜

卢端谊，宋嘉泰二年，傅行简榜，任含山、星子知县

洪梦良，宋开禧元年，毛自知榜，经筵讲官

邵　源，宋开禧元年，毛自知榜，字应昌，宰郏城，迁江东廉访副使

胡诚一，宋嘉定元年，郑性之榜，推官

方　俌，宋嘉定元年，郑性之榜，前志误为"方甫"，福州路提举常平

汪万顷，宋嘉定元年，郑性之榜，抚州训

汪万锺，宋嘉定元年，郑性之榜，奉议大夫

徐九鼎，宋嘉定四年，赵建夫榜，编修

方　淳，宋嘉定七年，袁甫榜，前志误为"方一"，婺州录事参军

於　达，宋嘉定七年，袁甫榜，温州刺史迁居青溪，前志误为"于连"

王　直，宋嘉定七年，袁甫榜，据《宋登科记考》第1314页录

郑希吕，宋嘉定十年，吴潜榜，参军

金友龙，宋嘉定十三年，刘渭榜，据嘉靖志录

赵士爔，宋嘉定十三年，刘渭榜，据《浙江通志》第2243页录

赵希瀞，宋嘉定十三年，刘渭榜，据《浙江通志》第2243页录

方　湛，宋嘉定十六年，蒋重珍榜，据《宋登科考记》第1389页录

俞　庚，宋嘉定十七年，淮登极恩

吴　寅，宋嘉定十七年，理宗登极特恩，侍读东官说诗称旨，恩赐
进士

洪梦炎，宋宝庆二年，王会龙榜，大宗正丞、召拜司农

汪自强，宋绍定二年，黄朴榜，大理寺卿

胡伯骥,宋绍定二年,黄朴榜,浙西安抚使参议官

余　森,宋绍定二年,黄朴榜,同州别驾

洪扬祖,宋绍定五年,徐元杰榜,迁京教,除太常

邵应豹,宋嘉熙二年,周坦榜,历知浔州

林　旂,宋嘉熙二年,周坦榜

吴季子,宋嘉熙二年,周坦榜,建宁政和尉

徐义甫,宋嘉熙二年,周坦榜,参军

王　鈜,宋嘉熙二年,周坦榜

黄宗仁,宋淳祐元年,徐俨夫榜,司农少卿

洪松龙,宋淳祐元年,徐俨夫榜

吴大贤,宋淳祐元年,徐俨夫榜,襄阳知府

钱端宗,宋淳祐元年,徐俨夫榜,据《宋登科记考》第1564页补

胡梦魁,宋淳祐四年,留梦炎榜

黄　蜕,宋淳祐七年,张渊微榜,榜眼。建昌军金判,大理卿

翁　旂,宋淳祐七年,张渊微榜,据《浙江通志》第2261页录

李鸿翼,宋淳祐七年,张渊微榜,据《浙江通志》第2261页录

洪元忠,宋淳祐七年,张渊微榜

方逢辰,宋淳祐十年,方逢辰榜,状元,礼部尚书

方叔元,宋淳祐十年,方逢辰榜

方　吉,宋淳祐十年,方逢辰榜,旧志作"万吉",照《通志》改定

吴洪意,宋淳祐十年,方逢辰榜,金部度支员外郎,《光绪志》作"吴洪德"

洪　兰,宋淳祐十年,方逢辰榜

胡梦麟,宋淳祐十年,方逢辰榜,知寿昌县

任桂发,宋宝祐元年,姚勉榜

洪承祖,宋宝祐元年,姚勉榜

方　绩,宋宝祐元年,姚勉榜

洪双孙,宋宝祐元年,姚勉榜,武举

洪文伯,宋宝祐四年,文天祥榜,迪功郎

洪伏龙,宋宝祐四年,文天祥榜,推官

黄　嘉,宋宝祐四年,文天祥榜,推官

卢万里,宋宝祐四年,文天祥榜,文林郎

赵　崇,宋宝祐四年,文天祥榜

黄宗智,宋宝祐四年,文天祥榜,淮西帅干

何应斗,宋开庆元年,周震炎榜

方逢振,宋景定三年,方山京榜,大府寺簿

吴雄飞,宋景定三年,方山京榜,太常寺簿

胡梦高,宋景定三年,方山京榜

方龙荣,宋景定三年,方山京榜

汪　淮,宋景定三年,方山京榜,侍读

胡顺昌,宋景定三年,方山京榜,知黄岩县事

何梦桂,宋咸淳元年,阮登炳榜,探花。太常博士转监察御史

卢逢圣,宋咸淳元年,阮登炳榜,知府

项雷震,宋咸淳元年,阮登炳榜

吴攀龙,宋咸淳元年,阮登炳榜,铙州安仁县簿

何景文,宋咸淳元年,阮登炳榜,合肥簿迁监行在文思院

吴　斌,宋咸淳元年,阮登炳榜,御史

何　洪,宋咸淳四年,陈文龙榜,从仕郎

邵魁伦,宋咸淳四年,陈文龙榜,常州佥判

方逢炳,宋咸淳四年,陈文龙榜

方有孚,宋咸淳四年,陈文龙榜

徐唐佐,宋咸淳四年,陈文龙榜,衢州教授,至行在榷院官

邵惟敏,宋咸淳四年,陈文龙榜,主簿

卢逢尧,宋咸淳四年,陈文龙榜,农兴司户

洪熊子,宋咸淳四年,陈文龙榜

邵炎发,宋咸淳四年,陈文龙榜

洪　鍙,宋咸淳四年,上舍释褐,又名洪熀,据《宋登科考记》第1767页录

胡　栋,宋咸淳四年,陈文龙榜

项　虎,宋咸淳七年,张镇孙榜,武康尉

邵桂子,宋咸淳七年,张镇孙榜,处州教授

齐龙高,宋咸淳七年,上舍第一名释褐,授迪功郎,婺州教官。据《宋登科考记》第1783页录

洪振孙,宋咸淳七年,张镇孙榜,司理参军

何炎起,宋咸淳七年,张镇孙榜

洪应高,宋咸淳七年,张镇孙榜

洪仁杰，宋咸淳七年，张镇孙榜，《光绪志》作"洪仁俊"

洪天瑞，宋咸淳七年，张镇孙榜，县丞

方逢昌，宋咸淳十年，王龙泽榜

方　淑，宋咸淳十年，王龙泽榜

童伯和，宋咸淳十年，王龙泽榜

周亦杰，宋咸淳十年，王龙泽榜（又名周一杰）

胡元圭，宋咸淳十年，王龙泽榜

赵梦诜，宋咸淳十年，王龙泽榜

方　镕，宋，不详，奉直大夫。据《宋登科记考》第1812页补

吴　暾，元泰定二年，峡州路经历

徐九龄，元泰定二年，教谕

何汝焕，元天历二年

方道睿，元至顺元年，王文煜榜，翰林编修官，奉政大夫

宋梦鼎，元至顺元年，王文煜榜，婺源州同，转奉议大夫知奉化州

鲁　渊，元至正十一年，文允中榜，浙江儒学提举

周　潼，明洪武四年，吴伯宗榜，偃师县丞

徐同生，明洪武四年，吴伯宗榜，尊生弟，桂林府同知

鲁　瞻，明洪武十八年，丁显榜，旧志载花纶榜，查花纶系探花。工部主事

高　安，明洪武十八年，丁显榜，前志遗录

徐昌允，明洪武十八年，丁显榜，尊生子，工科给事

卢　义，明洪武二十一年，任亨泰榜，刑部，中出知建昌知府

洪　堪,明洪武三十年,陈安榜,监察御史

童　铨,明建文二年,胡广榜,福建按察司副使

方　昶,明永乐二年,曾棨榜,平原县知县,沧州同知

方　豫,明永乐十六年,李骐榜

洪　玙,明永乐十九年,曾鹤龄榜,吏部右侍郎

项文曜,明宣德八年,曹鼐榜,兵部郎中,吏部左侍郎

周　瑄,明正统元年,周旋榜,福建按察司副使

胡拱辰,明正统四年,施槃榜,南工部尚书

商　辂,明正统十年,商辂榜,三元宰相

应　颢,明正统十年,商辂榜,福建布政司左参政

何　陞,明正统十三年,彭时榜,河南布政司右参议

方　辅,明正统十三年,彭时榜,江西布政司右参议

宋　旻,明景泰二年,柯潜榜,都察院右都御史

吴　福,明景泰二年,柯潜榜,会魁,兵部郎中

洪　弼,明景泰二年,柯潜榜,贵州左布政使

许　阎,明景泰五年,孙贤榜,监察御史

徐　贯,明天顺元年,黎淳榜,工部尚书累加太子少保太子太傅

何　礼,明天顺元年,黎淳榜,南京兵部郎中,吏部考功司郎中

方　中,明天顺元年,黎淳榜,贵州按察司副使

徐　鉴,明天顺四年,王一夔榜,广东布政司参议

项文泰,明天顺四年,王一夔榜,工部郎中

商良臣,明成化二年,罗伦榜,翰林侍讲

何　淳,明成化二年,罗伦榜,贵州按察司副使

王　宾,明成化二年,罗伦榜,广东韶州知府

邵　猷,明成化五年,张昇榜,江西新淦令

邵　新,明成化五年,张昇榜,云南布政司左参政

吴　祚,明成化五年,张昇榜,翰林院庶吉士,监察御史

洪廷臣,明成化八年,吴宽榜,湖广按察司佥事

吴　倬,明成化十一年,谢迁榜,云南、广西按察使

吴　诚,明成化十一年,谢迁榜,兵部武选司郎中

卢　鸿,明成化十一年,谢迁榜,工部都水司主事

胡　棨,明成化十一年,谢迁榜,直隶亳县知县

王　宥,明成化十七年,王华榜,湖广德安府知府,湖广左参政

程　愈,明成化十七年,王华榜,工部都水司主事,山东参议

王子言,明弘治九年,朱希周榜,广东左右布政使

方天雨,明弘治十五年,康海榜,贵州左参议

何绍正,明弘治十五年,康海榜,江西参政

王子谟,明弘治十八年,顾鼎臣榜,夷陵知州改海州、湖广参议

吴　钦,明正德三年,吕柟榜,湖广按察司佥事

徐汝圭,明嘉靖五年,龚用臣榜,监察御史

唐　锜,明嘉靖五年,特榜,户籍云南晋宁州,乡贯浙江淳安。见《碑录》上卷第72页。前志遗录。官河南按察使

徐　溁,明嘉靖八年,罗洪先榜,广州知府

徐　楚,明嘉靖十七年,茅瓒榜,四川参政

徐廷绶，明嘉靖四十一年，申时行榜，陕西按察使

徐应簧，明万历十七年，焦竑榜，布政司参政、大中大夫

方学龙，明万历十七年，焦竑榜，福建臬副

吴一杕，明万历二十九年，张以诚榜，济南知府，广东海防道

方尚恂，明万历四十一年，周延儒榜，湖广按察司副使

吴希哲，明崇祯四年，陈于泰榜，吏科给事中

唐绩光，明崇祯十五年，特榜，户籍云南晋宁州，乡贯浙江淳安。见《碑录》上卷第65页。前志遗录

商民宗，清顺治九年，邹忠倚榜，汲县令

商显仁，清顺治十二年，史大成榜，上海知县

徐士讷，清康熙十五年，彭定求榜，山东济宁知州

方瑞合，清康熙二十一年，蔡升元榜，毕节县令

吴　贯，清康熙二十一年，蔡升元榜，户部郎中

张羽飐，清康熙二十四年，陆肯堂榜，浦城令

方棨如，清康熙四十五年，王云锦榜，丰润知县，纂修三礼

吴　璋，清雍正八年，周澍榜，翰林

吴秉和，清雍正八年，周澍榜，历任东乡、南丰、萧县、崇明知县

王　企，清乾隆七年，金甡榜，补博士弟子

王世维，清乾隆三十四年，陈初哲榜，工部营缮司员外郎。前志遗录

王世纲，清乾隆四十三年，戴衢亨榜，又名王玉辉，湖南江华知县。

前志遗录

原遂安籍正奏名进士

（81名）

余　华,宋大中祥符八年,蔡齐榜,七都人,翰林检阅提调史馆

詹中正,宋大中祥符八年,蔡齐榜,资政大夫主管刑部员外郎

余舜琪,宋熙宁三年,叶祖洽榜,七都人,国子学录

余九龄,宋熙宁三年,叶祖洽榜,十二都人,中奉大夫

王　泽,宋元丰二年,时彦榜,乡贯不详

余　宽,宋元丰八年,焦蹈榜,乡贯不详

余　翔,宋元祐三年,李常宁榜,十都人,秘书正字

詹　林,宋元符三年,李釜榜,朝散郎,主管江州太平观事,赐绯鱼袋

詹大声,宋崇宁二年,霍端友榜,曹州菟句簿

詹　至,宋崇宁二年,霍端友榜,直秘阁建德县开国男

詹之纲,宋大观三年,贾安宅榜,通直郎池州判官

詹公著,宋大观三年,贾安宅榜,虔州司录

朱　异,宋政和二年,莫俦榜,吏部员外郎,主营台州崇道观事

詹大方,宋政和五年,何栗榜,字道倪,端明殿大学士,工部尚书签书枢密院事。封遂安县开国伯,食邑八百户,赠太师

詹千之,宋重和元年,王昂榜,潭州长沙县丞

詹天秩,宋重和元年,王昂榜,衡州判官

詹大和,宋重和元年,王昂榜,直显谟阁知虔州军州事

詹　桎,宋宣和六年,沈晦榜,孟州教授

詹　械,宋宣和六年,沈晦榜,宗正寺丞

詹如松,宋绍兴八年,黄公度榜,御中台主簿

周若凤,宋绍兴八年,黄公度榜,一都人。翰林说书

詹百之,宋绍兴十二年,陈诚之榜,扬州判官,隆兴特恩改右奉议大夫,赐绯鱼袋。

詹亢宗,宋绍兴十八年,王佐榜,右司谏

詹仪之,宋绍兴二十一年,赵逵榜,吏部侍郎权尚书事兼经略安抚使,封建德县开国伯,食邑八百户。

詹　渊,宋乾道五年,郑侨榜,陕州司理

詹　洙,宋乾道五年,郑侨榜,静海军节度判官

詹　骙,宋淳熙二年,詹骙榜,龙图阁学士

詹　之,宋淳熙二年,詹骙榜,信州永丰知县

詹价之,宋淳熙十一年,卫泾榜,道州教授

余光大,宋淳熙十四年,王容榜,二都人

詹　炎,宋绍熙四年,陈亮榜,朝散郎主管建昌仙都观,赐绯鱼袋

童尧民,宋绍熙四年,陈亮榜,一都人,右正言

余梦龙,宋绍熙四年,陈亮榜,四都人,检阅

余从龙,宋绍熙四年,陈亮榜,四都人,校书

詹尊祖,宋庆元五年,曾从龙榜,衢州龙游县尉

周丕远,宋嘉泰二年,傅行简榜,一都人,颍川参军

詹仁泽,宋嘉定七年,袁甫榜,通州靖海县尉

周　高，宋嘉定十六年，蒋重珍榜，一都人

余　肆，宋宝庆二年，王会龙榜，高邮军高邮县主簿。告身一道，明尚书胡庄懿、博士吴世良跋

余武子，宋绍定二年，黄朴榜，六都人，主簿

陆宇盛，宋宝祐元年，姚勉榜，十都人，四川观察使

余德明，宋宝祐四年，文天祥榜，十二都人，翰林院国史编修校理

周遇圣，宋咸淳七年，张镇孙榜，一都人，通直郎太子中允。按府志作"遇舜"

周汝贤，宋咸淳七年，张镇孙榜，一都人，翰林侍讲学士

周应元，宋咸淳七年，张镇孙榜，一都人，朝奉郎左司谏

汪师与，宋咸淳七年，张镇孙榜，十二都人，迪功郎

王之义，元至治元年，宋本榜，七都人，延祐甲寅科省元

俞明高，明洪武四年，吴伯宗榜，八都人，监察御史

余思宽，明永乐十三年，陈循榜，十都人，广东按察副使

余　複，明正统十三年，彭时榜，六都人，江西左布政使

俞　禄，明成化五年，张昇榜，八都人，江南六合县官籍

凌文献，明成化十四年，曾彦榜，七都人，南京刑部山东清吏司主事，历都匀高州知府

王　玘，明成化十七年，王华榜，刑部郎中。据《浙江通志》第2319页补

余　锡，明正德十六年，杨维聪榜，六都人，山西左布政使

应　楥，明嘉靖五年，龚用卿榜，知府。据《浙江通志》第2330页补

江　东，明嘉靖八年，罗洪先榜，九都人，朝城籍，太子太保兵部尚书，谥襄毅

吴世良，明嘉靖十七年，茅瓒榜，十八都人，广信府通判

詹　理，明嘉靖二十九年，唐汝楫榜，十五都人，陕西道监察御史

余乾贞，明隆庆二年，罗万化榜，十四都人，云南道监察御史

余　炻，明万历十四年，唐文献榜，四都人，江西参政湖东道

毛一公，明万历十七年，焦竑榜，十一都人，光禄寺少卿

毛一瓒，明万历二十年，翁正春榜，十一都人，吏部文选清吏司郎中

毛一鹭，明万历三十二年，杨守勤榜，十一都人，兵部左侍郎

姜习孔，明万历三十五年，黄士俊榜，十八都人，南鸿胪寺卿

方逢年，明天启二年，文震孟榜，四隅人，礼部尚书兼东阁大学士

汪乔年，明天启二年，文震孟榜，十四都人，兵部右侍郎兼总制三边军务

余国祯，明崇祯十三年，魏藻德榜，七都人，四川叙州府富顺知县

余廉徵，清顺治六年，刘子壮榜，四隅人，江南苏州知府

方　猶，清顺治九年，邹忠倚榜，四隅人，翰林国史院侍讲

毛际可，清顺治十五年，孙承恩榜，十一都人，历彰德黎平推官

方象璜，清顺治十六年，徐元文榜，四隅人，湖广荆州府推官，改授合肥县知县

方象瑛，清康熙六年，缪彤榜，四隅人，候补中行评博

童肇新，清康熙六年，缪彤榜，一都人，铨选祁门知县，未莅任

方　韩，清康熙十五年，彭定求榜，十六都人，翰林院检讨，壬戌会试同考官，历左中允

毛升芳，清康熙十八年，十一都人，前志遗录，据《明清进士题名碑录》第645页补

章振萼，清康熙二十四年，陆肯堂榜，十八都人，江西上犹知县，行取历礼科给事中

詹铨吉，清康熙四十八年，赵熊诏榜，十五都人，翰林院检讨

方克壮，清康熙五十四年，徐陶璋榜，四都人，奉制纂修省志

余士依，清雍正二年，陈德华榜，十都人，江西峡江都昌知县，行取主事致政

姜士仑，清雍正八年，周澍榜，十七都人，补甲辰进士，直隶文安知县，累升河南归德知府

毛绍睿，清乾隆十三年，梁国治榜，十一都人，授刑部湖广司额外主事

武进士

武科是科举时代专为选拔武官而设的考试，唐武则天长安二年（702）设武举，为武科之始。武进士是殿试武举及第者之称。

后历朝因之，但不定期举行。宋乾道间始依文举例，给黄牒，同正

奏名。一甲赐武进士及第,二甲赐武进士出身,三甲赐同武进士出身。

元代不设武科。明朝中期始定武科乡试、会试之制。考试科目主要分为弓马和程文(兵书大义或策问)两大类。其院试、乡试、会试、殿试及童生、生员、举人、进士、状元等名目均与文科同。

清袭明制。

淳安、遂安两县无论官方还是民间,历来崇文尚武。书院、学校招收武童,开设武科班;县城建有射圃、演武场;有的乡村也开设武馆、讲武堂等,培养和造就了一大批武艺高强人才。仅科举时代就考中武进士12名,武举人144名。

原淳安籍武进士

(8名)

童虎臣,宋咸淳四年,武举登进士,据《宋登科考记》第1767页录

方召虎,宋咸淳十年,武举登进士,据《宋登科考记》第1799页录

黄功成,清顺治十八年,霍维鼐榜

方士鼎,清康熙二十七年,王应统榜,馗纛营守备

洪　灿,清康熙四十二年,曹维城榜,河南抚标守备

王　翼,清康熙五十一年,李显光榜

叶华春,清乾隆七年,贾廷诏榜,贵阳府守备

陆寿祺,清光绪二十四年,张三甲榜,钦点营用(锦沙村前洲上人)

原遂安籍武进士

（4名）

詹　厚，宋庆元中，登武进士，武节郎泗州通判兼监吕泗港累赠武经大夫。据《宋登科考记》第1931页录

张受圮，清顺治十五年，十二都人，广西永宁州参将中军守备

汪　瀚，清康熙三十六年，十五都人

王兆基，清光绪二十年，三都横路人。钦点御前花翎，待卫南洋。陆师将校学堂毕业，参将衔。特授湖南九溪营游击。

赐进士

赐进士属科举常科之外的取士科目，主要有特奏名和特赐第两种。

特奏名是宋代创立的新制，专为屡试落第且年事已高的举子而设。宋制规定，凡进士三经省试、诸科五经省试或进士五举年五十、诸科六举年六十者，可奏名附试，这就叫"特奏名"。试题相对少而简单，考中者即赐本科或同学究出身，并标某状元榜"特奏名"，以与"正奏名"相区别。对其中年八十以上、多次落第再参加考试者，只要考试完场即赐进士。这样做的目的，是为了笼络、安抚久困场屋的举子。

特赐第是皇帝一种选士特权。对象是：非进士出身的执宰官等高

官;科场不利却怀抱文艺的名士;献书、献言、献策之人;殉于国事的官员子弟;先圣、先贤后裔;山林遗逸、异行、有功之人等。特赐名有进士及第、进士出身、同进士出身;赐《三传》出身,同《三传》出身;学究出身、同学究出身;赐上舍出身、同上舍出身;赐明经出身、同明经出身等。这是为了显示皇朝用人幽隐必达、才能必用、有功必录,所以蔚儒风、振清节、厉颓俗、劝功名、以臻治世之用意。

原淳安籍赐进士

(100名)

皇甫松,唐昭宗年间,朝廷追赠

方　干,唐光化年间,韦庄等奏请,朝廷追赠

王仁宥,宋太平兴国年,恩赐进士。大理寺评事

王仁鄂,宋太平兴国年,恩赐进士。翰林院文学

邵　灿,宋皇祐五年,郑獬榜,特奏名

徐　概,宋熙宁元年,特奏名

方　闻,宋崇宁三年,徽宗幸学赐第。太仆少卿,银青光禄大夫,前志误为正榜。

邵　瑰,宋崇宁五年,蔡嶷榜,特奏名

洪　烈,宋大观三年,贾安宅榜,特奏名。户曹

方　樊,宋大观三年,贾安宅榜,特奏名

邵　琉,宋政和二年,莫俦榜,特奏名

方　暹,宋政和八年,王昂榜,特奏名

方　裒,宋政和八年,王昂榜,特奏名

邵　畲,宋建炎二年,李易榜,特奏名

邵　全,宋绍兴二年,张九成榜,特奏名

方之邵,宋绍兴八年,黄公度榜,特奏名

方调可,宋绍兴八年,黄公度榜,特奏名

邵大亮,宋绍兴十二年,陈诚之榜,特奏名

方　闉,宋绍兴十二年,陈诚之榜,特奏名

邵中孚,宋绍兴十二年,陈诚之榜,特奏名

方师心,宋绍兴十五年,刘章榜,特奏名

邵　悦,宋绍兴十八年,王佐榜,又名邵说,特奏名

解陟明,宋绍兴十八年,王佐榜,特奏名

胡德载,宋绍兴十八年,王佐榜,特奏名

洪师骞,宋绍兴三十年,梁克家榜,特奏名

邵尚志,宋隆兴元年,木待问榜,特奏名

余廷秀,宋乾道八年,黄定榜,特奏名。铅山县丞

邵若无,宋乾道八年,黄定榜,特奏名

钱大椿,宋乾道八年,黄定榜,特奏名。漳浦丞,县令,前志误为正榜

宋国昌,宋乾道八年,黄定榜,特奏名

吕　发,宋乾道八年,黄定榜,特奏名

徐孝宁,宋淳熙八年,黄由榜,特奏名

项　杞,宋淳熙八年,黄由榜,特奏名

邵　纬,宋淳熙八年,黄由榜,特奏名

徐孝友,宋淳熙十一年,卫泾榜,特奏名

邵廷瑞,宋淳熙十一年,卫泾榜,特奏名

练　翊,宋淳熙十一年,卫泾榜,特奏名

王贤左,宋淳熙十一年,卫泾榜,特奏名

洪嘉淑,宋绍熙元年,余复榜,特奏名。推官

徐天骥,宋绍熙元年,余复榜,特奏名

项　肆,宋绍熙四年,陈亮榜,特奏名。江宁郡教授迁湖口县令

卢　琰,宋绍熙四年,陈亮榜,特奏名。支事

徐　珏,宋绍熙四年,陈亮榜,特奏名。松阳县令

方　道,宋庆元二年,邹应龙榜,特奏名

方　丙,宋庆元五年,曾从龙榜,特奏名

洪　隽,宋庆元五年,曾从龙榜,特奏名

余　瓘,宋嘉定四年,赵建大榜,特奏名。将士郎

丰　复,宋嘉定四年,赵建大榜,特奏名。雍州刺史

徐　绂,宋嘉定七年,袁甫榜,特奏名

邵知万,宋嘉定七年,袁甫榜,特奏名

方　策,宋嘉定十年,吴潜榜,特奏名

余　荧,宋嘉定十年,吴潜榜,特奏名

徐　纶,宋嘉定十三年,刘渭榜,特奏名

徐　瓒,宋嘉定十三年,刘渭榜,特奏名

黄大立,宋嘉定十三年,刘渭榜,特奏名

王　忱，宋嘉定十三年，刘渭榜，特奏名

洪　蒀，宋嘉定十三年，刘渭榜，特奏名。迪功郎

洪汝奭，宋嘉定十三年，刘渭榜，特奏名

洪正臣，宋嘉定十三年，刘渭榜，特奏名

邵三杰，宋嘉定十三年，刘渭榜，特奏名

方　易，宋嘉定十六年，蒋重珍榜，特奏名

项纳言，宋嘉定十六年，蒋重珍榜，特奏名

邵　该，宋宝庆二年，王会龙榜，特奏名。亳州、定远县簿

余　淼，宋宝庆二年，王会龙榜，特奏名。翰林检阅

邵仙许，宋绍定二年，黄朴榜，特奏名

胡伯熊，宋绍定二年，黄朴榜，特奏名

吴　柏，宋绍定二年，黄朴榜，特奏名

项仲和，宋绍定二年，黄朴榜，特奏名

黄大用，宋绍定二年，黄朴榜，特奏名

金应龙，宋绍定五年，徐元杰榜，特奏名。退隐进贤乡泽峰

洪唐卿，宋绍定五年，徐元杰榜，特奏名。又名唐洪卿，通判

童　演，宋端平二年，吴叔告榜，特奏名

钱　时，宋嘉熙元年，理宗特赐

邵　经，宋嘉熙二年，周坦榜，特奏名

洪必昌，宋嘉熙二年，周坦榜，特奏名。总督

邵梦麟，宋嘉熙二年，周坦榜，特奏名

任宗辰，宋嘉熙二年，周坦榜，特奏名。刺史

洪大任,宋嘉熙二年,周坦榜,特奏名。迪功郎

丰显宗,宋嘉熙二年,周坦榜,特奏名。大理寺评事

方应酉,宋嘉熙二年,周坦榜,特奏名。大理寺评事

汪锡伍,宋嘉熙二年,周坦榜,特奏名。主簿

丰　周,宋淳祐元年,徐俨夫榜,特奏名。汉中太守

陆惟宣,宋淳祐元年,徐俨夫榜,特奏名。弋阳知县

卢会龙,宋淳祐四年,留梦炎榜,特奏名。乐平县丞

童元龙,宋淳祐四年,留梦炎榜,特奏名。汉阳军佥判知昭州

方　轸,宋淳祐七年,张渊微榜,特奏名

宋亨龙,宋淳祐十年,方逢辰榜,特奏名

方叔元,宋淳祐十年,方逢辰榜,特奏名。以诸生老,未出仕

黄　准,宋宝祐元年,姚勉榜,特奏名

洪梦桂,宋开庆元年,周震炎榜,特奏名

吴　发,宋景定三年,方山京榜,特奏名

吕人龙,宋景定三年,方山京榜,特奏名。仕终承务郎

方元秀,宋咸淳元年,阮登炳榜,特奏名。未仕

钱允文,宋咸淳元年,阮登炳榜,特奏名。武冈令

童震龙,宋咸淳元年,阮登炳榜,特奏名。南陵知县

童元清,宋咸淳元年,阮登炳榜,特奏名。郎中

洪辰龙,宋咸淳四年,陈文龙榜,特奏名

洪　开,宋咸淳四年,陈文龙榜,据嘉靖志录

胡应玑,宋咸淳十年,王龙泽榜,奏名。隐居教授,不求仕进

项　庸,宋,不详,特奏名

原遂安籍赐进士

(9名)

詹德琼,宋元丰间,特奏名,儒林郎。据《民国遂安县志》《光绪严州府志》录

詹良臣,宋宣和三年前,狮城人,缙云尉,谥忠节,祀遂安县乡贤并忠义孝友祠。据《宋登科考记》第1893页录

詹师尹,宋绍兴二年,省元,太学上舍儒林郎,恩赐免解。据《民国遂安县志》《光绪严州府志》录

詹　汴,宋,不详,江州湖口尉。《民国遂安县志》载为举人,《光绪严州府志》载为特奏进士

詹天申,宋,不详,南宋衡阳知县。据《宋登科考记》第1893页录

詹大亨,宋,不详,南康军判官。《民国遂安县志》载为举人,《光绪严州府志》载为特奏进士

吴维祺,不详,湖州判官。《民国遂安县志》载为举人,《光绪严州府志》载为特奏进士

吴志舜,明崇祯十五年,五都人,特赐进士出身,庚辰特用钦授分州知州

王国材,明崇祯十五年,九都人,赐进士出身,特用授镇江知县

附录

名人录

人文淳安
RENWEN CHUNAN
XILIE CONGSHU

淳安天地山川清淑之气钟于人物,自立县来,辅国名臣、卫边良将、育才俊彦、工艺大师等层见叠出,不绝于书。

　　作为《淳安著述录》之附录,《名人录》之"人物传""人物简介",仅撷与著述相关者入编。

人物传

　　皇甫湜(777～835)　字持正,睦州新安(今淳安)人。生于书香门第,从小受到严格的儒家思想教育。十多岁时,漫游各地,投梁肃,谒杜佑,后又结交顾况,师从韩愈,还求见江西观察使李巽,作书献文,希图荐举,未成。唐德宗贞元十八年(802),在长安参加进士科考试,未中。与白居易、李翱、刘敦质等交游。唐宪宗元和元年(806)中进士;元和三年(808)四月,与牛僧孺、李宗闵等参加由皇帝亲自主持的"贤良方正直言极谏"科考试,在《制策》中,直陈朝廷宦官专权,职官泛滥,赋税繁重等弊政,提出系列改革之举,深得宪宗赏识,获对策第一。同平章事李吉甫恶其言,在皇帝面前拨弄是非,宪宗贬考官职,皇甫湜被贬为陆浑(河南嵩县)县尉。此案还连累其舅父翰林学士王涯,亦被贬为虢州司马。次年,皇甫湜调升为殿中侍御史内供奉,与韩愈、李贺等过从甚密。元和八年(813),皇甫湜回睦州故里。

　　元和十二年(817),皇甫湜被山南东道节度使李诉征召为幕僚,赴襄阳任职。次年五月罢镇，直至元和十五年(820)被困顿在江陵府公安县。其间，韩愈被贬潮州，柳宗元死于贬所，师友的坎坷遭遇使他一度彷徨、苦闷。唐穆宗长庆元年(821)，皇甫湜被斥逐到吉州(今江西吉安)，与主张改革的张弘靖、张偓、杨敬之甚相投机。唐敬宗宝历二年(826)，皇甫湜被山南东道节度使李逢吉召为幕僚，又至襄阳任职。直至唐文宗大和二年(828)十月罢镇，回到洛阳，常与白居易往来。大和六年(832)至大和七年(833)，皇甫湜任工部郎中。大和八年，因酒后失言，屡次触犯同事，求分司洛阳。因未升迁，官俸微薄，十分窘迫，竟到了"门前没车迹，烟囱不冒烟"的困境。东都留守裴度卑辞厚礼，召皇甫湜为留守府从事。次年，裴度重修福先寺，欲请白居易作碑文。皇甫湜闻讯怒曰："近舍湜而远取居易，请从此辞！"裴度谢请之。皇甫湜即请斗酒饮酣，援笔立就，计3254字，裴度重酬之。此后，皇甫湜写毕最后一篇《谕业》便归故里，死后葬县南三十里处。白居易闻之作《哭皇甫七郎中湜》云："多才非福禄，薄命是聪明。不得人间寿，还留身后名。"

皇甫湜是韩愈第二大弟子，古文名家，曾参与韩愈、柳宗元倡导的"古文运动"。有《皇甫持正集》传世。其名载入《中国文学家大辞典》《中国人名大辞典》；作品收入《全唐文》《四库全书》；在湖南祁阳县浯溪碑林还有其亲笔撰书的《题浯溪石》崖刻，现字画完好。

方　干(809~888)　字雄飞，号玄英，睦州青溪(今淳安)人。据富山《方氏家乘》载："方干系方洪(方储三子)二十八世孙。"方干从小爱吟咏，深得师长徐凝器重。一次，因偶得佳句，欢欣雀跃，不慎跌破嘴唇，人呼为"缺唇先生"。父方肃，唐文宗年间（826~840）任杭州仁和知县，迁居桐江白云源。桐庐章八元爱方干之才，招为过门女婿。宝历（825~826）中，方干参加科举考试不第，以诗拜谒钱塘太守姚合。初见，因其容貌丑陋，姚合鄙视不用；待读过方干诗稿后，深为他的才华所动。于是满心欢喜，一连款待数天。方干心中明白，"容貌丑陋，嘴唇残缺"是有司不予功名的根源，只好回归鉴湖，以吟咏为娱。开成年间（836~840），常与寓居桐江的南昌诗人喻凫为友，并与同郡人李频唱和，诗来歌往，关系密切。咸通中（860~874），浙东廉访使王龟慕名邀请其叙会，一经交谈，觉得方干不仅才华出众，且为人耿直，极力向朝廷推荐，但终未起用。故后人赞叹"官无一寸禄，名传千万里"。

方干擅长律诗，江南一带无人能匹。死后，经门人韦庄等奏请，朝廷追赠他进士出身；又由宰相张文蔚奏请，追封一官，以慰诗魂。方干门人杨弇与居远和尚收集他的遗诗370余篇，编成《玄英先生诗集》10卷。其名载入《中国文学家大辞典》《中国人名大辞典》。《全唐诗》收有方干诗六卷，《四库总目》收有方干《玄英集》。

皇甫松（859年前后在世）　字子奇，自称檀栾子，睦州新安（今淳安）人，皇甫湜之子。生卒年不详，约唐宣宗大中末前后在世。皇甫松为牛僧孺表甥，不相荐举，因襄阳大水，极言诽谤，有"夜入真珠（僧孺爱妾名）室，朝游玳瑁宫"之句。松工诗词，所作见《全唐诗》和《花间集》中。又著有《醉乡日月》三卷，《大隐赋》一卷。其名载入《中国文学家大辞典》《中国人名大辞典》。

杨桂枝（1162～1232）　宋宁宗皇后,淳安辽源(里商)十五坑杉树坞龙门堪杨家基人。少时,以姿容选入宫中,南宋庆元元年(1195)始封平乐郡夫人,尔后进封婕妤、婉仪。庆元五年(1199)又封为贵妃。至嘉泰二年(1202)被宁宗立为皇后。杨后性机警,能辨奸佞、别贤良,诛奸臣韩侂胄、拥立理宗,皆出其谋。开禧元年(1205)十二月,杨后备奏浙江百姓苦于重赋,由于缴不出"生子钱",凡有育男者,均暗藏不报。宁宗应杨后请求,御批"尽免两浙生子钱"。嘉定十七年(1224)闰八月,宁宗去世,理宗即位,尊杨后为皇太后,并垂帘听政。次年四月,撤销垂帘听政,死后谥恭圣仁烈。

杨太后通书史,善吟咏,书画造诣高。传世的诗词较多,仅收入其《宫词册》的就有50首。书法宗晋、唐,得力于《黄庭经》。字体娟秀工整,与马和之上宋高宗题记的字体十分相似。现流传下来完整的只有一部《道德经》。绘画作品已知完整的有三幅:一幅《宋杨婕妤百花图》长卷,现藏于吉林省博物馆,为该馆的镇馆之宝;还有一幅《樱桃黄鹂图》和一幅《月下把杯图》,分别藏于上海博物馆和天津博物馆。其事迹收入《中国美术家人名辞典》《中国书画鉴赏辞典》《中国人名大辞典》等。

注:宋宁宗皇后杨桂枝,淳安里商乡人。其祖父杨宇,本开封人,于宋钦宗靖康二年(1127)随宋高宗南渡"徙家淳安",卒葬"县南七十里巧坑"。明嘉靖甲申(1524)《淳安县志》,在卷七冢墓"宋恭圣仁烈杨太后大父杨宇墓"条下有明确记载。《宏农杨氏宗谱》记述更为详尽:"杨宇,靖康二年钦宗北狩,高宗南渡,民多迁徙,公因挈家而遁睦州青溪。始至贺城太平桥,继之邑南辽源十五坑……以孙女贵,赠永阳郡

王……葬于辽源巧溪里,土名高坪,俗名皇后坪。墓前有御笔亲题‘国戚墓冢’四字,墓下有石坊曰‘承恩第’。”对此,清乾隆间钦定《四库全书》总纂官纪昀在宋《景定严州续志》提要的按语里写道:“其户口门中载宁宗皇后为严人,而会门中亦载主集者为新安郡王、永宁郡王。新安者杨谷,永宁者杨石,皆后兄杨次山之子也。而《宋史》乃云后会稽人,当必有误。此可订史传之讹矣。”

钱　时(1175～1244)　字子是,号融堂,淳安蜀阜人。幼即奇伟不群,潜心好学,不同世俗之见,绝意科举,深究理学。后投慈湖杨简门下,成为杨门高弟。杨简深爱之,大书“融堂”二字相赠。

时任江东提刑袁甫器重钱时才学,特设象山书院,请钱时为主讲席,一时风闻远近。当地及新安、绍兴郡守闻讯后,厚礼延请,开讲于各郡学。其学,大抵发明心性,论议精辟,指谪痛快。听其讲者,皆有所得。

右丞相乔行简知之,向理宗荐举云:“钱时夙负才识,尤通世务,田里之休戚利病,当世之是非得失,莫不详究而熟知之,不但通诗书守陈言而已!”嘉熙元年(1237)二月,理宗召见“布衣”钱时,特赐进士出身,授迪功郎秘阁校勘,并令严州守臣抄录钱时著作供其阅读。不久,出佐浙东仓幕,李心传奏其为馆检阅,助修国史。后授江东帅属归里,于蜀阜创办“融堂书院”,日与群徒讲学。

钱时著述宏富,有《周易释传》二十卷、《尚书演义》八卷、《学诗管见》一卷、《春秋大旨》一卷、《融堂四书管见》十三卷、《两汉笔记》十二卷、《蜀阜集》十八卷、《冠昏记》一卷、《百行冠冕集》一卷、《融堂书解》

二十卷等。其中,《融堂书解》《两汉笔记》《融堂四书管见》收入《四库全书》。其事迹收入《中国文学家大辞典》《中国人名大辞典》等。

杨　镇(1275年前后在世)　字子仁,号中齐,宋严陵(今淳安)人。尚理宗女端孝公主,官至左领军卫将军驸马都尉。喜观图史,书学张即文。善画,尤工墨竹,师于毛存,品在郓王员大夫间,蕴藉可观。用驸马都尉印。其名载入《中国书画家大辞典》《画史会要·书史会要》等。

注:据里商《宏农杨氏宗谱》载:"杨镇系杨太后侄儿杨谷之曾孙。"

邵桂子(1280年前后在世)　字德芳,父吴攀龙,淳安云村人,出继邵氏。以太学上舍生登南宋咸淳七年(1271)进士,任处州府学教授。宋亡辞归,避地云间(今上海松江),入赘曹氏。邵桂子居泖湖之蒸溪,濒湖构亭,名"雪舟",著述其间。有《雪舟脞稿》十卷、《雪舟脞谈》二十卷、《元宅七铭》《后七铭》《续七铭》等著作。其名收入《中国人名大辞典》。

方逢辰(1221～1291)　原名梦魁,号蛟峰,淳城高坊人。自幼随父习字学文,尤以理学为归宿。尝与黄蜕、何梦桂等人肄业于石峡书院。南宋淳祐十年(1250),理宗临轩策士,见其所对陈述有条,直爽清楚,亲拔为进士第一,并改其名为"逢辰"。此后,他便以"君锡"为字。始补承事郎,佥书平江军节度判官厅公事。宝祐年间(1253～1258),历官秘书省正字、校书郎、著作左郎,因上疏条陈海州丧师的丑闻及战守计,言辞激烈,理宗不悦,遂称疾求去。尽管程元凤拜相后又竭力推荐,终因朝中大臣相继指谪他不该"交游学舍"而作罢。开庆元年(1259),又召为著作郎,暂代尚书左郎官,不久被罢。国博徐庚金聘他去婺州书堂讲学,生徒从游者数百人。景定二年(1261),任婺州知府,不久又罢。回乡创办家塾,以理学授门徒。后出任嘉兴知府,继而改任瑞州,未届满又被罢官。咸淳元年(1265)度宗即位,召为司封郎兼国史院编修、实录院检讨官兼直舍人院,不久调任秘书少监、起居舍人。其后,历任秘阁修撰、江东提刑、江西转运副使、兵部侍郎、国史实录院修撰兼侍读、吏部侍郎等职。德祐年间(1275~1276),历官荆、湖、川宣抚司参谋官,累至户部尚书,后改礼、吏部尚书俱不受。宋亡,元世祖曾诏御史中丞崔或起用他,也遭拒绝。

逢辰平生推究事物为穷理之本,坚持身体力行为修己之要,读书有法,劝诫有条。凡他所到之处,无不以教务为先,如吴中和靖书堂、金华婺州书堂与东阳义学,江西鄱江书堂、东湖书院、宗濂书院等,都是他公暇治学之地,人称"蛟峰先生",是南宋著名教育家。著有《孝经解》《易外传》《尚书释传》《大学中庸注释》《格物入门》《名物蒙求》等。其名载入《中国文学家大辞典》《中国人名大辞典》;《蛟峰文集》八卷,外集四卷收入《四库全书》。

何梦桂(1229~1303) 字岩叟,号潜斋,淳安文昌人。自幼从学于名师夏讷斋,深受教益。南宋咸淳元年(1265)举进士,廷试第三名(探花)。宋度宗得知何梦桂与其侄何景文为同榜进士,何梦桂与黄蜕、方逢辰曾同堂就读于石峡书院,故御书"子拜丹墀亲未老,叔登金榜侄同年""一门登两第,百里足三元"的联句相赠。梦桂初为台州军事判官,历官太常博士、监察御史、大理侍郎。元初,御史程文海推荐,授江西儒学提举,不赴。筑室富昌(后改名文昌)小酉源,著书自娱,终老家中。学者称之为"潜斋先生"。所著有《易衍》《大学说》《中庸致用》诸书。其《潜斋文集》十一卷附《铁牛翁遗稿》一卷,收入《四库全书》。其名载入《中国文学家大辞典》《中国人名大辞典》。

方一夔(1253~1314)　一名夔,字时佐,号知非子,方逢辰族侄,富山人。幼承家训,壮与何梦桂诸老游。因屡举不第,由有司推荐,领教郡庠,继荐为考试官。不久,退隐富山之麓,授徒讲学,门人称为"富山先生"。元至元十五年(1278),浙西廉访佥事夹谷之奇亲临拜访,一夔越墙避而不见。族叔蛟峰(逢辰)得元恩命,一夔以《贺方逢辰得元恩命》诗竭力劝阻,后蛟峰坚卧不出,亦见其责善之力。一夔工诗,尤长五言,与洪震老、吴噭、夏溥、徐夔叟、翁民瞻、余炎叟六人友善,所编唱和诗为《七子韵语集》。所著《富山先生遗稿》十卷入《四库全书》。其名载入《中国文学家大辞典》《中国人名大辞典》。

何景福(1301~1373)　字介夫,号铁牛翁,淳安文昌人。学问渊博,以所遇非其时累辟不赴,唯诗酒自娱以终。其名载入《中国文学家大辞典》《中国人名大辞典》;《铁牛翁遗稿》一卷录入《四库全书》。

徐尊生(1380年前后在世)　字大年,号赘民,老曰赘叟,淳安厚屏人。洪武二年(1369)，以山林逸士身份被召，与宋濂等十八人共修《元史》，并为《元史·地理志》作序。《元史》编成，又应召在宫中同修《日历》。其后，经宋濂推举，任为翰林应奉，负责文字草制。未几，即以年老多病辞归。居家十余年后，由于大臣竞相推荐，朝廷复召入京，尊生再三推辞未果，同意出为陕西教授，但未起程即病逝。著有《制诰》二卷、《怀归稿》十卷、《还乡稿》十卷。其名载入《中国文学家大辞典》《中国人名大辞典》。

邵亨贞(1309～1401)　字复孺，号青溪(或作贞溪)，邵桂子之子，徙居华亭(上海市松江县西)。博通经史，文词富赡，工篆隶。明洪武(1368～1398)中官松江府学训导。著有《野处集》四卷，《蛾术诗选》《蛾术词选》各八卷。《全金元词》收其词142首。词作近师倪云林，远承周邦彦，隽永清丽，尤工于长调。年九十三卒。《中国文学家大辞典》《中国美术家人名辞典》《中国人名大辞典》皆载有其名；《四库全书》收有其作品《野处集》四卷，《蛾术诗选》八卷，《蛾术词选》四卷。

徐　畈(1330～1398)　字仲由，号巢松病叟，淳安徐村人。明洪武十四年(1381)秀才，以文章著名于时。隐居不仕，以游赏山水、诗酒度日，诗文有《巢松集》行世。又工于戏曲，曾自谓："吾诗文未足品藻，唯传奇词曲不多让古人。"朱彝尊则云："诗虽非所长，然也不俗。"所著南戏《杀狗记》(全名《杨德贤妇杀狗劝夫》)，系取材于萧德祥的《贤达妇杀狗劝夫》而加以扩充、丰满。故事曲折生动，人物性格鲜明，文辞质朴，与《荆钗记》《刘知远白兔记》《拜月亭》并称元明间四大传奇。另据抄本《传奇汇考标目》，他所作的戏曲剧本还有《鲠直张志诚》《王文举月夜追倩魂》《杵蓝田裴航遇仙》《柳文直元旦贺升平》等。生平事迹载入《中国文学家大辞典》《中国人名大辞典》。

徐　贯（1433～1502）字原一，淳安蜀阜人。明天顺元年（1457）进士，授兵部主事，因委查军伍有功，升兵部郎中，又调任福建右参议，分守延平、邵武四府。时值饥荒，徐贯开官仓减价出售，救济灾民。继而升迁右副都御史，巡抚辽东。时有镇守总兵多占军丁佃户，徐贯坚决取缔。后升任工部左侍郎。其时苏南、松江大水连年，皇帝命徐贯前往治理。徐贯靠选拔能吏、传授方略平息水患。晋升为工部尚书，累加太子少保。以疾求归，加太子太傅。晚年居家，去世后朝廷遣官礼葬，并追赠为太保，谥"康懿"。其名载入《中国文学家大辞典》《中国人名大辞典》；作品《馀力稿》十二卷收入《四库全书》。

商　辂（1414～1486）字弘载，号素庵，淳安芝山（今里商乡里商村）人。明宣德十年（1435）乡试，正统十年（1445）会试、殿试皆第一。历仕英宗、代宗、宪宗三朝，累官至内阁秩一品事，为一时名臣。

正统十四年（1449），"土木堡之役"败绩，英宗被俘，瓦剌也先驱部大举入侵，人心惴惴。时商辂任内阁修撰，偕群臣具本，恳请郕王即帝位，是为代宗。时有侍讲徐珵倡言南迁，商辂与兵部侍郎于谦上疏抗言："京师为天下根本，若一动，宋南渡之事可鉴也。一步不得离此！"

至敌临城下，商辂与二三大臣统筹经略战守事。景泰元年(1450)八月，英宗朱祁镇被送还京，代宗表面欢迎"太上皇"，暗地却串通心腹废除英宗儿子朱见深的皇储地位，立己子朱见济为太子。代宗唯恐大臣不从，各赐金银元宝，一时升迁者甚众，致有"满朝皆太保，一部两尚书"之谣。唯商辂拒不接受皇上所封"保傅"之职，表明他在"易储"问题上的持正立场。时商辂已晋为学士、大学士和兵部左侍郎。天顺元年(1457)正月，被软禁南宫的英宗在旧臣的拥戴下，乘代宗病重暗启"夺门之变"，一举复辟成功。英宗重新执政后，首召商辂商量国家大计。在用人问题上，英宗提出，"像陈循这样的人不能用"。而商辂却向皇上进言："陈循历事累朝，老成练达"，更何况"陛下初复大位，宜新天下耳，不宜有此议。"英宗听取商辂意见，任用如故。时有石亨、张軏、张輗、杨善等，窃弄权术，势焰可畏，商辂从容不迫，与他们辩论不已。因此，石亨辈忌恨商辂，屡加弹劾，大肆诬陷，终因于谦事牵连下狱，被削职为民，时年仅四十四岁。在罢官南归居家的十年中，多在深洞岭下"仙居书屋"赋诗自娱，并募工凿山开道，去险就夷，为家乡做好事。一度应邀赴庐山白鹿洞书院、铅山鹅湖书院讲学。成化二年(1466)，宪宗朱见深召商辂复出，以故官入内阁参与机务。不久，言官林诚、胡琛等交章诋毁商辂，说皇上不当用他。宪宗不信谗言，即升商辂为兵部尚书，兼职如故；同时，要加罪林诚、胡琛等人，商辂忙向宪宗进言："臣尝请优容言者，奈何因论臣复责言乎？"宪宗喜曰："真大臣也！"

商辂为人平粹简重，宽厚有容，至临大事、决大议，则毅然莫能夺。他直言持正，刚正不阿。景泰(1450～1457)间，"塞上腴田为势豪侵据,商辂请还之"。乾清宫门火灾,工部请采木四川、湖广,商辂极力劝阻少缓。开封、凤阳诸府饥民流徙济宁、临清,商辂招垦畿内八府,给粮种,使民有所养。成化(1465~1487)间,替周太后管庄的内吏侵占民间地产,众民与内吏械斗,太后大怒,"欲尽徙苏民之边者,计八十余家。"司礼太监将本下东阁会议,商辂据理力争:"天子以天下为家,何以庄为?""只有内吏侵占民地,未有平民百姓敢侵占官地者",众民遂得安宁而免徙边庭。成化十四年(1478),司礼太监汪直设西厂,横恣无比,权倾朝野。商辂上疏抗言,力罢西厂。先是宪宗览疏不悦,认为"朕用一内臣,焉得系国安危乎?"于是传旨诘责甚厉。商辂力谏:"朝臣无大小,有罪皆请旨取问。汪直辈擅自抄收三品以上京官,擒械南京留守大臣,扰得大臣不安于职,商贾不安于市,行旅不安于途,士卒不安于伍,庶民不安于业,如此辈不黜,国家危乎、安乎!"上遂立命撤去西厂。不久,汪直心腹韦瑛等犯"诬缉妖言"罪而斩于市,人心大快。事隔不久,商辂终因得罪宦官,以"疾作休致"而辞归故里。居家十年,于成化七月十八日病逝。宪宗闻讣,深加悼惜,辍朝一日,并下旨:"少保兼吏部尚书谨身殿大学士商辂,资性刚直,操履端方,三榜魁名,四海仰其高学,两朝内阁庶政资以经纶,念其往劳可无褒奖?兹特赠太傅衔,谥'文毅'。"著有《商文毅疏稿略》《商文毅公集》《蔗山笔尘》及所纂《宋元通鉴纲目》等。其书法也出类拔萃,清著名金石家翁方纲评价商辂书法,"虽亦近明初诰勒之体,实能得吴兴运笔意者,应勒石以传之"。现故宫博物院、浙江博物馆藏有商辂《书杜甫〈戏题王宰山水歌〉》《书孟浩然诗》等多幅作品,其中,《浙藩送行诗序》被收入《中国古代书画精品集》,为浙江省博物馆的镇馆之宝。

其名载入《中国文学家大辞典》《中国书画家大辞典》《中国人名大辞典》；作品收入《四库全书》。后人为纪念商辂，在北京、杭州等地取有"三元坊"地名；淳安老城、港口和严州梅城等地均建有"三元宰相"坊。

陈　衡（1417年前后在世）　字克平，淳安桂浦人。通五经，尤精春秋，领永乐丁酉（1417）乡荐，授亳州学训、改巴县。蜀府闻其贤，疏上乞补官，遂任典宝（掌管印玺之官），从游者日众。尝校文湖广、云南，皆称得人。所著有《半隐文集》。其名收入《中国文学家大词典》《中国人名大辞典》。

海　瑞（1514～1587）　字汝贤，号刚峰，广东琼山（今海南海口市）人。明嘉靖二十八年（1549）中举人，任福建南平县学教谕。嘉靖三十七年（1558）升为淳安知县。其时，淳安山多地瘠民贫，赋役负担严重不均，富豪占地三四百亩，而户无分厘之税；贫者产无一粒之收，虚出百十亩之差。徭役十分繁重，每丁少者出银一两二，多者十几两，众民不能承受，逃亡者过半。

海瑞到任，为减轻穷苦百姓赋役负担，亲自考察民情，通过清丈，查实各户实有土地，按土地数目多寡分摊赋税徭役，谓之"均徭"。同时，海瑞着手整顿吏治，制定《兴革条例》三十六条，裁革冗费、冗役，力矫时弊。并身体力行，革除知县的"常例"，破除孝敬上司"常例"钱。按例，知县上京朝觐，可向里甲摊派杂项银四五百、以至上千两。海瑞两次上京,除盘川四十八两银子外,其他一概裁革。县民年均摊派的杂项银子,从五两减至五钱。几年后,海瑞把施政措施编成《淳安政事》。

为补贴家用,海瑞常和仆人同种稻麦蔬菜取以自用,并叫家僮上山打柴,力求"樵薪自给"。全家粗茶淡饭,生活简朴。老母生日,破例买肉两斤为其庆寿。

海瑞重视刑狱,审案注重调查,重证据和人情事理。上官因他办案精明,邻县难案常请他会审。

海瑞为民造福,智胜权贵的事口碑相传:浙闽总督胡宗宪子过淳安,作威作福,吊打驿吏。海瑞将其逮捕,没收银两,并呈报胡总督:"此人冒充总督公子,胡作非为,败坏总督官声",弄得胡宗宪哭笑不得,自认倒霉。鄢懋卿是严嵩党羽,以都御史奉命出巡盐政,到处贪污勒索,还携带小妾,坐五彩舆,害得地方疲于应命。海瑞捡取鄢懋卿牌告"素性俭朴,不喜逢迎"两句官话,致书鄢懋卿:"淳安地狭民贫,难容大驾。但闻大人所到之处,州县官吏有违牌告办事,铺张供应,下官深感为难。若按牌告办,恐落简慢之罪;反之又怕违你爱惜子民之心。"一封书信,顶得鄢懋卿绕道而去。

嘉靖四十一年(1562)五月初,海瑞拟调任嘉兴府通判,六月初,鄢懋卿唆使其党羽袁淳弹劾。六月二十五日,朝廷取消嘉兴府通判任命。六月二十七日,鄢懋卿恶迹败露,落职回籍闲住。不久,袁淳亦败露去防守边疆。十二月,由吏部侍郎朱衡推荐,海瑞调任江西兴国知县。他离任时的移交清单上,连一柄划火锨也列上。

嘉靖四十五年(1566)任户部主事时,海瑞冒死上疏,批评世宗迷信道教、不理朝政等事。世宗大怒，逮其入狱，刑部议决处以绞刑。不久，世宗病死获释。隆庆三年(1569)任应天巡抚，疏浚吴淞口，推行"一条鞭法"。后受张居正、高拱排挤，革职闲居十六年。万历十三年(1585)再起，先后任南京吏部右侍郎和右佥都御史，力主严惩贪污。两年后病逝。"卒之日，贫无棺椁，士大夫醵金以殓。士民哭至罢市数日，祭于途，累数百里不绝"。海瑞官至二品，死时仅存白银二十两，不足运葬之资。后谥忠介。著有《海瑞集》。

徐　楚(1499～1589)　字世望，号青溪，淳安蜀阜人。明嘉靖十七年(1538)进士，初授工部主事，后升工部郎中。历官辰州知府、广西副使，所至以政绩著称。后调任山东兵备道副使，跋涉沙石滩、盐碱地中，为朝廷绘制《塞垣图》，并疏陈《备边六策》，朝中大臣竞相推荐，称他"有文武材，宜节钺重镇"。徐楚秉性刚直，与当时宰相抗礼，仅补云南屯田副使。到任后即"兴水利、辟荒芜、正疆界"，并将先前被黔国公沐琮家族强占民地收回，发还原主，深受边民拥戴。后调四川参政。在任上，革除贿礼等陋习，得罪达官显贵，终被免职回家。年九十一卒。酉阳、滇南及西蜀各地均为其立祠以祀。著有《吾溪集》《青溪集》《蜀阜小志》及《杜律解》等。其名载入《中国人名大辞典》；作品《青溪诗集》收入《四库全书》。

唐　泰(担当)(1593～1673)　担当俗姓唐，名泰，字大来，别号布史、此置子、迟道人等，明万历二十一年癸巳(1593)三月十二日出生在风景秀丽的云南晋宁县。和大多数后来在文化艺术领域卓有成就的名家一样，家庭的熏陶为其日后的造诣打下了坚实基础。

担当的先籍乃人文荟萃的浙江淳安县。明朝初年，其先祖唐循仲从戎于云南，遂落籍晋宁。传至唐佑（字雪轩），生二子，长子曰唐锜（号南池），嘉靖丙戌（1526）进士，官至河南按察使，与永昌张含（禺山），大理杨士云（宏山）、李元阳（中溪），阿迷王廷表（钝庵）和昆明胡廷禄（在轩）齐名，被杨升庵称为"滇南六子"；次子曰唐金（号池屿），嘉靖戊子（1528）乡荐，曾任福建邵武同知，从祀明宦，乃唐泰曾祖；唐金子尧官（即唐泰祖父），字廷俊，嘉靖四十年（1561）解元，屡试春官而不第，遂绝意仕进，教授乡里，育人甚众，史载其"举乡书第一，研精古辞赋之业"；唐泰父亲唐懋德，字世修，号十海，万历三十一年（1603）举人，官陕西临洮同知，工诗文，著有《十海集》。他们祖孙三代皆有集行世，唐泰将其合刻，名之为《绍箕堂集》。至今在云南晋宁县化乐乡耿营西北的长坡山（又名唐家山）南面尚保存有唐锜家族墓地的石刻像，形象为明代官员相。唐泰的叔父新德、进德，也都是科举出身，做过学官。唐氏家族自明嘉靖以来实为当地望族。

在唐泰的一首题为《自述》的诗里，很能反映出他的家学渊源："我祖质肃公，曾为宋名臣。垂老乞骸归，家于浙之湣（音同"淳"，即淳安）。题标友恭里（"友恭里"为威坪唐村之古代名），历代产哲人。明初徙滇晋，祖训儒术真。本支世相衍，世膺美丝纶。"这种良好的家庭背景无疑为唐泰带来了得天独厚的早慧环境。在五岁时，他便接受祖父的启蒙教育，背诗颂赋，未尝稍暇。唐泰十岁时的诗赋文章已表现出迥异于常人的文采。

明万历三十三年，即公元1605年，年方十三的唐泰补博士弟子员，之后随父亲北上应选。由于其诗赋文章早已崭露头角，因而在途经南京时，名妓马湘兰赏识其才华，亲手为他簪花，一时传为佳话。担当后来在他的诗题里还特别提到："年十三在金陵，湘兰老马姬采花为余簪髻。"

唐泰14岁时，开始了他的早期代表性诗集《翛园集》的创作。在这部反映他为僧前诗情的鸿著中，所看到的是一个性情中人，如果没有后来的那场天崩地坼的社会大变革，我们所看到的少年、中年乃至于晚年的唐泰只会是一个发乎情而凝于笔的儒雅文人，那个作为诗僧、画僧的担当也许不会在历史舞台上登场。

所有的文献都显示，唐泰年少时表现出的才华均集中于诗文，在书画方面几乎只字未提。这或许与中国历来重诗文而视书画为余兴之风有关，或许唐泰在早年的确没有对书画有特别的兴趣或过人之处。这种情况直到他33岁拜交了著名书画大家董其昌及其他师友后才开始改变。

唐泰在万历三十七年（1609）时赴陕西临洮探视父亲，随后回晋宁家居，22岁时娶同邑诗人黄麟趾（字伯仁，著有《风叶吟》）之女为妻。之后于天启五年（1625）赴北京应礼部试，自此正式开始了辉煌的艺术之旅。

唐泰以明经入对大廷，为士林所艳称。时年董其昌以南京礼部尚书致仕。因党祸酷烈，他深自引远，遂于次年告归。唐泰自北京返回云南，为奢崇明兵事所阻，遂还居江南。大约在这段时间，唐泰执贽于董其昌门下，从习书画。唐泰拜师董门，无疑是其人生旅程的转折点，同时也是一个重要的里程碑。

关于唐泰与董其昌的师生关系及其交游在文献中并没有太多的记载，但从唐泰后来（为僧后）的书画作品中，我们可以看到这种一脉相传的渊源。唐泰（已改名担当）在一首题为《临董玄宰先生帖》的诗里谈到了这种师承关系："太史堂高不可升，哪知万里有传灯。后来多少江南秀，指点滇南说老僧。"从这首诗里可看出担当以董其昌弟子自居，并颇有自得之意。

有记载显示，董其昌对于唐泰的诗歌是极为赏识的。明天启七年丁卯（1627），时年73岁的董其昌欣然为年方35的唐泰诗集《橘园集》作序，序文称："大来诗温淳典雅，不必赋帝京而有四杰之藻；不必赋前后出塞而有少陵之法。曩予所求之六馆而不得者，此其人也。"这种赞词很明显已超出了师生间的客套，一个远道而来的后学游子如无真才实学，一向自负且当时已成为江浙地区画坛盟主的董其昌是不可能对他作如此断语的。

与此同时，唐泰拜谒了著名诗人李维桢，并执弟子礼。李维桢在为唐泰《橘园集》作序时也同样对其诗歌表露出赞叹与欣赏，文曰："今郡丞子大来，出其《橘园集》示予。予谓，杨用修先生居滇，所与论诗，则愈光为最。今滇无杨、张两君子为倡，大来独能开元。大历以前人语，清而不薄，婉而不荡，法古而不袭迹，卑今而不吊诡。后来之彦，如大来诗典雅温淳，指不数偻也。中原人士当有闻正始之音而深嘉属和者，即不悦里耳,何伤乎?"

董其昌和李维桢只字未提在唐泰生命中占主导地位的书画,原因其实很简单,唐泰在为僧前所作书画极少,尚未在画坛崭露头角,在现存的传世书画中,款署"唐泰"的作品也是凤毛麟角。他在书画上的成就,在前期是完全被其诗文所掩盖的。

在唐泰的师友中,有一个几乎可以和董其昌齐名且与董氏同郡的书画大家。他在唐泰的艺术生涯中,也是一个重要的人物,那就是陈继儒(陈眉公)。

陈继儒与唐泰也是忘年交。他们的交游可追溯到明崇祯元年戊辰(1628),时年36岁的唐泰欲从南京返回云南,正值贵州安奢之乱,道阻不能归,便绕道岭右,赴空山拜访时年七十有一的陈眉公。两人一见如故。唐泰对陈眉公说:"友天下士,方自此始。"而陈眉公则感喟唐泰"真磊落奇男子也"。他在为其《翛园集》作序时亦称其诗"灵心逸响,丽藻英词,雕激而不叫号,思苦而不呻吟,大雅正始而不入于鬼怪童谣语里方言这俳陋,即长吉玉川复生能惊四筵,岂能惊大来之独坐乎?"并谓其"神用清审,志意贞立"。

其实,唐泰与陈眉公的关系实际是师生之谊,故唐泰在《赵元一署中题陈眉公画梅》诗里说"昔我忝为门下士,躬亲侍研曾写此"。二人多有诗文唱酬,但可惜我们已不易见到了。在今天所能见到的《担当遗诗》中,尚遗一首《赠陈眉公先生山居》诗:"自是久离群,凄凄远世纷。林深不可见,只有一湾云。泉与樵人乞,斋随贫士分。闭门惟点易,掉臂负斜曛。"从这首诗里依稀可看出二人之交谊。

陈眉公晚年筑别业于佘山,致力于著书立说和书画创作,屡征不仕,因而有"山中宰相"之称。唐泰此诗可以说就是对眉公这种悠然世外生活和志趣的概述。

后来唐泰返回云南,与陈眉公相隔万里之遥,还时常怀念故友、恩师,唐泰的《赵元一署中题陈眉公画梅》诗便是在点苍山下,因见陈眉公所画梅花而勾起思绪万千,有感而发的,中有"宣和墨宝虽云多,不及我公赠片纸;把来高挂生寒威,几案之上有翠微"句,可看出其殷殷之情。旅行家徐霞客游云南,就是由陈眉公先致书唐泰"良友徐霞客足迹遍天下,今来访鸡足并大来先生,此无求于平原君者,幸善视之",才得与唐泰交游。唐泰因友及友,不负眉公厚意。这是后话。

晚年的担当曾在《自述》诗里这样写道:"俯就明经役,牖下不可留。聊此借公车,实从五岳游。为不霈一命,遍将名胜搜。交游极寰宇,咏歌满沧州。"在这首诗里,他谈到了当初明经之试后的心路历程及其行踪。

数年的游历,他的足迹遍及长江南北,秀丽的山川、远古的文明,使其惊叹其造化之神奇,发思古之幽情,同时亦感民生之维艰。如《感怀》诗云:"一身何散淡,两眼遍疮痍。水国鱼龙斗,山城虎豹窥。逃亡谁肯问,老大独堪悲。且保头颅拙,从他雪乱垂。"

唐泰遍游江南山水、广交四方豪杰,除暂居南京、松江一带结识董其昌、李维桢、陈继儒之外,足迹曾至苏州、会稽,然后辗转经湖北、湖南、广西、贵州等地回滇。这期间,他还结交了两位佛门中人,即苍雪法师和湛然禅师。后者成为他最初参禅的导师。

现在所能见到唐泰与苍雪法师交游的最早记载是在天启六年

（1626）。这一年二人同游苏州虎丘。苍雪法师在此年有《丙寅白门送唐大来明经应试》诗赠之。诗曰："如君才思自风流，山色江南已尽游。痛饮几回当白月，好诗多半在红楼。不禁桃叶频催渡，暂借芦花一系舟。走马长安春雪遍，到时应换黑貂裘。"

他与湛然禅师的缔交则是在明崇祯三年庚午（1630），这一年，他38岁。唐泰由云南再至浙江会稽，参湛然云门禅师于显圣寺，受戒律，法名普荷。此为担当皈依佛教之始，但因有老母在堂，且无兄弟，因此并未剃发。后来担当在《橛庵草·跋》里谈到此事："……后世则湛然云门和尚偈颂中颇有风雅遗意。余昔公车事竣，参和尚于会稽显圣寺中，觌面相承，授以禅旨，因有母在堂而不能染剃相随，只得回滇以供定省……"

唐泰此时的身份可谓亦僧亦俗。他的皈依佛门，后来的不少文献记载称其因为甲申（1644）后有感于世事离乱而隐身逃禅，其实并不十分确切。很明显，在此之前，他已经有了皈依佛门的先机。把他的最初参禅解释为兴趣使然或者是一种人生的感悟也许更接近历史。当然，后来时事的剧变也是促成他最终遁入佛门的最大诱因。

初次参禅的唐泰于次年辗转经浙江、湖北、湖南、贵州诸省，间道返滇，家居奉母，过着以诗书画自遣的悠闲生活。他的行踪也主要集中在晋宁与昆明之间。在此期间特别值得一书的是他与徐霞客的交游。徐霞客是中国古代最伟大的探险家、旅行家和地理学家，他只身走遍了大半个中国，足迹遍及江苏、安徽、浙江、山东、河北、河南、陕西、山西、福建、江西、湖北、湖南、广东、广西、贵州、云南十六个省区。他将一路上所见、所闻、所感发诸笔端，写出了洋洋六十余万字的《徐霞客游记》。在这部被史学家称为《山海经》之别乘、《舆地记》之外篇的宏著里，所涉关于云南地理、风土与人情的篇章竟有十六篇之多，占整部游记的三分之二。其中关于唐泰及其晋宁的记载又占很大的分量。

唐泰与徐霞客的交情可以在《徐霞客游记》和他自己的遗诗中得到明证。

一如上文所述，徐霞客是先经陈眉公介绍，然后才与唐泰相互往还的。在《徐霞客游记》中，我们可以看到，崇祯十一年(1638)八月，徐霞客经由广西、贵州旅行至云南，其中不少日志中提到唐泰。在戊寅(1638)十月初三日中写道："余欲往晋宁，与唐玄鹤州守、大来隐君作别。方生言：'二君日日念君，今日按君还省，二君必至省谒见，毋中途相左也，盍少待之？'"初四日写道："……又南四里，入晋宁州北门……入门，门禁过往者不得入城，盖防阿迷不靖也。既见大来，各道相思甚急。饭而入叩州尊，如慰饥渴，遂留欢宴。夜寝于下道，供帐极鲜整。"初五至初七日写道："日日受谈于内署，候张调治。黄从月、黄沂水禹甸与唐君大来，更次相陪，夜宴必尽醉乃已。"二十二日写道："唐君(此处指唐玄鹤，下同，朱万章按)为余作《瘗静闻骨记》，三易稿而后成。已，乃具酌演优，并候杨、赵二学师及唐大来、黄沂水昆仲，为同宴以饯。"二十三日写道："唐君又馈棉袄夹裤，具厚贶焉。唐大来为余作书文甚多，且寄闪次公书，亦以青蚨贶。乃入谢唐君，为明日早行计。"徐霞客在晋宁盘桓约二十天。这些看似琐碎的记载反映出二人由神交到至交的一种难得的情愫。

大概是因为即将离开晋宁的缘故,徐霞客在二十三日的日志中所记内容甚多,从晋宁的地理、风光谈到历史沿革,其中着墨最多的还是关于唐泰的故事。从记载中可以知道,徐霞客初到云南时,盘缠已尽,初不知有唐大来可告语也。忽一日遇张石夫,张曰:"此间名士唐大来,不可不一晤。"徐霞客游高峣时,闻其在傅玄献别墅,往觅之,不值。在返还的路上遇一人曰:"君岂徐霞客耶?唐君待先生久矣。"此人为周恭先。周恭先与张石夫交善,他先于张晤唐泰,唐即以陈眉公书诵之,周恭先又以此书为徐霞客诵之。徐与唐泰会晤后,一如上文所记,两人一见如故,唐泰对徐氏更是慷慨襄助,所以徐霞客发出了这样的感叹:"大来虽贫,能不负眉公厚意,因友及友,余之穷而获济,出于望外如此。"也是在同一天的日志中,徐霞客不顾游记之体例,花了大量篇幅对唐泰之身世、家学与近况作了考述,并称唐泰之诗翰为滇南一人。这在徐霞客的其他篇章中也是绝无仅有的。

　　正如徐霞客所记,唐泰为徐霞客作书文甚多,据说他曾为徐氏写诗足有三十多首,可惜这些诗文今天大多已不易见到了,只能从一些零星片语中得见二人真情:"朝履霜晨暮雪湖,阳春寡和影犹孤;知君足下无知己,除却青山只有吾。"《别先生》诗云:"少别犹难别,那堪又转篷;滇池虽向北,我梦只随东。"徐霞客还请其为一同旅行至云南而病故之静闻和尚撰《瘗骨记》,唐泰也欣然命笔。二人纯粹翰墨因缘的情感在各自的人生里程中均留下可圈可点的一笔,成为三百余年来不管是研究担当还是关注徐霞客的学者们都要谈论的一个永恒话题。

　　唐泰当初参拜湛然时之所以未能剃发,如他自己所说,实乃有老母在堂而需恪尽孝道。崇祯九年(1636),母亲郭宜人去世,断去了他的尘念。恰逢此时中原变乱迭起,时局动荡,他便于崇祯十五年(1642)弃家至鸡足山为僧,从此青灯古佛,息机养静。他在《自述》诗里表达了当时的心情:"余欲续旧盟,时事纷多端。虽有尚平志,其如杖难前。回首念垂白,益复增怅焉。发愤出火宅,剃染事竺乾。干戈日未靖,余志日益寒。隐于鸡山岑,足遂缚于滇。"诗中"干戈日未靖,余志日益寒"可谓他当时遁入空门的真实写照。

关于唐泰为僧的具体时间、所参拜之法师及所用之法号,笔者有必要在此略作说明。

担当的同时代人马冯甦所撰《担当塔铭》中称:"及母养告终,中原寇盗蜂起,知明祚将尽,复修出世之志,从无住禅师受戒律,结茅鸡足山,息机养静。"从此记载可知他当于甲申前,即公元1644年前正式出家。《塔铭》同时指出,担当"僧腊三十有二",按,担当卒于康熙十二年(1673),据此逆数三十二则为1642年,即明崇祯十五年。之前一年(1641)恰是其《翛园集》诸诗结束之时,是年则开始其《橛庵草》诗作的撰写。前者乃为僧前俗诗,后者乃入佛门后僧诗,1642年成为担当一生中的重要分界线。很多画史上称其甲申后为僧是不确切的。20世纪40年代成书的陈垣的《明季滇黔佛教考》,称其所见《塔铭》载"僧腊三十有七",认为与史实不符,乃推测为"二十七"之误,则祝发应在永历元年丁亥(1647),则是以讹传讹,错在当时所见《塔铭》文字讹误极多,20世纪50年代云南学者孙太初在整理原碑时已纠正其谬误。

关于唐泰所遵从之法师,按照他原定计划,等母养告终后将赴浙江正式受衣钵于湛然云门。不想"海内遂多事矣,间关伊阻,不能飞度中原","不得已就近参求以终"。

康熙十二年(1673)十月十九日对于感通寺来说是一个非常特别的日子。这一天,担当偶感微疾,早晨起来即端坐辞众,书偈云:"天也破,地也破,认作担当便错过,舌头已断谁敢坐。"书完掷笔而逝,享寿八十有一。临终时,嘱咐弟子把茅曰:"吾死之后,吾之墓表得题'明遗僧普荷之墓'足矣",反映出他至死仍不能忘怀故明山河之悲壮情结。

次年,弟子广厦为之建塔于苍山佛顶峰下,天台冯为撰《塔铭》,铭曰:"始焉儒,终焉释。一而二,二而一。洱海秋涛,点苍雪壁。迦叶之区,担当之室。"一代名僧,就这样远离尘嚣而去,身后为人们留下了一笔宝贵的精神财富。

担当一生可谓亦儒亦释,虽然心存复明之志,但一生之成就与功绩,仍然还是在诗书画方面,尤其是绘画。

担当的诗歌,在生前已梓行有《翛园集》和《橛庵草》。前者八卷,为入佛门前所作,主要收录他13岁至50岁的作品;后者七卷,乃为僧后之作,主要收录他50岁以后的作品。担当在谈到《橛庵草》的选取时作了如下说明:"明季作家大率重才轻养,犹学仙者知有还丹而不言火候,自误误人,非小可不慎哉。余滇人而布衣,而又衲子,而又在尘劫之中,处培塿而干霄汉,则吾岂敢惟是匡扶运会,大丈夫皆有其责,聊就我所学,就我一家言。除年来患难焚溺之外,又除有类偈颂者不入,有类香奁诗余者不入,有悲歌慷慨、触时忌者不入。不啻十去其九矣。"经如此筛选后,所剩大多字斟句酌,与《翛园集》偶尔尚能见其风花雪月、凋敝堆砌之诗相比,《橛庵草》则在思想与艺术上显得成熟多了。担当在为《橛庵草》所作的序、跋里,还详细阐述对于诗与禅的见解,乃其论诗之精髓,足以奠定其在云南文学史上之地位。

遗憾的是,《縧园集》和《橛庵草》今天已不易见到。

郑良弼(1596年前后在世) 字子宗,号肖岩,明淳安人。万历举人。著有《存疑》一卷,《续义》三卷,《春秋或问》十四卷;另有《春秋续义发问》十二卷,系取胡安国传所未及者,续明其义。其名载入《中国文学家大辞典》《中国人名大辞典》;作品《春秋演义发微》十二卷收入《四库全书》。

姜燮鼎(1604～1682) 字理夫,号圣胎、蜕庵,遂安十八都人。鸿胪卿姜习孔次子。少负异才,无纨绮习。循次贡于廷,毅然弃去。啸咏山水间,一时诗人骚士接踵于门。挹其襟度,无不人人自失而笑傲。闲适樵夫、牧竖,动合天机,欣然与语,绝无一富贵人在其胸次,即粗粝不给亦无愠容。人拟之白云靖节二陶先生云。旁及书画篆刻,皆精绝。所著有《山载唾馀》《留耕馀墨》诸稿。检讨毛升芳辑成帙,名《高山集》。年八十无疾而终。事迹载《浙江通志·文苑》《中国美术家人名辞典》《两浙名画记》。

毛文荪(1620年前后在世) 字畹思,《清朝书画家笔录》载为遂安人。邑廪生。穷经善画,兼爱画兰。以"兰生幽谷,不以无人而不香;一叶数转,而筋骨遒劲;一枝向背,俯仰含香如着露、如向日"以自喻、自励。时董思白(董其昌)至其家,经年相契,以字易兰。毛文荪与弟毛九苞、毛颖思同以兰著,其名与字皆取意于兰,盖画兰以见意云。事迹收入清《中国美术家人名辞典》《清朝书画家笔录》。

毛一公(1630年前后在世) 字震卿,号明斋,毛一鹭之弟,遂安十一都人。明万历十七年(1589)举进士,初授汉阳府推官,以政绩卓著而升任工部给事中。其时,皇帝为立皇太子事犹豫不决,毛一公反对"三子并封",被罢官归家。居家二十余年,闭门不出,著书立说。泰昌元年(1620),光宗朱常洛即位,重新起用毛一公为南光禄寺少卿。其兄毛一鹭,投靠阉党魏忠贤,为世人所不齿;而毛一公以辑录自古以来的阉寺事迹撰写《历代内侍考》,大旨褒少而贬多。此作收入《四库全书》,作者载入《中国文学家大辞典》。

姜奋渭(1670年前后在世) 字腾上,遂安人。性嗜学,至呕血犹掩灯默识,达旦不休。为诸生时就有名声。太史方渭仁昆仲条陈利弊,诸奸吏惧甚,知姜奋渭与太史关系密切,令一吏携金数百镒塞奋渭,求其营解。奋渭正色拒之,曰:"吾岂能私收暮夜金,为通邑贻害者耶!"晚以岁荐候补学博。为文理真词粹,诗宗王孟,所著有《拙存草》。小楷工而敏,日可写数十幅;行草及隶篆八分书,里中共珍藏之。事迹载《中国美术家人名辞典》《清朝书画家笔录》。

方士颖（1675年前后在世） 字伯阳，号恕斋。方一镰长子，淳安赋溪人。清顺治年间诸生。年十一应县童子赋，既归，父展其行箧，得诗一章。中有句云："野渡舟难觅，沙汀客屡呼。"父微吟良久，问谁与作？颖跪以实对，并乞父给手抄杜诗一帙，于是益大为诗。诗雅润，为本论者谓不减中唐钱、刘辈。指事类情，铺陈始终如白公，讽喻诸篇尤妙。楷书则有司每试高等。赏其文者即并其笔迹嗟诵之，以为二宝。所著有《偶存诗》六卷，《赋》二卷、《骈俪杂文》三卷、《类抄》五十卷。其事迹载入《中国文学家大辞典》《中国人名大辞典》《中国美术家人名辞典》；作品录入《四库全书》。

毛际可（1633～1708） 字会侯，号鹤舫，遂安十一都人。清顺治十五年（1658）进士。初授彰德府推官，廉明不阿，政绩卓著。时有边将倚勋戚恣意放纵，无恶不作，际可按其罪状绳之以法。继调城固知县，修筑胥河五门堰，灌溉田五万余亩，百姓称道。再调祥符知县，更勉励自己要清贫廉洁。其时，曾被荐试博学鸿词科，考绩卓异，受皇帝嘉奖。不久，告老回乡，闭门著书。晚年，构"问字亭"以启后学，远近从学者盈门。与毛奇龄、毛先舒齐名，世称"浙中三毛，文中三豪"。曾主纂《严州府志》（书成未刊）。康熙二十二年（1683），浙江巡抚主修《浙江通志》，受聘为总裁，写有《浙江通志序》。际可尤擅古文，工书画，时人有"古文瓣香南丰，画笔有米家风"之评。所著有《春秋五传考异》《松皋文集》《松皋诗选》《黔游日记》等。书画作品有《山水图四幅》《云山草堂图》《潇湘渔隐图》《松石图》《山水立轴》等，分别藏于故宫博物院，上海、浙江等博物馆。其名载入《中国文学家大辞典》《中国书画家大辞典》《中国人名大辞典》；作品《安序堂文钞》二十卷、《会侯文钞》二十卷收入《四库全书》。

方象瑛（1688年前后在世）　字渭仁，号霞庄，遂安四隅人，方逢年之孙。天资颖异，九岁能诗，十三岁作《远山净赋》，时人为之惊异。清康熙六年（1667）举进士。康熙十二年（1673）与堂兄方象璜等完成《遂安县志》编纂并作序。康熙十六年（1677）授内阁中书，康熙十七年（1678）任顺天乡试同考官。康熙十八年（1679）考取"博学鸿词科"二等，授翰林编修，参与修《明史》。官至侍讲，因病告归。象瑛自号"金门大隐"，与邑人毛际可等友善，常切磋诗文。著有《健松斋集》二十四卷、《封长白山记》一卷、《松窗笔乘》三十卷。其名载入《中国文学家大辞典》《中国人名大辞典》；作品收入《四库全书》。

毛升芳（1690年前后在世）　字允大，号乳雪、质庵，遂安十一都人。才思敏异，五岁时见王子安（王勃）《滕王阁序》、元微之《连昌宫词》，便朗朗成诵，音韵铿然。凡观书一目数行，为文顷刻数千言，性尤喜宏丽之句。其塾师督举子业甚严，乃乘暇窃取诗古文默识之。清康熙十七年（1678）由拔贡举博学鸿词试，入高等。官翰林，与修《明史》。以"名义至重，鬼神难欺"二语自禀。分纂二十余传，严谨不苟。家故多藏书，皆历代经丹墨批点、标其要领者。人叩之立应，原委详明，旁通曲畅，竟日莫能穷诘，时称"博物君子"。著有《古获斋骈体竹枝词》行世。其余时艺、散文、近古赋体极夥,俱有稿。事迹载入《中国人名大辞典》。

方棻如(1706年前后在世) 字若远,淳安赋溪人,方士颖长子。书无时离手,僻耽佳句。蜀阜徐氏有石琴,属咏者如牛腰束,独棻如四韵擅一场,其诗有云:"响寂涵真意,名孤耐后知。翻嫌陶令蓄,斧凿未全离。"遂安方渭仁太史叹其"寄托深远,学杜而得其骨也!"填词豪荡、激越,有苏辛之一体云。尤工书法,手抄《史记》《杜诗》《韩文》成数十卷,并及唐归金陈诸先辈时文笔语,即宗师之。不幸短命,二十九岁卒。著有《缘情诗略》。其名入《中国文学家大辞典》。

梁 炳(1711年前后在世) 字豹文,淳安人。性颖悟,博通经史。弱冠补弟子员,受业于方朴山,朴山器之。时梁文庄公亦游其门,文名与之颉颃。困于棘闱,遂弃举子业,习书画,耽吟咏。年三十丧偶,不再娶,恣情山水,燕、赵、关、陕、滇、蜀、黔、广游历殆遍。遇异人,授以岐黄秘术,治病有奇效,求医者接踵,不受馈。及老,以所经山川胜境图于壁,题咏其上,仿宗少文卧游以自娱。著有《桐荫草堂诗集》十卷。其事迹载入《中国美术家人名辞典》《两浙輶轩续录·画家知希录》等。

方楘如(1713年前后在世) 字若文,一字文辀,号朴山,淳安赋溪人。少受业于毛奇龄,笃信好学,博览群书,以文章名天下。清康熙四十五年(1706)考中进士,选授顺天丰润知县,历官三年,终以"烧锅失察"(征收酒税不力)去官。此后,家居力学,清严律己,教书自给。曾在敷文、戢(jí鸡)山、紫阳书院讲学,其教必以正心术、端品行为本,门下多高足,如梁文庄、陈兆仑等。讲学之余,曾与秀水朱彝尊和桐城方苞等商榷文史及砥节砺行、修身体道之事。乾隆二年(1737),以经学被推举,钦召纂修三礼,坚辞不就。自是闭户著书,深究经学,潜心理学。擅长古文,为文朴茂古奥,事例能阐发性道,有济世之教。时人称其为"朴山先生"。与方舟、方苞并称"三方"。著有《集虚斋学古文》十二卷、《四书口义》《离骚经解》《朴山存稿》《朴山续稿》《家塾晚课》等。其名载入《中国文学家大辞典》《中国人名大辞典》;作品《离骚经解》一卷、《集虚斋学古文》十二卷收入《四库全书》。

方菜如(1717年前后在世) 字药房,号荔帷,清淳安赋溪人,方士颖季子。康熙时期县学生员。善写诗,授徒课子,诲人不倦。所著有《古赋》《周易通义》《自咏诗》《性礼本义》《仪礼句读》《经书通解》《诗经类对》《赋古赋》《自咏诗》《下学斋杂著》等。其名载入《中国人名大辞典》;作品《尚书通义》十四卷,《毛诗通义》十四卷,《周易通义》十四卷入《四库全书》。

方　庶(1740年前后在世) 字以蕃,号砚樵,清遂安十六都人。谨饬端方,高隐不求仕进。性嗜学,善诗画,每执笔吟咏,寝食俱忘。著有《砚樵前集》《砚樵后集》。事迹载入《中国美术家人名辞典》《清朝书画家笔录》。

毛绍兰（公元1780年前后在世）　字佩芳，一字溥堂，号云樵，遂安狮城西涧人。清乾隆丁酉(1777)拔贡，候选直隶州判。博通经史，能诗，善摹印，一以秦汉为法，颇自矜贵。事迹载《中国美术家人名辞典》《广印人传》。

徐一麟（生卒年不详）　号小痴，淳安人。廪生。善画。其名入《中国美术家人名辞典》《两浙輶轩续录》。

汪　汉（1795年前后在世）　字文石，清淳城西隅人。为人倜傥，敦大节。念男子当有四方之志，出钓台，上山阴道，探禹穴，浮江淮，北行过齐、鲁、海、岱，纵览京师都邑之盛；历彭蠡、涉潇湘，望白盐赤甲，知妙处原在烟雨中。他如峨眉月，华峰霜，一以锦囊收之集中。所著《巫山谣》《滟滪行篇》，皆其所即目者也。又以余事工画。昔人称右丞"诗中有画，画中复有诗"，汉殆于兼之矣。其画《九歌图》长卷，现藏于浙江省博物馆，为国家一级文物；诗集《历览吟》《率性草》二册藏于家。其名载入《中国美术家人名辞典》《清画家诗史》。

徐生翁（1875～1964）　无字无别号，元月初一日生于绍兴檀渎村。原籍淳安。祖来同务农，父润生商店文牍。父生后，因祖母生病寄养外家李姓。太平天国时，祖父母相继卒，外家人亦俱卒，父失倚靠，从兵间辗转到绍兴。故徐生翁早年姓李，名李徐、李生翁，晚年复姓徐，仍名生翁。

幼家贫,缺纸笔,又乏师指导,日以废纸旧簿本习书。10岁始入私塾求读,未一年辍学。

辍学后致力习字,酷暑严寒,未曾间断,廿岁左右已写出一手好颜字。又勤奋习画,山水、人物、花卉无不从工笔入手,后从邻居周星诒学,由颜字脱胎转向汉隶和六朝碑版,并涉及诗文和书论知识。

徐生翁是我国近代一位异军突起、风格独特的艺术家,在诗、书、画、印诸方面都卓有成就,而其书法尤出类拔萃,独具匠心,享有很高的声誉。有清以来,碑派书家相继而出,书风为之一变,如邓石如、伊秉绶、何绍基、沈曾植及李瑞清等。然而,在一扫清初恶尚之余,也呈矫枉过正之弊。生翁则能于碑学另辟蹊径,探溯本源,传承创新兼具。作为一代书家,他的艺术实践为现代书学开了一条新路。

徐生翁以隶书为根底,兼工四体。自谓习隶二十年,以隶意作真又十余年。他吸收汉碑之长,取资特别广泛,尤擅《石门铭》及《史晨》等碑。且用笔多取西汉简牍,篆意很深。故其隶书写来极空灵,又极舒展,初看似觉平淡,实则平中显奇,气韵不凡。徐生翁行楷取法北魏和六朝墓志造像,力厚骨劲,气苍韵永,潇洒飘逸,静穆可观。与通常碑学书家那种粗犷习气是分道扬镳的。徐生翁行草亦有其特色。他的行草有篆书笔意,集分隶之变,笔处处转,又处处留,时方时圆,具体而微,变幻莫测,空灵飘逸中又显迟涩,古朴,使两种不同的感受得到和谐统一。他的篆书出入周秦籀篆,用笔以隶书的方法作篆,提起按倒,富于变化,丰富了篆书的用笔。结体呈扁方而圆转,古拙而有奇趣。

书法崇尚自然,自云:"天地万物,无一非书画粉本。"他又精绘画,擅篆刻,工诗文,故为其书法开辟了新的境界。晚岁书作往往不受书家法则所限,画用书写,字作画看,天地氤氲,山川灵秀等感受都汇集腕下。凭着画家的灵气,激情作书,往往显示出其特有的光彩及魅力。从现存书作看,其书法演变的脉络是比较清晰的。他的书法风格可分为三个阶段。早年是打基础时期,取法以秦汉为主,旁及北魏、六朝,这个基础体现于以后各个阶段。至以"李徐"署名者,则是博采众长,广泛吸收营养之时,但也有主有次,仍以秦汉为重点,而融合汉简、吉金及六朝墓志造像中雄伟开张一路书风。中年以"李生翁"署名者,则是陶冶百家,消化吸收的阶段,虽面貌众多,但都雄劲开张,务追险绝。字画风棱,气势夺人,以冀融会贯通开创自己的面目。晚年徐生翁的书风,则戢锐于内,振华于外,由纵而敛,能纵能敛,由力气十足向天机真率,雍容大雅发展。书体渐趋于单一和稳定,用笔结构都显得炉火纯青,并构成了独自的风格。

徐生翁在书法上的成功,是由三大要素组成的。首先,是他对书法艺术传统有精湛的领悟,同时又有深厚的功力;其次,是徐生翁的胆识与艺术独创性。我行我素,师古不泥古,敢于创新,正如他的性格一样,在艺术上同样是嵚崎耿介;还有重要的一条,就是他广博的学识与多方面的素养。

徐生翁的画一如其书,极重气韵,亦极讲究布局、章法,非常得势。他画松针、梅枝如作篆、隶,凝重刚健;画荷、菊一如大草,奔腾飞舞,处处渗透着金石、书法的功力。如果把他的绘画和书法对照起来看,就更能看出它们之间的内在联系。他的书和画相融相通,书中有画,画中有书，就是他的特征。他中晚期画法一变，陆维钊曾评曰："徐生翁先生书画可以简、质、凝、稚四字概之，而画似更胜，惜余所见皆为小幅。"而早年五尺大幅《双柏灵芝图》，统幅以篆籀之笔作画，金石之气跃然纸上。黄宾虹老人论徐生翁画："以书法入画，其晚年所作，萧疏淡远，虽寥寥几笔，而气韵生动，乃八大山人、徐青藤、倪迂一派风格。"20世纪20年代出版的《中国现代金石书画家小传》第一集，评述徐生翁："大江南北，佥称先生所作古木，幽花，自成馨逸，金石书画，横极千秋，前无古人，后无来者。"他作于1924年的《水仙扇面》也是早期的力作。是帧构图奇特，笔墨豪放，数丛水仙玉立于一泓碧波之中，由近及远，无有际涯，五六朵花蕊，掩映叶丛之中，似可闻阵阵芳香。画家如此落笔，胆识之奇，令人叫绝。《越绝书》谓子胥为水仙，《拾遗记》说屈原为水仙，两人皆死于水。徐生翁作画，想寓意其中。他晚年作画，多以梅，荷为主题，作于八十二岁的《红梅图》，两枝梅干犹如铁铸，数点梅蕊，却孕育无限生机。晚年作画以简致胜，是幅简而又简。他常云："画不可俗，俗便有作家气，小儿作画，常得其天，天顺性也。"徐生翁挚友海宁沈红茶有云："余尤爱其作画，笔笔顿挫，笔笔转折，似稚子执笔，不为画而画者也。"徐生翁说："我的书画，要避免取巧，要笔少意足，又要出诸自然。所以有时作一帧画，写一幅字，要换上多少纸，若冶金之一铸而就者则极罕。因此，我的书画不能多作，人讥笨伯，我也首肯。"

除了书画，徐生翁的诗文也深具造诣。

据他自述，他从周星诒游，开始涉及诗古文字和书论知识。从此在书法、文学修养上迈开了转捩之步。他后来在诗古文学上的成就，除了受周星诒的影响外，还赖于他自己勤奋好学和悟性得来。他的诗和他的书画一样，直写心灵，富有韵味。如越中学者陈中岳(篔若)所著《南归志》中对徐生翁的诗有很高评价："生翁曩有咏汉高祖一绝句曰：'百战经营帝业成，崦嵫景迫畏途生。谁知身后家庭祸，转比功臣跋扈横。'立论能扼其要，此寸铁杀人手也。"又说："先生性狷介，不妄与人交，却和余为忘年交。"还评徐生翁为章天觉题《翟琴峰山水画卷》诗曰："'野风发发水沄沄，江上人家冷夕曛。如此波光不荡桨，朝朝闲煞白鸥群。'风神在渔洋，竹诧之间。"终先生一生，杜门简出，只有在1920年他四十六岁时，应族人之邀，回原籍淳安。途经富春江时作《富春江行》一首："逆水行舟听楫师，朝朝那有顺风吹。溟濛细雨富春路，贪看桃花不厌迟。"又吟：《无题》"客梦闻螺醒，舟行二月天。绿深朝雨滴，红断晚霞然。烟岭大痴画，歌声六姓船。凭舱闲眺远，沧滉水连连。"两诗着笔不多，却勾画出一幅春意绵绵的富春江画图，达到了诗中有画，画中有诗的高超境界。又有《夕照》七绝："轻寒挹袖雨余风，独立湖堤夕照中。仿佛宋人团扇画，水天如醉柳花红。"徐生翁虽作诗不多，留存下来的更少。然所作风格清新，有宋诗韵味。

徐生翁的篆刻同样是敢于创新，戛戛独造。他不拘泥于用缪篆治印，而以碑额、小篆入印，使印文的书写性更强。他的篆刻以简质胜，朴茂沉雄，风神流转，不以仿效斑驳蚀缺、颓然古趣为能事。书画所钤之印，皆出于自家手镌。早年，一代篆刻大家吴昌硕先生曾为生翁治印，然由于两者的风格不协调故未采用。先生早年刻印，能得汉印挺拔、朴厚的趣味，而又能潇洒飘逸，以十分经意入手，复以十分随意出之。晚年所刻章,刀法简括,浑穆劲健。先生的书画,再加上他治的印章,遂成一件谐美的艺术佳品。邓散木先生在《徐生翁》一文中曾说:"单刀正锋,任意刻划,朴野可爱。跟齐白石异曲同工。"

徐生翁在新中国成立前,一直以鬻书画为生,虽生活清寒,却不失耿介之性,昔北洋军阀河南督军赵倜,出重金要先生去做他的代笔,被先生严词拒绝。他为人敦厚正直,从不趋炎附势,尤其是在抗日战争期间,绍兴沦陷,爱子被日寇杀害。国仇家恨,令老人悲愤不已,因徐生翁一家人口众多,无力远避,乃去附廓小云栖寺暂寄。仅靠糊火柴盒、种些园菜苦苦度日,敌寇、汉奸迫其写字作画,他默然以对,后汉奸楼某出巨资索字画,他凛然拒绝。有人以一家嗷嗷待哺相劝,徐生翁说:"我不要这种造孽钱。"铮铮之言,掷地有声。与此同时,他曾作荷轴,寄赠远在浙西后方的挚友沈红茶。画上题"不染"以明志。明末的乡贤王思任曾说过:"夫越乃报仇雪耻之乡,非藏垢纳污之地。"鲁迅先生也说:"身为越人,未忘斯义。"高风亮节一脉相传,蠡城有光。

"三百年来一枝笔,青藤今日有传灯",20世纪20年代绍兴著名词人王恕常(素臧)对徐生翁的评价,是十分精当的。

新中国成立后,徐生翁为浙江省文史馆首批馆员。

1964年1月,徐生翁在临终前数日仍在闭门整理旧作,将不惬意者焚化。在老人心中,唯一的冀求是将最完美的艺术品留给社会和人民。

邵瑞彭(1887～1937)　一名寿篯,字次公,富文乡查林村人。幼聪慧,5岁读经,7岁能诗,15岁中秀才,16岁补廪生。父邵秀亭咸丰八年

(1858年)岁贡生,曾任瑞安县教谕。1908年,邵瑞彭就读于慈溪浙江省立优级师范,目睹清廷腐败无能,丧权辱国,毅然从事资产阶级民主革命,先后加入光复会、同盟会,任同盟会浙江支部秘书。1909年11月,柳亚子等创南社于苏州,他闻讯加入,并积极参与光复浙江的军事行动。

1912年12月,国会成立,邵瑞彭被浙江选区推选为国会众议员,出席国会非常会议。1915年袁世凯阴谋称帝,瑞彭拒不同流,忧郁返里,寓居遂安岳家,任台鼎小学教员。1916年6月,黎元洪继任大总统,又召开国会,应请再度北上,寄希望于黎氏,但府院争权,导致张勋复辟。1921年4月,孙中山号召国会议员到广州商议国事,瑞彭和其他一批国会议员一起南下,5月5日出席国会非常会议,选举孙中山为非常大总统。但桂滇军阀横行,肆意诋毁孙中山,瑞彭忧虑憔悴,痛感回天无力,遂北还作客京津。旋应北京大学聘请担任教授。又应清史馆赵尔巽之请,协修《清史稿·儒林文苑传》,间或为北京、天津诸报写稿。

1923年,直鲁豫巡阅使曹锟谋任总统,密遣内务总长高凌霨出面收买国会议员,或给以顾问,或奉为咨议,月给"津贴"200元。10月1日,设在北京甘石桥的总统选举筹备处,向在京议员分赠支票一张,面额5000元,规定总统选出三日后即行兑现。邵瑞彭对曹锟贿赂议员之恶行十分愤慨,表面上与已出卖灵魂的议长吴景濂相周旋,取得行贿证据的支票,暗中却作脱身准备。当日深夜,化装乘火车至天津。10月3日,致函京师地方检察厅,控告高凌霨、吴景濂等人为曹锟谋任总统向议员行贿的罪行。同日,通电全国说明得到一张5000元支票之由来,并将支票制版向各报发布。于是曹锟贿选总统丑闻大白于天下。10月5日,曹锟粉墨登场,遭到举国上下的一致声讨。10月8日,瑞彭在天津再次致函京师地方检察厅,重申依法起诉之严正立场,"决不申请撤销"。同月中旬,辗转返里,途经上海、杭州,留沪议员及浙江当局分别集会欢迎。抵达严州(梅城)、淳安时,淳遂旅严同乡会、石峡师范讲习所和雉山小学学生,分别举行欢迎大会。会场均贴有"揭发五千贿选,先生万里归来"的大红标语。会上,邵瑞彭发表演说,怒斥曹锟贿选罪行。

1924年11月,曹锟下台,段祺瑞临时执政,组织参政院,计划召开善后会议,聘邵瑞彭为善后会议议员和参政院参政。瑞彭再度北上,出席善后会议。会议议而难决,决而难行,瑞彭对从政失却信心。旋奉命至奉天,与奉系军阀张作霖、杨宇霆等谈判。在沈阳、大连滞留数月,未取得任何结果,更增弃政从文决心。当局拟任命为教育总长,瑞彭谦辞不就。后应聘担任北京大学、民国大学教授,和洪汝闿、吴承仕、高步瀛等十八人建思辨社,商榷朴学。1931年应河南大学聘请,担任国文系主任,寓居开封,清贫自守。授课之余,潜心治学。工词章,尤精通古历算学,卓有成就。学界评为"发有清一代诸人未发之秘"。1937年12月2日在开封病逝。著作已刊者有《泰誓决疑》、词作《扬荷集》四卷、《山禽余响》一卷,未及编校成册约70余种,藏浙江省图书馆。

方樟顺(1897~1968) 绰号"的麻子",原淳安茶园项宅村人。淳安三脚戏(睦剧)演员。家贫寒,文盲。少年时入当地业余三脚戏竹马班学艺,曾入业余婺剧清唱班。20世纪30年代三脚戏鼎盛时期,已是淳安颇有名气的小丑角色。因他脸有小麻点,说话口吃,开口就"的介的介"

（茶园方言），人皆称"的麻子"，外号成了艺名。当时淳安东乡有四个三脚戏名丑，都是麻子，即祥财麻子、树喜麻子、正堂麻子和的麻子。樟顺为四麻子名丑之冠。他有天赋的好嗓，唱腔高亢醇厚，又苦练成一种特殊的扁音，发音尖脆响亮，屡唱不哑，人称"铁喉"。擅长小丑，其他角色门门俱全，还精通锣鼓，熟悉曲调。《戒洋烟》和《杨戬打刀》是他的拿手好戏。

在旧社会，方樟顺靠演戏度日，在三脚班衰落后，贫困潦倒，落泊求乞，饱受冷落。

1950年，方樟顺应邀参加淳安三脚戏艺人讲习班和民办淳安青溪睦剧团，后留在淳安睦剧实验剧团任教师。方樟顺对培养睦剧新一代百教不厌，对挖掘整理传统剧目也有较大贡献。1953年，方樟顺参加浙江省剧种展演《三矮子牧牛》《南山种麦》等十几个传统剧目，引起文艺界对睦剧的瞩目。1954年，方樟顺口述并参加整理的睦剧传统小戏《牧牛》，获浙江省第一届戏曲观摩演出剧目奖和演员奖，方樟顺获老艺人奖。在整理睦剧传统曲调中，方樟顺热心传艺，留下许多唱腔记录和录音。因他对睦剧卓有贡献，被选为淳安县人民代表。

20世纪60年代初移民江西。

方海春（1912～1970）　别名欧阳凡海，遂安八都（上坊）人。早期从事革命文艺活动，是左翼作家联盟的重要成员，马克思主义文艺理论家，对研究鲁迅、中日文化交流起过重要作用。

方海春早年在遂安小学、严州中学读书，1929年去上海，先在沈钧儒主办的上海法学院附中就读,后入本部学习。在校与共产党的外围组织"社联"交往甚密,1931年加入"社联",次年转入上海新华艺专,加入"美联"。1933年东渡日本,进东京明治大学政治经济系深造。与东京进步留学生一起组织出版进步刊物《东流》,并担任在东京的"左联"书记兼文总组织部长。开始用"欧阳凡海"笔名发表小说和评论。1935年底回国,在上海继续从事革命文艺活动,翻译马列主义文艺理论,在《东方文艺》等刊物上发表作品。1936年加入中国共产党,任上海全国文艺家协会秘书。1937年冬到延安,任边区政府秘书。1938年由党组织派遣,到武汉、桂林等地从事抗日救亡工作。1939~1941年,在广西地方建设干部学校任指导员兼经济学教员,主编《干部生活》和《救亡日报》副刊。同时还担任在华日本人反战同盟桂林分会秘书兼顾问室代主任,翻译出版日本进步作家鹿地亘的剧本《三兄弟》。其间,还写作并发表剧本《抗战第一阶段》、小说《没有鼻子的金菩萨》,出版研究专著《鲁迅的书》、杂文集《长年短辑》和译著《马恩科学的文学论》。1941年到重庆任《新华日报》编辑兼《群众》杂志编委,撰写评论,辑为《文艺评论》一集。1943年参加延安整风和大生产运动,任鲁迅艺术学院文学研究室主任,讲授新文艺运动史。抗战胜利后,到张家口华北联大任教,并主编晋察冀边区青联机关刊物《时代青年》。随后,参加广灵、阜平、束鹿等县土改工作。1948年,到河北正定任华北大学教授。新中国成立后,参加全国第一次文代会,并整理出版长篇小说《无辜者》。1957年任中央戏剧学院教授,从事文学遗产的整理、研究工作。

方海春虽然较早离开遂安老家,但对故土仍怀有乡思之情,《竹叶刀记略》《好调伯》等小说中的人物和环境都取材于遂安家乡农村,连后期写的代表作《无辜者》中的语言,也多有遂安方言。方海春热爱家乡,关心乡梓建设。新中国成立初期,他写信给上坊乡政府,将私房(约500平方米)无偿赠送给家乡人民。

项德言(1902~1987)　字润生,原清平乡项宅村人,大学文化。1925年"五卅"运动时,在家乡募捐援助惨案遇难工人。1927年参加北伐军,任书记官。后去天津任《民国日报》主编。1928年起在国民党中央宣传部工作,历任中宣部文艺科总干事、指导科总干事、科长、专员等职。1934年5月,任中央图书杂志审查委员会委员兼秘书长。1935年5月项德言批准《新生》周刊发表杂文《闲话皇帝》,文中涉及日本天皇,日本驻沪总领事竟以"侮辱天皇,妨害邦交"为由,向国民党政府提出严重抗议。国民政府即以"失责"为名撤销项德言职务,并查封《新生》周刊。1937年,被任命为中央前线宣传视察团秘书。1938年,在重庆任国民党中宣部宣传委员。同年在中央训练团党政高级班第一期毕业。1939年调任贵州国民党省党部执行委员兼军委会新闻局贵阳新闻处少将主任。1942年,调任国民党西南公路特别党部执行委员兼书记长。1946年调任云南省国民党党部执行委员兼书记长,因不满蒋介石发动内战未赴任,携家眷由贵阳回南京,直至新中国成立。1958年起在南京中央门职业中学任教,后因病退职。主要著作有:短篇小说集《三百八十个》、长篇小说《绣球》等。1986年还撰写纪念文章《我对孙中山先生奉安大典的回忆》。

王昌杰（1910～1993） 字子豪，浪川乡芹川村人。1930年毕业于杭州国立艺术院（中国美术学院前身），后赴青岛市政府工部局任秘书，从事建筑美术设计。抗战期间，曾任军委会安徽歙县雄村特训班少校参议。抗战胜利后在南京国防部二厅工作。1949年4月去台湾。1950年脱离军界，先后任教于台湾省立师范大学艺术系和中国文化学院。1964年应美国旧金山州立金山大学之邀，在该校举行个人画展，旋受聘于该校，担任教授达十余年，传授东方艺术，促进中西文化交流，特别是在美国米尔斯大学举办个人画展后，受到各界赞赏。数十年来，美国、加拿大及拉丁美洲诸国都有专室陈列王昌杰作品。1985年6月在台湾省台北市举行原遂安籍画家作品展览时，曾推为佳作首位。1988年7月，应中国美术学院之邀，归国参加60周年校庆活动，并回淳安游览千岛湖。后定居美国三藩市。

王召里（1928～2008） 笔名华阳生、邵野，安徽省绩溪县人。1942年5月在淳安老城吴永隆商号当学徒。1951年10月参加工作，在中国人民银行淳安支行任文书、计划综合股股长；1956年8月调淳安日报社任记者；1958年8月至1959年5月在县委钢铁办公室任技术员；1959年6月至1960年12月又回淳安日报社任记者、编辑；1961年1月始在县文馆任创作干部、辅导组长。职称副研究馆员。1988年10月退休。

王召里刻苦自学，精通各项群文业务，具有很强的辅导和指导能力，为淳安的文化艺术事业作出突出贡献。曾任中国民间文艺家协会会员、中国民俗学会会员、淳安县文联常委、县民间文艺协会主席等职。

王召里一生勤奋,著述丰富。经他搜集、整理并出版的著作有多部。《海瑞传奇》获全国第二届民间文学作品评比三等奖和杭州市政府文艺奖二等奖;《巧换金罗汉》获杭州市政府文艺奖二等奖;由其主编的民间文学《三集成.淳安县卷》获浙江省文化厅、省文联颁发的一等奖,文化部、国家民委、全国艺术学科规划领导小组授予的纪念奖。除此之外,还出版了《方腊民间故事》《千岛湖风物传说》《王召里书法集》;整理油印《淳安民间笑话》《淳安俗语选》《淳安民间谚语》等作品。还在《中国民间文化》杂志发表《山越遗裔信仰习俗及服饰》《从八都麻绣看山越人的习俗遗风》等理论文章,并获二、三等奖。

洪 波(1929~2010) 姜家镇龙源村人。1949年8月参加中国人民解放军。1951年3月加入中国共产党。先后立三等功4次。1955年8月考入华东师范大学中国语言文学系,1959年7月分配在上海师范大学中文系任教,1975年2月调杭州大学任哲学系中国哲学史教研室主任。先后参加《辞海》《汉语大辞典》《中国历史大辞典》《哲学大辞典》和《古汉语大辞典》《孔子大辞典》《文献学辞典》《古文鉴赏大辞典》等十多部辞书及《中国书院史》《中国学术名著提要》《中国一百个哲学家》《大学生必读名著导读》《黄宗羲文选注》等重要著作的编写。发表《朱熹在瀛山书院讲学及其轶文墨宝考》《中国哲学史、思想史史料学刍议》《马克思恩格斯与辞书编纂》和《王廷阳哲学思想述评》等学术论文,是浙江大学离休干部、教授,中国哲学史学会浙江分会理事,武夷山朱熹研究中心理事,国际兰亭学院客座教授。

人物简介

蒋子安　1928年出生，原横沿乡蒋家村人。新中国成立前外出当兵，任蒋介石卫士。1963年从台湾军方退役，从事广播电视文艺事业。台湾《昨夜星辰》《星星知我心》等电视剧由其担任节目制作人、编剧或编审。著有《战国风云》(电视剧)、《长白山上》(电视剧)。

郑成义　1928年7月出生，原屏峰乡郑家埠人。中共党员。1949年浙江省杭州高级工业职业学校毕业，进上海达丰印染厂工作。1955年、1956年连续被评为上海市工业劳动模范。1956年创作出版《上海组诗》，被推荐出席全国青年文学创作会议。1959年加入中国作家协会，任作协上海分会理事。1966年调作家协会上海分会《萌芽》编辑部任诗歌编辑。1979年出席全国第四次文代会。后任萌芽杂志社编委、丛书编辑室主任。主要诗集有《上海组诗》《烟囱下的短歌》《湖岛》《河山春色》《鼓点集》《外滩的贝壳》《万弦琴》《千岛湖梦帆》等。

吴贤淳　1928年出生，原遂安县岩村乡吴家村人。自幼酷爱书画。20世纪50年代初入杭州国立艺专(中国美术学院前身)学习，得徐悲鸿、吴作人、张仃、田世光诸名家亲炙。其后，一直主攻花鸟，崇尚书画同源，工笔与写意并重。有50多件作品入选省级及全国展并获奖；先后应邀在北京、杭州、西安、深圳、福州、哈尔滨以及俄罗斯等地举办个展或联展。曾主持北京人民大会堂陕西厅的美术设计。先后出版《图案艺术》《最新装饰美术字》《吴贤淳花卉集·牡丹》《吴贤淳花卉集·月季》《吴贤淳花鸟画集》等著作。为中国美术家协会会员,中国书画函授大学教授,西安于右任书法学会常务理事,高级美术设计师。其生平事迹被收入1978年版《中国美术家人名录》。

余西祥 1929年1月出生,原淳安妥桥乡郑家坊人。1949年5月入伍中国人民解放军35师,同年10月进军大西南剿匪。1951年2月加入中国共产党。同年3月加入中国人民志愿军入朝作战,立三等功一次。1954年5月回国,历任35师司令部作战参谋、104团司令部作训股长、12军司令部作训参谋、南京军区司令部军训部参谋、科长、副部长(师职)。1984年8月退休后悉心钻研中国山水画和篆刻,作品入选省、军区、全军、全国及国际性展览百余次,获国际银奖一次。为江苏省美术家协会会员,2003年11月在南京举办个人山水画展览,并任江苏省老年书画研究会秘书长、副会长。出版著作《郭兴福教学方法》《步兵班进攻》《步兵排进攻》《鏖战东南山》《余西祥山水画选集》等。

方满棠 1931年出生,原淳安南赋乡人。1961年南开大学汉语言文学系毕业,任教23年。从1984年起致力于徽州学研究会筹建和研究工作,主编《徽学》《徽学通讯》《徽州文化大词典》。曾任黄山市徽州学研究会秘书长、黄山市政协常委、《徽州文化大词典》编委会主任、主编等职。先后撰著《徽州学研究纲目》《徽州时代札记》《徽商起源札记》《徽州教育纪》《徽州纪年》《徽州书目汇编》等。参与编写《中国学术通览》一书中的《徽州学》《戴学》和《中国文学史》现代文学史部分。所编《徽学通讯》被美国普林斯顿大学葛思德东方图书馆列为藏书。事迹被编入《科学中国人·中国专家人才库》第二部和《中华百年·人物篇》。

邵华泽 1933年6月出生，淳安县威坪镇邵宅村人。1950年12月参加中国人民解放军，1957年加入中国共产党。1960年中国人民大学哲学系研究生毕业，任第二军医大学理论教员。1964年后从事新闻工作，历任解放军报社编辑、时事政事宣传处副处长、理论处副处长。1981年任解放军报社副社长、1985年任解放军总政治部宣传部部长，1989年6月任人民日报社社长兼总编辑，2000年6月任中华全国新闻工作者协会主席和中国社会科学院研究生院大众传播学博士生导师等职。曾被选为第四届全国人民代表大会代表，中共十三大、十四大、十五大代表。1988年10月被授予少将军衔，1994年晋升为中将。1992年、1997年被选为中国共产党第十四届和第十五届中央委员，2001年3月和2003年3月分别当选全国政协第九届、第十届常委。著有论文集《生活与哲学》《历史转变中的思索》《思想方法和理论思考》。主要专著有《新闻评论写作漫谈》《新闻评论概要》《同研究生谈新闻评论》《邵华泽书法选》《邵华泽书法集》等。

吴枝培 1934年4月出生，原淳城镇县前街人。1950年2月参加工作。1957年毕业于南京大学中文系本科,分配在南京医科大学工作。1958年考取南京大学中文系博士研究生,1962年毕业并留校任教,任文艺理论古代文学教研室主任,并任南京大学教授、博士生导师,长期从事中国古典文学及文艺理论研究工作,主持编写《马恩列斯文艺论著选读》《中国文学史话》等著作,出版专著《中国文论要略》《大学语文》等。事迹收入《中国专家名人大辞典》《中国当代艺术名人录》等。

方孔木 1934年出生,淳安县金峰乡朴树坞村人。1956年浙江师范学院政治专科毕业,同年8月加入中国共产党,9月入中国人民大学党史研究班学习,毕业后分配在中国革命博物馆工作。历任博物馆陈列部主任、馆党委委员,中国现代史学会常务理事、秘书长,北京市博物馆学会常务理事,国家文物局高级职称评审委员会委员等职。1987年晋升为研究员。主编《纪念毛泽东》画册;还为《关于建国以来党的若干历史问题的决议》作注释,为《中国共产党主要事件简介》撰稿;担任《中华人民共和国风云实录》《中华人民共和国50年图集》《中国共产党70年图集》等大型图书的副主编、主编。享受国务院政府特殊津贴。

胡则周 1934年出生,字会文,别号浣尘斋主,浙江淳安人。建德师范毕业,一直从事教育工作,喜画梅。退休后担任淳安老年大学国画班教师,兼任淳安县老干部诗词协会副会长和《千岛湖情韵》副主编。系浙江省诗词与楹联学会、杭州市老干部诗词协会、江南诗词学会会员,以及东方文艺社与中国艺术研究院创研员,书画世协理事等。国画作品《凌霜》获1992年文化部批准中国东方文化研究会举办的"国际中国画展赛"三等奖；1993年国画《寒香图》获中国教育工会主办的"首届全国教育工作者书画摄影作品展"二等奖；1995年国画《眼看世界转繁华》获书画世协举办的"第三届国际书画作品展"和首都博物馆主办的"建国45周年海内外书画国际展"银奖；1999年国画《虬曲自有凌云志》获中国国际出版社和书画世协联办的"第五届国际书画艺术作品展"及杭州市老干部局举办的"建国50周年老干部书画展"金奖；2001年国画《赖君雪色照乾坤》获中国美术报社举办的"情满夕阳·全国老年大学师生书画大展"及书画世协在巴黎举办的"第五届国际书画艺术作品展"金奖。著有诗词集《浣尘斋吟稿》。

宋晓嵇 1934年11月出生，原淳城镇星桥上人。1952年考入中央民族学院东语系，1954年受中央民委派遣，任西藏代表团班禅和达赖翻译。1957年7月入藏在拉萨中学任教。1959年3月接管大昭寺，并参加尼木县民主改革，与藏族著名诗人江洛金·索朗杰布校审《藏汉大字典》。1964年调那曲地区行署办公室编译科工作。1982年调西藏自治区社科院宗教所工作并加入中国共产党。1985年调西藏大学执教，任民族宗教教研室主任，并晋升为教授。后被聘为西藏自治区教材编委会委员、《中国当代民间名人大辞典》特邀副主编、西藏民间美术学会顾问、《西藏文化大观》编写组成员、中国少数民族作家协会会员等。发表论文、译文50余篇，出版译著《勋努达美》(藏译汉)，《释迦牟尼故事》(汉译藏)，藏族民间著名长篇说唱小说——格萨尔王传中的一部《向岭之战》(藏译汉);撰著《西藏宗教简史》《民族理论和民族问题》《西藏寓言故事》等。还为西藏《戏曲志书》的历史藏剧《苏吉尼玛》《汤东杰布》剧本译汉文。在西藏工作期间,曾获西藏自治区人民政府授予的"为和平解放西藏,建设西藏,巩固边防做出贡献"荣誉证书,并享受国务院政府特殊津贴。

王衢生　1938年出生,浙江淳安人。1958年安徽师范学院艺术系美术专业毕业,先后任宿县师范教师、《拂晓报》编辑、彭城大学(现徐州工程学院)美术系基础教研室主任。为中国版画家协会会员、中国美术家协会安徽和江苏省分会会员。其版画、国画作品曾入选闽、赣、皖三省、华东六省一市及全国美展,并选送法国展览。

吴　光　1944年出生,又名吴绵彩,原淳安县狮峰乡普慈村人。1968年、1981年分别于中国人民大学历史档案系、历史系研究生毕业,分配在中共浙江省委党校工作。1984年起任浙江省社科院哲学研究所副所长、所长。1986年晋升为副研究员,1992年晋升为研究员。出版学术专著7部、个人论文集2册;主编《黄宗羲全集》12册,《王阳明全集》4册,《刘宗周全集》6册;发表学术论文200余篇。1988~1999年间先后应聘任新加坡东亚哲学研究所高级研究员、香港中文大学"明裕学人"访问教授,香港法住文化学院、道教学院访问教授,日本九州大学访问研究员,台湾中央研究院中国文哲研究所访问教授。

童禅福　1945年1月出生，原淳安县松崖乡松崖村人。1959年移民开化县青阳公社，后转迁江西省德兴县。1969年毕业于浙江农业大学。1972年分配到常山县广播站任记者。1984年调浙江电台驻杭州记者站任站长。1986年调浙江省广电厅总编室任副主任，1993年调中共浙江省委办公厅，历任调研写作处副处长、信息督查处处长、信息处处长，1997年任浙江省委、省政府信访局局长。1999年10月调任浙江省民政厅副厅长。多篇调研报告在《人民日报》《求是》杂志、中央政策研究室内刊及中组部《党建工作》等刊物发表并获奖。其间，还行走1万多千米，跨越3省8市22个县近200个村收集新安江水库移民的真人真事，写成《国家特别行动——新安江大移民，迟到50年的报告》的长篇报告文学，2009年1月由人民文学出版社出版，获浙江省第十届精神文明"五个一"工程奖。先后被评为浙江省劳动模范、国家广电部优秀记者、全国劳动模范，1990年获首届范长江新闻提名奖。2005年被浙江省人民政府聘为参事。

章金生　1946年出生，字砚寒，号和畅、不囿居士、怀安山人。祖籍遂安县龙泉乡竹园里村，生于昆明。幼随父去台湾。获美国纽约St. John's University大学艺术硕士学位，任教于台湾复兴大学美术系。1992年移民加拿大，现任加拿大中华美术拓展协会会长，北美华人经贸文化协会主席。作品曾在美国、德国、加拿大、日本、韩国以及中国台湾、上海（世博会加拿大馆）等地展览。1992年，作为旅美杰出华人在白宫受到美国总统老布什邀见。

余小沅 1946年11月出生,原遂安县安阳乡游畈村人。西北大学文艺理论硕士,曾任宁夏石嘴山市作家协会专职副主席,浙江省作家协会《江南》文学期刊小说编辑,浙江省政协《联谊报》副总编辑,中国作家协会会员,高级编辑,兼职教授,全国报纸副刊研究会理事,浙江省新闻工作者协会副刊工委副秘书长。创作和出版长篇小说《商鼎》《煤魂》《女杀手》《微笑的女郎》四部;理论专著《副刊学概论》;发表中短篇小说、散文、杂文等300余篇,以及《爱情银行》等英文翻译小说数篇。其中,《煤魂》获中国第三届"乌金"文学奖;论文《新时期报纸副刊刍论》获1997年全国副刊论文评选一等奖;散文《邓先生来了》获1998年中国新闻奖副刊金奖。

王次炤 1949年10月16日出生,祖籍浙江省淳安县浪川乡芹川村,出生于杭州。教授、博士生导师。1983年毕业于中央音乐学院并留校任教;1986年任音乐学系音乐美学教研室副主任;1992年任中央音乐学院副院长,主管教学、科研工作;1995年晋升教授;1998年任院长兼党委书记,主持学院党政工作。现任中央音乐学院院长、全国政协委员兼教科文卫体委员会委员、中国音乐家协会副主席兼理论委员会主任、《人民音乐》主编、全国高等学校艺术类专业教学指导委员会主任、全国艺术硕士教育指导委员会副主任、肖友梅音乐教育促进会会长、中国数字化音乐教育学会会长、中国音乐评论学会会长、北京音乐家协会副主席等职。

学术兼职:中国音乐美学学会副会长、中国学位及研究生教育学会理事、中国民族管弦乐学会常务理事等。

教授课程：《音乐美学基础》《音乐美学》《中国传统音乐与传统音乐思想》《音乐与各门艺术比较》《音乐与文学比较研究》等。

主要论文：《音乐的结构和功能》《价值论的音乐美学探讨》《论音乐传统的多层结构》《中国传统音乐文化中的人文精神》《论音乐与文学》等40余篇；发表音乐学其他各类文章及评论100余篇。

主要著作：主编《音乐美学》《音乐美学新论》《歌剧艺术的改革者》《含着眼泪的歌唱》；与他人合著：《音乐美学基础》《音乐家、文艺家、美学家论音乐与各门艺术之比较》《蒙特威尔第一牧歌》等。

所获荣誉：1991年获北京市哲学社会科学中青年优秀成果奖，1992年获北京市优秀教学成果一等奖，1993年获全国优秀教学成果国家级一等奖，1994年获文化部优秀专家称号，1995年获国务院颁发的有突出贡献专家政府特殊津贴，1996年获文化部第三届部属高等艺术学院优秀教材二等奖，1998年获全国普通高校人文社会科学优秀成果三等奖和国家有突出贡献中青年专家称号。

学术交流：1990年至1998年多次应邀赴日本及中国香港、中国台湾、中国澳门等地讲学和参加学术活动，赴奥地利维也纳国立音乐学院、萨尔斯堡音乐学院、格拉兹音乐学院，英国伦敦皇家音乐学院、苏格兰皇家音乐学院，法国巴黎国立高等音乐学院，日本东京艺术大学、京都艺术大学、大阪艺术大学、桐棚音乐大学、东京国立音乐大学，中国香港大学、中国香港中文大学、中国台湾大学、中国台湾师范大学等数十所音乐、艺术院校及综合大学音乐教育机构考察海外音乐教育。

方　立　1951年6月出生,又名田水,淳安县富文乡龙泉庄人。1969年参加解放军,1970年加入中国共产党。1980年9月中央党校科学社会主义专业班(大专)毕业,1983年9月至1985年7月在南京大学哲学系进修。1986年调总政治部宣传部,1990年转业到中共中央政策研究室工作。历任中央政策研究室信息局局长、政研局局长、国际局局长、中央政策研究室副主任。专著有《当代中国的命运和前途》《多极化世界格局中的中国社会主义》《古丝绸路上的当今对话》;主编与合著《共产党人前进的旗帜》《中国西部现代化发展研究》《辩证唯物主义历史唯物主义》《社会主义精神文明概论》《生产力与社会主义》《改革开放知识手册》《剧变中的东欧》等40余部,还参加党的十三大、十四大、十六大、十六届五中全会,参与2003年宪法修改、江泽民同志"七一"讲话辅导读本编写。

金健人　1951年9月出生,淳安县姜家镇人。1978年考入杭州大学中文专业,毕业后留校任教。先后任杭州大学中文系副主任、社科处处长、浙江大学中文系教授、博士生导师,兼任浙江大学韩国研究所副所长、浙江省写作学会会长、浙江省中韩经济文化交流研究会常务副会长等职。撰写出版《小说结构美学》《文学:作为语言艺术》《中韩海上交往史探源》等学术著作;在《文学评论》《外国文学评论》《文艺研究》《文艺理论研究》《学术月刊》《社会科学战线》等杂志发表学术论文百余篇,部分论文被《新华文摘》等刊物全文转载。

徐金才　1952年12月出生，淳安县威坪镇凤凰村人。1969年1月应征入伍。1970年10月加入中国共产党。1972年10月任江苏省南通军分区司令部参谋。1978年10月任南京军区司令部作战部参谋、处长，其间在海军学院合成指挥班学习两年，赴老山战场见学并指导参战部队行动，并任某集团军步兵师代理团长。1994年8月任某集团军坦克师副师长、副师长兼参谋长。1996年12月调任南京军区司令部作战部副部长，并在俄罗斯最高军事学府——总参谋部军事学院留学半年。2001年3月任南京军区司令部作战部部长。先后10多次参与军委、总部和战区筹划组织的重大军事行动和战略、战役演习，并在军内外报刊发表学术文章百余篇，其中有5篇论文被收入《中国当代军事文库》。著有军事论文集《论剑东南》；组织编著的论文集有《谋计献策》《别有洞天》《城下之城》《观天测海》等7部。荣立三等功2次，曾被评为军区司令部优秀共产党员。2007年7月授予少将军衔。2010年任浙江省军区副司令员。

　　王水法　1954年出生，原遂安县狮城镇北郊佳源村人，1959年移民至姜家镇球二村。毕业于杭州师范大学教育领导学系，获硕士学位。1981年7月在淳安县人大常委会办公室任秘书。1984年加入中国共产党。1986年6月起先后任淳安县委办公室副主任、主任。1993年4月任杭州市委办公厅督查处处长。1993年12月任杭州市委办公室副主任、市委副秘书长。1997年6月任杭州市委副秘书长、市直机关工作委员会书记。1999年12月任杭州市委副秘书长、市委政研室主任。2002年6月任杭州市交通局党委书记、局长。2003年9月任杭州市交通局党委书记、局长,市交通局资产经营有限公司党委书记、董事长。2005年12月任杭州市交通局党委书记、局长,市交通局资产经营有限公司党委书记。2007年6月任杭州西湖风景名胜区管委会党委书记、主任,杭州市园林文物局党委书记、局长,西湖申遗办主任,中国名胜区协会副会长。历任中共杭州第八届市委候补委员,第九届、第十届市委委员;并任西泠印社社员,浙江省、杭州市书法家协会会员,浙江大学、浙江理工大学特聘教授。

方树成 1954年10月出生,淳安县鸠坑乡人。1969年12月移民江西南丰县白舍镇陈坊村。1972年参加中国人民解放军,1975年加入中国共产党,曾任炮三师政治部组织科干事、广昌县人武部政工科副科长、南丰县人武部政工科科长、广昌县委常委兼人武部政委。转业后任宜黄县委常委、政法书记,资溪县政协主席、党组书记。在军务、政务之余,潜心写作,已发表小说、故事等近百万字,论著60万字,其中《考验》《回乡》等10多篇作品获省级一等奖。还主编出版《虎乡情》《资溪文史》等。先后任中国民间文艺家协会会员、江西省作家协会会员、江西省故事创作委员会副主任、抚州市民间文艺家协会主席、抚州市文艺学会顾问、抚州市采茶歌舞剧院名誉院长、江西省民间文艺家协会常务理事等。

王富强 1957年2月出生,淳安县梓桐镇三联村人。毕业于解放军信息工程大学,就职于郑州市文联。系艺术百年书画院院长、中国长征书画院院长、中国少林书画研究会秘书长、中国书法家协会会员、河南省企业文化促进会专家副会长、河南省书画学会副主席。2007年9月，书法作品入选《日本书法》，并被日本前首相海部俊树、美国篮球巨星科比·布莱恩特珍藏。作品还在《人民日报》发表，并受邀为大型电视连续剧《水浒传》片头题名；为嵩山永泰寺题写"中佛殿"匾额；为嵩山法王寺题写"天王殿""金刚殿"匾额；为匈牙利国家普济禅寺禅堂题写匾额。曾两次作为河南省书法艺术家代表团团长应邀出访韩国，在汉城拜会总统金泳三，还应邀出访法国、卢森堡、比利时、荷兰、德国、奥地利、梵蒂冈等国家，参加多种艺术和学术交流活动。主编《魅力河南》《书画魂》《海内外河南籍著名书画家作品邀请展》等图书，并与杨世松、陈道祥合著《世界风云中的中国》。

吴宗其 1958年出生，祖籍义乌，生于原遂安狮城镇。1980年开始摄影创作，先后有200多幅作品在国内外获奖。其中，《狂舞》获1986年第十四届全国摄影艺术作品展金牌奖；《金龙戏水》获2003年中国第十届国际摄影艺术作品展铜牌奖；另有两幅作品分获联合国教科文组织亚太地区摄影比赛"日本航空公司奖"和"亚太文化中心奖"。2007年，被浙江省文化厅授予"浙江省首届摄影艺术贡献奖"；2008年，被评为浙江省摄影家协会"德艺双馨"会员；2009年被评为浙江省优秀摄影家。现为中国摄影家协会会员、浙江省摄影家协会主席，杭州市摄影家协会主席兼秘书长等。

郑春华 1959年3月出生,女,原淳安县屏峰乡郑家埠人。中国作家协会会员。1979年入上海托儿所任保育员。1980年获上海市青年诗歌创作比赛一等奖,当年调入少年儿童出版社任编辑。1985年入北京鲁迅文学院短训班培训;1987年考入南京大学作家班深造。其处女作诗集《圆圆和圈圈》获上海市1985年儿童文学园丁奖,并有繁体字及英译本出版。诗集《小豆芽芽》获全国首届低幼儿图书二等奖。中篇小说《紫罗兰幼儿院》获中国作家协会首届(1980～1985)全国优秀儿童文学奖,并有日译本出版。由其改编的电视连续剧《跑跑的天地》,获1988年全国电视飞天奖、金鹰奖和金童奖。上海电视台曾拍摄专题片《年轻保育员和她的诗》向海内外介绍。主要著作有诗集《甜甜的托儿所》《白象》,散文集《挂满红苹果的树》,童话集《宝宝趣味果》等。

王次恒 1959年出生,祖籍淳安县浪川乡芹川村,出生于杭州。中国首席笛子演奏家。1984年结业于中央音乐学校,同年考入中央民族乐团,先后师从赵松庭,曾永清,蓝玉崧等教授。现任中央民族乐团笛子首席、管乐声部长,国度一级变奏员,文化部优秀资深专家。荣获国务院颁布"有冒尖贡献奖"称号并享受政府特别津贴。现任中国人的共同体管弦乐协会常务理事,中国笛子协会副会长,中国葫芦丝、巴乌协会副会长,文化部国度专业技术委员会委员,文化部文华艺术奖评委,文化部全国社会形态艺术水准考级管理办公室资深专家引导委员会委员,中央媒体人共同体乐器演奏音乐电视大赛评委,"中国音乐金钟奖"全国笛子竞赛评委,中央音乐学校客座教授等职。

优秀而有深度涵养的笛箫变奏艺术在国内、国际音乐竞赛中获奖：1987年获第一次全国广东音乐邀请赛变奏一等奖；1989年获全国人共同体乐器演奏音乐电视大奖赛二等奖；同年在第十三届世界小伙子联欢节荣获笛子独奏无上金奖及无上艺术家名誉证书；1991年在文化部中直院团音乐竞赛中荣获无上优秀变奏奖；1999年在文化部中直院团国庆半百周年评定比较展演中荣获无上优秀变奏奖；2010年在国度艺术院团优秀剧目展演中荣获无上优秀变奏奖。

经常代表国家艺术团出访表演，开展文化学术交流及讲学活动，并多次在国内外举行笛箫独奏音乐会。先后曾在美国卡内基音乐厅、肯尼迪艺术核心、联手议会展大厅、林肯核心戏院、芝加哥交响乐厅、奥地利维也纳金色大厅、希腊希洛德古戏院、俄罗斯玛林斯基剧院、荷兰阿姆斯特丹音乐厅和日本札幌音乐厅作独奏，均获热烈反应和好评。

余　辉　1959年10月出生，原淳安县妥桥乡郑家坊人。1983年获南京师范大学美术系学士学位，1990年中央美术学院美术史系硕士毕业，被分配在故宫博物院工作。历任故宫博物院古书画部主任、研究室主任、科研处长、研究馆员，中国艺术研究院博士生导师，并任第十一届全国政协委员，国家文物鉴定委员会委员、世界艺术史家协会会员、中国美术家协会会员。获国务院政府特殊津贴。2008年被评为文化部优秀专家，2009年获首届中国美术理论奖。发表研究论文50余篇（部分在英、美、法、比、韩等国发表）。

王北苏　1960年4月出生,字芹溪,号一墨,淳安县浪川乡芹川村人。中学高级教师。现为中国书法家协会、中国教育学会书法教育专业委员会、中国楹联学会、浙江省书法家协会、浙江省中国画家协会等会员。

其书法以行草见长,兼及楷隶。取明清之形、二王之神,又以魏碑的方笔变换取势,逐渐形成潇洒自如,开合有度,气韵天成的风格。作品2004～2012年先后入选全国第二届草书大展,全国第九届书法篆刻作品展,全国首届行书大展,全国第一届大字书法艺术展,第一、第三届"林散之奖"书法双年展,首届"杏花村"全国电视书法大赛,全国青年国庆书画展,全国第二届中青年《书法》百强榜等;获《书法报》兰亭诸子推荐版入围奖,首届中国普洱茶书法艺术节全国书法大赛最高奖,第三届全国教师书法大赛一等奖等。绘画作品入选第四届中国花鸟画作品展,首届中国当代花鸟画学术邀请展,中国画名家小品展等;并获第十三届当代中国花鸟画展优秀奖,"龙荞杯"全国中国画四条屏艺术大赛优秀奖,世昌杯全国书画大赛特等奖,"共筑诚信"全国书画大赛金奖等。出版有《王北苏书画作品选》。

吴德昌　1961年出生,笔名吴弃,字如云,号非吾斋主,浙江淳安人。毕业于浙江省杭州师范大学美术系本科,现为浙江省书法家协会会员,杭州市美术家协会理事,淳安县美术家协会主席,杭州市中学高级教师评审委员会委员,淳安县第七、八届政协委员,淳安县政协书画院副院长,中学高级美术教师等。

书画作品多次参加由文化部、中国文联、中国美协、中国书协等主办的大型展览并获奖。1993年《富春山道》获浙江省教师画展金奖，1997年《新安颂》在全国山水画展中入选，1999年《湖山烟雨》在全国第九届美展浙江选区获铜奖，《松城颂》和《千岛湖山图》分别获杭州市风情画展一等奖和二等奖，2001年、2004年在省市举办的教师现场绘画比赛中均获金奖，2003年《山越情》获浙江省山水画展银奖；2004年书法作品入展全国首届大字比赛，在全国"梦圆杯"书法比赛中获银奖，同年在"兰亭·中国书法名家作品征评展"中入选；2006～2008年，创作了60米山水画长卷《千岛湖山图》，2010年7月由辽宁卫视摄制的电视宣传片《水上水下我的家》中作为主要内容在央视4台"荟萃之窗"播出。其间，多次被淳安县人民政府授予"文艺奖"。

洪永平 1962年9月出生，淳安县中洲镇木瓜村人。1983年7月中国人民大学中文系毕业，1985年7月入中国文化书院研究生班学习。毕业后曾任安徽省社会科学界联合会副处长、处长，安徽省社会科学界联合会党组成员、副主席，安徽省徽学学会副会长兼秘书长，安徽省马克思主义文艺理论学会副会长，安徽师范大学客座教授等职。长期从事社会科学和徽州文化的研究和组织工作。在《学术界》《江淮论坛》《安徽史学》《安徽日报》等报刊发表论文十余篇；参与主编出版《青年审美导向》《包拯研究与传统文化》《皖江文化探微》《淮河文化新探》《淮河文化纵论》等著作。

鲍艺敏 1962年10月出生于千岛湖镇。1982年参加工作,在金华电业局从事变电运行工作。1988年调入淳安县文物管理委员会办公室,从事文物保护与管理工作。大专学历。现为文博研究馆员,淳安县文物保护管理所所长。中国古陶瓷研究会会员,中国硬笔书法家协会会员,浙江省考古学会、浙江省博物馆学会会员。

多年来在《文物》《文物天地》《中国文物报》《南方文物》《浙江学刊》《浙博天地》《杭州文博》等国家和省、市专业学术刊物发表论文十余篇,其中《商鞅的生平及政治思想初探》获"首届创新中国理论探索成果奖"一等奖;散文《淳安人》,在"新安文化杯"纪念建县1800周年征文大赛中获一等奖;《淳安文化寻踪》在"环保杯"纪念建县1800周年、千岛湖形成50周年征文活动中获一等奖。书法作品曾在中国书法家协会、中国硬笔书法家协会主办的赛事中多次获奖,并在中国美术馆、民族文化宫、人民大会堂等地展出,被多家艺术机构收藏;书论《论"丑极即美极"》刊发于《中国书画报》,《书法审美意识浅识》入选浙江省首届书法艺术节"浙江近现代书法史论研讨会",《硬笔书法美学发展观点初探》在《青少年书法》杂志连载。出版27万字的历史人物传记《商鞅传》(时代文艺出版社)、15万字的历史文化专著《文物叙略》(西泠印社出版社)、30余万字的《淳安的祠堂》(中国文史出版社)、20余万字的《是真名字自风流》(浙江人民美术出版社)、《淳安历史的32张面孔》(中国言实出版社)。

方有禄 1962年11月出生,淳安县汪宅乡井塘村人。1977年12月入淳安县睦剧团工作。1987年9月入浙江省艺术学校学习戏剧导演专业。1993年9月至1995年7月在山东青年管理干部学院艺术系舞蹈编导专业学习。1995年8月任淳安县文化馆党支部书记、馆长。现为中国舞蹈家协会会员。1997年导演的小戏《赤膊女婿》，获浙江省第八届戏剧小品邀请赛表演一等奖、全国第七届群星奖"优秀奖"；创作的小品《明天是三十二号》《难舍的情丝》获杭州市小品比赛二等奖；2000年编导的《淳安竹马》获全国广场民间歌舞大赛"山花奖"；2005年创作的睦剧小戏《鸳鸯马》获浙江省第二届现代小戏会演创作一等奖、演出一等奖、导演奖；2006年编导的《汾口草龙》、创作的睦剧小戏《山野小曲》，分别获浙江省第十四届"群星奖"广场舞蹈大赛银奖、杭州市"风雅颂"广场民间舞蹈大赛金奖和现代小戏会演编剧金奖、演出银奖等。2006年12月晋升为研究馆员。

吴明儿　1962年出生，浙江淳安人。先后就读于中国美术学院、解放军艺术学院。现为中国美术家协会会员、武警美术书法研究院研究员、浙江省文学艺术界联合会委员、浙江省美术家协会会员、西泠书画院特聘画师。作品曾入选第九、十、十一届全国美展，首届全国当代花鸟画艺术大展。

张固也　1964年12月出生，淳安县浪川乡全朴村人。1982～1986年就读于杭州师范学院政史系。1986～1988年在淳安县汾口中学、双源中学任教。1990年考入吉林大学古籍研究所，师从陈维礼先生，攻读历史文献学专业硕士学位。1993年3月留所任教。1998年师从金景芳先生，在职攻读先秦史专业博士学位，2002年获得历史学博士学位。2000年初被评为副教授，2004年12月底晋升教授。2008年10月曾应邀至韩国成均馆大学东亚研究院讲学。2009年1月聘为博士研究生导师。曾任吉林大学古籍所历史文献研究室主任，兼任吉林省历史学会理事。2010年调入华中师范大学历史文化学院工作，2016年11月任历史文献学研究所所长。主要从事历史文献学研究，研究方向为先秦诸子与出土简帛、唐代文献、古典目录学。发表学术论文近百篇。

方江山　1966年出生，淳安县左口乡人。1984年9月考入北京大学中国语言文学系。1995年10月，任光明日报社国内政治部主编。1997年1月，任中央政策研究室党建组调研员。1995年9月至1999年1月，在北京大学政治学与行政管理系学习，获法学博士学位。2002年10月任中央政策研究室国际研究局副局级调研员。2004年2月至2005年12月，曾任安徽省宣城市市委副书记(挂职)。2006年2月起，任中央政策研究室文化研究局副局长、局长。2018年4月，任人民日报社副总编辑。

卢红星　1969年9月出生，号晏如、淳子父，斋号捋虎须、退舍，淳安县梓桐镇卢家村人。1989年3月入伍武警安徽省总队，2006年9月转业安徽省人社厅工作。中国书法家协会会员，安徽省书法家协会会员，安徽省青年书法家协会理事，南熏社发起人之一。作品入选2001年第三届全国书法篆刻展；2003年在武警部队首届书法艺术展获奖；2010

年在首届全国人力资源和社会保障系统书法展获奖；2011年入选全国第十届书法篆刻展。

方建勋 1973年出生，浙江淳安人。北京大学书法教育与研究中心研究员、北京大学校友书画协会秘书长兼学术导师、北京大学美学博士、艺术史博士后、央视书画频道《一日一印》栏目主讲人、中国书法家协会会员。少好书法印章，后入南京艺术学院美术系书法篆刻专业深造，获硕士学位。2008年秋入北京大学哲学系攻读美学专业，获博士学位。现为中国书法家协会会员，南京印社社员。作品入选首届中国书法"兰亭奖"、全国第八届书法篆刻作品展、全国第八届中青年书法篆刻作品展并获多项大奖。

王佑贵 1976年出生，又署衡庐、行木庐，淳安县王阜乡人。先后毕业于严州师范学校及中国美术学院书法专业，并获文学硕士学位。2011年入中国美术学院攻读书法篆刻理论和创作方向博士研究生。现为中国书法家协会会员，杭州师范大学美术学院教师。书法作品入选全国首届行书大展，行草条幅被评为全国第九届书法篆刻展"获奖提名作品"，草书手卷获纪念虞世南诞辰1450周年全国大展银奖，草书轴被评为第三届全国青年书法篆刻优秀作品等；论文《张猛龙碑的接受史研究》入选《全国第八届书学讨论会论文集》；专著《王佑贵书法作品选》由中国文化艺术出版社出版。

蒋旭峰 1981年11月出生,淳安县千岛湖镇人。北京外交学院毕业,分配在新华通讯社工作,为新华通讯社记者、编辑、翻译家。翻译出版作品《罗斯福传——坐在轮椅上转动世界的巨人》《德鲁克日志》《感人至深的四句心灵告白》《最危险的总编辑》《疯狂的时代呼唤疯狂的组织》《勇敢抉择:卡莉·菲奥利娜自传》等近20部。

轶事录

万派朝宗话洪绍

东晋大文学家陶渊明为其姑夫、兵部尚书洪绍写的墓志铭：

公讳绍，字继宗，安西将军熙公之长子也。幼抱奇才，举进士。义熙元年为建威将军、东莱太守。义熙五年，随刘裕讨慕容超，又平卢循，积功迁明威将军、东南镇尉大使，寻除兵部尚书、金紫光禄大夫。居官有政绩，抚民以仁慈。晋室日微，裕势益盛，以公不附己欲中伤之。乃于义熙十三年由京口挂冠，隐于新定郡武强之木连村。夫人太原王氏生五子：泰、楷、舒、勋、篡；继配夫人陶氏，乃陶侃公之孙女，生三子：荣、诞、举。公享年八十有三，卒偕王夫人同葬武强山脚洪塘坞，扦乾山巽向焉。

铭曰：

緊谁幽宫，日前进士。始为太守，继除尚书。
及其老也，潜德不仕。隐于武强，以明厥志。
考卜于斯，山川所萃。宜尔子孙，式承弗坠。

洪绍之所以迁居新定（即遂安），除了碑文中所述之原因，还因东晋都建康（今南京），士人夫官于南者皆取道宣城、於潜，由新安郡之寿昌以入闽越。洪绍守东阳（即婺州）时，常往来新安，爱其山川深密，风土淳厚，遂家于新定县之木连村（今中洲郑月一带）。以垦田致富，于始新、新定、寿昌广置田庄,命诸子分而居之。

长子泰,以门荫为司空徐羡之参军,仍居木连村。其后裔洪光,曾任东阳太守。

二子楷,早卒。

三子舒、四子勋,仕南朝宋为右卫将军,皆居遂之钱村。舒后裔颇盛,梁时官宦亦多。舒、勋之后,数世而绝。绍与前夫人王氏卒后,与泰、舒三世同葬于木连村西五里武强山脚之洪塘坞。

五子纂,仕南朝宋为始新(即淳安)令,升员外郎。因爱东源昌期乡厌村(即光前,已淹入水下)两溪之会,土地肥沃,宜稻秔桑柘、水通槽运,原野蕃芜,畜牧繁滋,地连杭歙,山川秀伟,有货财之饶,遂于宋文帝元嘉十五年(438)从木连村迁居于此。淳安之有洪氏自纂公始。宋元嘉二十年(443)母夫人陶氏卒,卜葬于厌村之西、蕉山之阳蒲山。后洪纂及夫人孙氏卒与陶氏同穴。

六子荣,为始新尉,与纂同居东源。后裔分两支:一支迁进贤回村;一支迁寿昌,成了寿昌洪氏之祖。

七子诞,亦居厌村,有田庄在寿昌。生三子:庞、祠、芳。芳迁居淳安东乡养村(即锦溪、小溪)。荣、诞卒后也葬蒲山。

八子举,居遂安。生二子,长曰袭,仕南朝宋为右校尉,官于歙。故举随子于宋元嘉二十八年(451)迁居歙县之凤池乡,卒亦葬凤池乡之拘溪。

在洪绍这八子中,子孙最繁盛的当属五子纂,八子举。

洪纂后代在淳遂分布最广,人数最多。洪纂从移居厌村到1958年新安江水库移民，已逾千五百余岁。生齿浩繁，析居四方：洪仲文从厌村迁杨岸，洪元从杨岸迁西郭，洪任从西郭迁养材，洪通从杨岸迁小溪，还有迁凤山、龙源、岩峰、牛石、屏前、石岭、上贵、塘边、武绥、木坑、青墙、水北、石上、碣村、梓桐、闪塘、柘坑等地的，子孙几乎遍布原淳安东南西北各处。

此外，还有眷恋祖居之地重新迁回遂安的。如洪永震从歙县洪村迁九都茂坪，洪助从饶州岩前迁回芹溪，洪材从歙县凤池迁回瀛麓郭村，等等。其中最主要一支，是赵宋年间从淳安养材迁回遂安康塘的洪允元。后裔瓜瓞连绵，数世之后又从康塘分别迁至叶林、霞塘、和峰、义峰、豸峰、黎墅、竭村、灞水、玉泉、前山、下坞、屏山、高塘、感源、罗源、桂林、板桥等地，成了自成一派的洪氏。

这些迁来迁去的洪氏，除少数是洪绍长子泰、八子举的子孙，绝大多数都是从厌村发脉，即洪绍五子、六子、七子的后裔。所以说这支在淳安、遂安人数最多，分布最广。

洪举后代当官的最多，职位最高。洪袭六世孙洪清为常州牧，迁江东；曾孙洪察为监察御史；元孙洪陟为御史；陟子洪经纶为宣城观察使，重新迁回歙县。经纶曾孙洪仳分迁歙之戴坞；仳孙洪寿迁婺源黄荆墩；寿孙洪古雅迁乐平；古雅孙洪蔚迁岩前；蔚孙洪师畅，仕唐为银青光禄大夫、检校、右散骑常侍、御史上柱国，迁饶城，为饶城之始祖。洪汉卿仕至银青光禄大夫、检校、国子祭酒、礼部尚书、御史上柱国。又四传至洪杰，生二子：翰、朝。即饶城洪皓之高祖。

洪皓，字光弼，登政和乙未进士。建炎间，假礼部尚书，使金不屈，留十五年而归,官至徽阁直学士,左朝散大夫,鄱阳郡开国侯,食邑一千二百户,赐紫金鱼袋。卒赠太师、魏国公,谥忠宣。配沈氏,封硕人。生八子:适、遵、迈、逊、逊、邈、邃、迅。

洪适,字景伯,号盘州,生政和丁酉己酉甲子戊辰,中绍兴壬戌博学鸿词科,官至尚书仆射、同中书门下平章事兼枢密使,正仪大夫。以观文殿学士提举江州大平兴国。官封鄱阳郡开国公,食邑五千二百户,食实封二千六百户。卒赠太师、魏国公,谥文惠。

洪遵,字景严,号小隐,生宣和庚子乙酉丁酉甲辰,中绍兴壬戌博学鸿词科第一。仕至同知枢密院事、资政殿学士、正仪大夫,提举洞霄宫。封鄱阳郡开国侯,食邑一千三百户,食实封二百户,累赠光禄大夫,蜀郡开府仪同三司,谥文敏。

洪迈,字景庐,号容斋,生宣和癸卯己未壬辰辛亥,中绍兴乙丑博学鸿词科,官至端明殿学士、资政大夫,致仕封魏郡开国公。食邑三千一百户,食实二百户,谥文安。

洪适、洪遵、洪迈兄弟皆以文章取盛名,当过宰相,这在中国历史上是少有的。故洪迈作谢表云:"父子相承,四上銮坡之直;兄弟在望,三陪凤阁之游。"时人荣之。

洪秀全的老祖宗也是洪绍。洪氏迁往外省、外县的,除了洪举的后代,还有:杨岸洪达迁建德幽径;杨岸洪球儿的长子洪道朗迁寿昌,为寿昌小山、橄榄山诸洪之始祖;洪鼎从养材迁歙县洪村;康塘洪瑛、洪国建分别迁开化;玉泉洪积登明永乐癸卯贤(1423)书,仕于福建之安南,遂家焉;还有西养宋绍熙元年(1190)进士洪璞,仕福建邵武通判,举家移往福建。他们硕大蕃衍,后来都成了当地望族。当然,这仅是淳安各地《洪氏宗谱》所记载的,估计从建德、寿昌等地南迁的也有,只囿于资料,无法一一查考。他们南迁的原因很简单:一是宋末元初社会动荡,唯岭南较安定;二是那里人口稀少,需要有人去开发。据日本东京大学小岛晋治教授考证,洪秀全的老祖宗就是晋安帝时入籍遂安的洪绍。具体迁徙过程是:洪璞的十世孙洪贵生从福建迁往潮州府海阳县的布心垦荒,所以洪贵生是洪氏迁入广东的始祖;洪贵生的十世孙洪讼三只身从嘉应石坑迁居花县官禄布,见土地肥美,就把四个儿子叫来共同开垦,那是清康熙四十年(1701)。这五口之家到道光末年(1850),已繁衍到500多人。洪秀全便成了洪贵生迁居广东的第十六世孙、洪讼三迁居花县的第六世孙。

这真是千枝万叶归一本,根本还在洪绍身上。

商辂在中国历史上的显赫地位

以考试选拔人才授予官职的科举制度,在中国由来已久。《周礼》以乡三物宾兴,有选士、造士、俊士之名。汉设贤良、孝廉诸科,犹见成周遗意。逮隋大业始建进士科试律赋,而唐因之。每岁一举,加时务策五道;明经则分三经、五经诸科,与进士并重。宋开宝间,殿试后赐进士及第、出身有差。太平兴国八年(983)始分甲次:第一、二甲赐进士及第,第三、四甲赐进士出身,第五甲赐同进士出身。第一名状元承事郎;第二名榜眼、第三名探花文林郎;第四、五名从事郎;第六名至五甲终并迪功郎。及第者为正奏名,恩科者为特奏名。元初重荐举,后分蒙古、汉人两榜,皇庆三年才两榜并同。明洪武初诏开科举,定乡、会两试,登乡试(在各省举行)者为举人,登会试(在礼部举行)者为进士。至洪武十七年(1384)颁行科举成式:子午卯酉年乡试,第一名曰解元;辰戌丑未年会试,第一名曰会元。至正统二年(1437)始定会试中试者天子亲策于廷,曰殿试或廷试。分一二三甲:一甲只三名,赐进士及第,第一名状元,第二名榜眼,第三名探花;第二甲赐进士出身,第一名曰传胪;第三甲赐同进士出身。其后至清末废除科举,一直沿用此制。

从隋至清的一千二百多年间,科举真正兴盛的是宋朝和明朝。据统计,两宋共举行一百十八榜科试,各种科目登科人数当在十万人以上;就进士而言,有四万二千余人。平均每科录取人数为唐朝的十八倍,也多于明清两朝。明朝自洪武四年辛亥科(1371)至崇祯十六年癸未科(1643),共举行殿试八十八科,参加者共二万四千八百七十六人。

在这么多的举子中,要考上举人或进士不容易,夺取解元、会元、状元中的一个更难,要连中"三元"更是难上加难。这个在常人看来无法实现的梦想,恰恰被商辂做到了。他在明宣德十年(1435)乡试、正统十年(1445)会试和殿试中,均夺得了第一,成了名副其实的"三元"。 这在中国科举史上是少有的。据有关资料披露:中三元者"宋代三百一十九年间殆三人,明代二百七十六年间仅商辂一人"。

过去有"非进士不入翰林,非翰林不入内阁"的规定,商辂中了三元后,授修撰。郕王监国,入参机务。景泰时,累迁兵部尚书。成化初以故官入阁,进谨身殿大学士。他为人平粹简重,宽厚有容,至临大事决大议,则毅然莫能夺。正统十四年(1449)"土木堡"之变,英宗被俘,国事危疑,倡议南迁者中外汹汹。商辂甫入内阁,与兵部侍郎于谦皆力主抗战,反对南迁。当廷抗言:"京师乃天下根本,迁都则宗庙社稷谁与守? 一步不得离此!"至敌临城下,商辂与二三大臣统筹经略,与城内军民共同御敌,保卫了京城和国家安全。景泰元年(1450)八月,代宗暗中想废除英宗之子朱见深的皇储地位,立己子朱见济为太子,以金银官爵拉拢大臣,商辂拒不接受"保傅"之职,表明不赞同易储的持正立场。英宗复辟,因于谦事牵连下狱,被罢官为民达十年之久。成化初奉诏复职,即呈《政务疏》,力谏勤政、边备、纳谏等八策,扶掖朝纲,宵旰无间。时宦官汪直专权,数兴大狱,官民冤死无数,廷臣迫于势焰,缄而不言。商辂置死于不顾,独上《罢革西厂疏》,历数汪直十罪。宪宗览疏,忿而厉诘："用一内监，何遽危天下？"商辂痛斥汪直弄权祸国，凛然对曰："汪直不黜，国安得不危?!"宪宗终罢西厂。

商辂历仕英宗、代宗、宪宗三朝，官至太子少保，兵部、户部、吏部尚书，左春坊、文渊阁、谨身殿大学士。人称"三朝元老""一代贤相"。

过去民间演戏，开场讨利市，都要"跳魁星""踏八仙"。魁星打出的吉语是"三元及第"；八仙打出的吉语是"一品当朝"。这在当时的人们心目中，二者是最高也是最美好的理想，是可望而不可即的。孰料，竟被商辂一一实现了，这是何等的伟大和不易啊?!故人们对商辂非常崇敬，在杭州、严州和淳安贺城均建有纪念他的"三元宰相坊"。

杨氏一门两皇后

杨桂枝(1162～1232)，南宋宁宗皇后，宁宗去世后，理宗尊其为皇太后。辽源(今里商乡)十五坑杨家基人。其祖父杨宇，原是河南开封人。宋靖康二年(1127)钦宗北狩，高宗南渡，公因挈家而遁睦州青溪(即淳安)。先至城市太平桥，继至邑南辽源十五坑。其父杨纪，宋宣和乙巳年(1125)九月初七日丑时生，绍熙庚戌年(1190)三月十一日午时薨。杨宇、杨纪父子死后，奉旨合葬于辽源皇后坪(今里商乡鱼泉村皇后坪)。

杨太后生于绍兴三十二年壬午(1162)二月十二日。因是夜其父梦见一白发髯须老人，头戴八角巾，身披锦袍，手执丹桂一支从天上月中而来，忻然予公，因名桂枝。

杨桂枝"幼性幽含雅饬，温柔宽厚。及长，举止端重，严肃谨恪。好读书，更博览典籍""庆元元年(1195)八月，简等疏奏朝廷，随命内侍迎进宫中""初封郡夫人，继进婕好，又进贵妃。嘉泰二年十二月甲申立为皇后。理宗即位，尊为皇太后，垂帘称制。后崩，谥恭圣仁烈"。

杨太后"性聪颖，能辨奸险，别贤良"。"至诛韩侂胄，拥立理宗皆出其谋。"更"通书史，善吟咏"，她以宫廷生活为题材写过许多诗。其中，由理宗书写，杜思忠模刻的就有五十首(现见于《弘农杨氏宗谱》的尚有三十首)。其书画方面的造诣也很高。据1998年出版的《中国书画鉴赏辞典》记载，杨太后曾为当时马远等画家创作的作品《云生沧海》《湖光潋滟》《长江万里》《寒塘清浅》《层叠冰绡》《月下把杯》《垂杨飞絮》等许多画作题款、钤印,书写诗词对句。

杨淑妃(? —1279)是杨太后的哥哥杨次山的曾孙杨瑞芝的女儿,也就是杨太后的元侄孙女,为度宗淑妃。生子昰,后为端宗。

南宋德祐二年二月,元军攻陷京城临安。五月乙未朔,陈宜中等立昰于福州,以为宋主,改元景炎,册封杨淑妃为太后(俗称景炎太后),同听政。封俞氏子、信王昺为卫王。德祐二年十一月,昰入海。至元十四年十一月,元帅刘深以舟师攻昰于浅湾,昰走秀山。十二月丙子,昰至井澳,飓风坏舟几溺死,遂成疾。至元十五年四月戊辰,昰殂于碙洲,其臣号之曰端宗。第三日,众又立卫王昺为主,杨太后同听政。改元祥兴。至元十六年庚午,张世杰以舟师碇海中,系结巨舰千余艘,中舻外舳,贯以大索,四周起楼棚如城堞,居昺其中。是年二月己卯,都统张达以夜袭大军营,亡失甚众。癸未,李恒乘早潮退攻其北,张弘范乘午潮上攻其南,南北受敌,兵士皆疲不能战。俄有一舟樯旗仆,诸舟之樯旗遂皆仆。世杰知事去,与苏刘义断维,以十余舟夺港而去。陆秀夫走卫王舟,王舟大,且诸舟环结,度不得出走,乃负昺投海中,后宫及诸臣多从死者,浮尸出于海十余万人。杨太后闻昺死,抚膺大恸曰:"我忍死艰关至此者,正为赵氏一块肉尔,今无望矣!"遂赴海死。宋亡。

对此,《弘农杨氏宗谱》这样评价:"南宋百余年之间,杨氏以淑德而母仪天下者二人:恭圣仁烈太后佐宁宗定锄奸之策,建储嗣之谋,厥功伟矣!景炎太后际国家多难之秋,播越海滨,艰关岭表,卒以身殉社稷,与忠臣义士争烈。呜呼,二后不可谓不贤哉!"

淳安历史上曾出过十二位尚书

　　洪　绍（361～443年）　字继宗，东晋安西将军洪熙长子。义熙元年（405）为建威将军、东莱（今山东掖县）太守。义熙五年（409）随刘裕讨慕容超（南燕），继平广州刺史卢循之乱，积功升为明威将年、东南镇尉大使，不久升为兵部尚书，金紫光禄大夫。后晋室日衰、刘裕势盛，裕因绍不附己，欲中伤之。绍遂于义熙十三年（417）由京口（今江苏镇江）辞官，隐居新定县木连村（今中洲郑月一带）。原配夫人太原王氏卒，继娶陶侃孙女。共生八子，第五子纂为始新（今淳安）县令。绍卒于元嘉二十年（443），葬于武强山脚洪塘坞（距遂安旧县治五里）。其妻陶氏之侄陶渊明为之撰写墓志铭。

　　方　操（生卒年不详）　字持志，晋淳安进贤里人。磊落方正，英秀雄伟，孔群尝奏操执心正直，积善慈仁，累官至谏议大夫、兵部尚书、仆射，封上虞县开国公，食邑二千五百户。

　　方　卫（877年前后在世）　字朝正，淳安富文漠川人。唐乾符中，以进士授文林郎。王郢乱，卫首义举兵平郢。复进兵攻黄巢，所向辄摧，贼畏而遁。高骈奏于朝，以为常州牧。景福二年（893），董昌据越叛，又命钱武肃偕卫讨董昌，董昌就擒，以功进兵部尚书。

　　鲁　俦（926年前后在世）　字淑大，淳安夏中敕村人。与钱武肃王镠有旧，乾宁间，董昌兵四出，居民惊窜，鲁俦集义勇得八百人，与武肃合兵破董昌,因以鲁偓为领军长史。天福间,陈珣乱,复破珣章口山下,累进光禄大夫、上柱国,赐敕剑镇守青溪。平易近民,抚循周洽。卒于镇。

王　邬(生卒年不详)　遂安三都人。吴越国尚书。

詹大方(1115年前后在世)　字道倪,遂安人。宋政和五年(1115)进士,端明殿大学士,工部尚书,签书枢密院事。封遂安县开国伯,食邑八百户,赠太师。

方逢辰(1221～1291)　原名梦魁,御改逢辰,字君锡,号蛟峰,淳安贺城高坊人。淳祐十年(1250)廷对第一(状元)。累官兵部侍郎、国史修撰兼侍读、吏部侍郎、户部尚书等职。

商　辂(1414～1486)　字弘载,号素庵,明淳安里商人。宣德、正统间,乡试、会试、殿试皆第一。官至太子少保,兵部、户部、吏部尚书,左春坊、文渊阁、谨身殿大学士。

胡拱辰(1440年前后在世)　字共之,号敬所,明淳安梓桐胡溪人。正统四年(1439)进士,任黟县知县,有惠政,擢御史;景帝时出为贵州左参政,调广东、广西、四川等地任左、右布政使,拜南京左副都御史,提督操江,总理粮储,进工部尚书。

徐　贯(1458年前后在世)　字元一,明淳安蜀阜人。天顺元年(1458)进士。任兵部郎中,擢福建右参政。值民饥,开官仓减价拯恤,升右副都御史。巡抚辽东,严宽并用,将吏畏服,边境安定,升工部左侍郎。值苏松连年大水成灾,贯奉命治理,水患悉平,晋工部尚书,加太子少保。

江　东(1528年前后在世)　明嘉靖四年(1525)举人、八年进士,乡贯遂安九都。曾祖父原旻任山东朝城教谕,因家焉。江东曾任太子太保、兵部尚书。谥襄毅。

方逢年(1622年前后在世)　字书田,明遂安四隅人。万历进士。天启年初典试湖广,发策忤魏忠贤,削籍归。崇祯年间累迁礼部尚书,东阁大学士。

文昌的来历

　　文昌原名富昌。从南宋淳祐七年(1247)至咸淳元年(1265)的十八年间,淳安接连考中了榜眼黄蜕、状元方逢辰、探花何梦桂"一甲三名"。三人同出一书院,居住地合洋、高坊、富昌相距又不足百里;加之,富昌何梦桂与侄何景文又是同年登第。得知原委,度宗皇帝非常高兴,当即御赐两联:"一门登两第,百里足三元""子拜丹墀亲未老,叔登金榜侄同年",并改"富昌"为"文昌"。

对岸两天官

《周礼》分设六官，以天官冢宰居首，总御百官。唐武后光宅元年（684）改吏部为天官，旋复旧。后世因以吏部或吏部尚书为天官。

淳安民谚所云"对岸两天官"，指的是明朝项文曜、周瑄两人。

项文曜（1433年前后在世），字应昌，淳安许村人。明宣德八年（1433）进士。奉命出使"西洋"，所到之处，"民不扰而世治"，授兵部主事。整饬辽东边备有政绩，除兵部郎中。正统中累官至吏部侍郎。英宗北狩时，于谦倚之若左右手。天顺初被诬，卒于家。成化五年（1469），诏复其官，赐祭文，其冤始白。

周　瑄（1436年前后在世），字弘璧，号勿斋，淳安西隅人。登正统元年（1436）进士第，授南吏部主事，改刑部员外郎。福建盗起，拜按察副使，分守建宁。时官军皆调征沙游，盗将乘虚而入。周瑄募民兵，修武备，且守且御，民赖以安。已而，盗犯政和、松溪，周瑄擒获凡六百人，追还所掠妇女以千计。未几，高阳盗复起，周瑄分遣儒生抵贼营，谕以祸福，其党遂平。尚书薛希琏以瑄绩闻，进秩二品，赐彩币宝镪。后丁母忧归，以疾卒。

因此二人考上进士先后只差三年，又在同一朝廷的吏部当官。只是，一个在北（京）吏部，一个在南（京）吏部；一个任侍郎，一个任主事；一个在长江以北，一个在长江以南，故有"对岸两天官"之说。

魁星楼的创建肇自淳安

《辞海》1988年版第1904页载：[魁星]　①星名。北斗七星中第一至第四为魁。一说第一星为魁。见《史记天官书》"北斗七星"唐司马贞《索隐》及"魁枕参首"唐张守节《正义》。　②旧时迷信指主宰文运的神。清钱大昕《十驾斋养新录》十九《魁星》："'学校祀魁星，于古未之闻也。按《新定续志学校门》云，魁星楼为一学伟观，前知州吴桨既勤朴斫，今侯钱可则始丹垩其上，以奉魁星，郡人方逢辰书其扁。'是南宋已有之矣。"

此条目明确告诉我们：

一、"学校祀魁星，于古未之闻也"：意思是，学校祀魁星古代是没有听说过的。"是南宋已有之矣"：是从南宋严州开始的。这样，严州就成了建魁星楼的肇始者了。

二、严州建魁星楼的具体时间。条目中清楚告诉我们，是"前知州吴桨既勤朴斫，今侯钱可则始丹垩其上"：也就是说，是前任知州吴桨完成的土建，现任知州钱可则粉的墙涂的漆。据《景定严州新定续志》记载：吴桨任严州知州的时间是南宋宝祐二年（1254）八月十三日，至宝祐四年（1256）正月二十七日；钱可则任知州的时间是景定元年（1260）六月十八日，至景定三年（1262）四月初八日。从吴桨到任至钱可则离任，时间长达9年，严州建魁星楼也就在这9年当中。地点是在梅城西北隅大成殿东侧。

三、淳安建魁星楼的人，据《嘉靖淳安县志》记载，是宋绍定二年（1229）进士，后任监察御史、大理寺卿的汪自强。时间是淳祐四年（1244）。地点是淳安县城。这样，淳安建魁星楼的时间明显就比严州早11年至19年了。因此，肇始者应该是淳安而不是严州。

四、严州建魁星楼的原因。因淳祐四年淳安建魁星楼，淳祐七年（1247）黄蜕考上了榜眼，淳祐十年（1250）方逢辰又考上了状元，真像冥冥之中是魁星在指点一样，对严州的州官来说，无疑是一种鼓舞和启迪，所以他们要仿建，要请状元方逢辰题匾了。

附：

何梦桂《魁星楼记》

魁星楼，盖取北斗第一星以名也。魁居斗为一天之枢。枢所以旋斗杓而行乎周天也，志天文者谓"斗旋"。旋四星皆为魁，号不同而其为魁首义一也。然则取以名楼，何也？楼为邑庠作也，作楼以魁名，以崇科目也。何也由？唐宋以科目拔擢天下士，其名在举首者率曰魁：大廷亲策曰廷魁，省闱奏名曰省魁，由三学选曰舍魁，由列郡荐曰乡魁，其他大小科异等六经异艺各有魁，唯廷试及第为天下魁。淳祐丁未廷唱亚魁，庚戌廷唱大魁，盖皆邑庠魁彦也。以其在人为魁名，在天为魁象，故特书魁星楼者,昭其名也。或谓于古无证,非也。考之史志,谓太微六星为三公,少微四星为处士,奎为武库,璧为图书,是岂天降地出以得此名哉?亦惟星家推步举而号之云尔。苟迹其故,则知魁星楼之不为徒名也。至元丙子,寇毁官舍,民庐俱烬,唯邑庠岿然为鲁灵光。事定仅能补葺宫墙,而楼久化为荆榛瓦砾矣!大元以武功定天下,固未遑事科目。然德音屡降,所以嘉惠学校者备至,饩之廪而蠲其科役,士莫不弹冠结绶以幸明时之向用也。线(钱)君荣来尹兹邑,实董学事,每奠谒事毕,与章掖周旋亲履故基,有志兴复焉。越两年,政明讼简,吏肃民恬,爰始规画,首辍己俸以倡,且寅协赞襄,乃刲羊醢酒,登进诸生而告谕之,众莫敢不敬听,度力相役有差。经始于大德戊戌之某月,落成于己亥之某月。有鼓欢鸣,有钟于论,簪佩朋集,登斯楼也,举觞相庆,且幸斯文之所托也。阖辞请曰:"盍记诸?"君曰:"记之"。或曰:"盍新其名,以改视听?"尹曰:"名固旧也,仍之。"乃嘱何某为之记,使执事者就请焉。揖之进而语之曰:"夫魁之丽于天也,岂直借其名为一楼观美哉。斗为天之号令,于以斟酌元气运乎四时,故其行日周十二辰,岁建十二月,其轨度有常,则五气不失其序,列曜不失其经,居物不失其理,观文察徽,斯可以俟機祥而占吉凶矣!然则,魁之所主岂不甚重、魁之所运岂不甚大矣乎?故魁所以总七星而为中天之枢也,学校所以风四方而为万化之枢也,推其极至,盖将齐七政、平泰阶、跻至治,何莫非魁斗之功用,则亦何莫非崇道之利泽哉!兹盖尹君修楼存名之微意也。二三子拱手曰:"命之矣!"以复于尹。尹喜而起曰:"旨哉!"请遂为记。大德三年冬长至日邑人何梦桂记。

宋元明三朝
近六百年国史是淳安人参与修的

商　辂(1414~1486)　字弘载,号素庵,明淳安里商人。宣德、正统间,乡试、会试、殿试皆第一,授翰林院修撰。完成鸿篇巨制《宋元通鉴纲目》纂修任务。

徐尊生(1354年前后在世)　字太初,号赘民,老曰赘叟,元末明初淳安厚屏人。明洪武初被荐授翰林,与汪克宽、胡翰、赵汸、贝琼、高台等十八人共修元史。史成,留修日历,又引入礼局修礼书。

方　定(1362~1421)　一名时定,字志安,号止轩,明淳安茶园人。博学善吟咏,洪武间以诗领京闱乡荐,预修《永乐大典》。

方象瑛(1667年前后在世)　字渭仁,清遂安人。康熙六年(1667)进士,授翰林院编修,纂修《明史》。

毛升芳(1679年前后在世)　字允大,号乳雪、质庵。清遂安十一都人。康熙十八年(1679)由拔贡举博学鸿词,入翰林院与修《明史》,分纂二十余传。

三怪　三子　三瑞

南宋乾道七年(1171)，康塘洪志曾家发生了三桩怪事：一是"春笋怒发，亭亭直上数丈余，峭直无节"；二是"池内莲实，每枚体大如盏，清芬逼人"；三是"荷下之菱，其大如枕，水溢味甘"。

洪志曾是个"爱泉石，乐琴书，迹不履城市，交不接浮夸"的隐君子，面对"三怪"也没了主意。他认为这是"花木之妖，不禳且有祸"。再拿它与自己三个儿子一联系，更是不寒而栗。于是急急赶往瀛山书院，向来此讲学的大学问家朱熹讨教。

朱熹听了洪公的叙述，为探个究竟，便决定亲自上门一趟。

他们沿郁川溪而下，紧赶慢赶，约莫走了十几里地到了豸山脚，然后往左一拐，进了山坞，蹬上了一条铺满石阶的曲折山道，到了山顶。朱熹停步长长地舒了一口气，朝下一望：哇！一个类似卧龙岗的原野豁然呈现在面前。远处，横嶂排空，水口如锁；山脚，一马平川，稻谷耀金；在对面高山与田畈之间，列队似的匍匐着五个同样大小的山峦，有如五马穿营，把个粉墙乌瓦、飞檐翘角的村坊分割得一团一簇的，绿树掩映，炊烟缭绕，如诗画一般。

洪志曾老人因惦挂着家里的怪事，一路上话语很少。下了山，到了家，连脚也没停，就领着朱熹在房前屋后，竹园里，荷塘边转了起来。

朱熹见洪家的房子十分高大、宽敞，屋后毛竹千竿，迎风翻绿；屋之左右，百卉备举；门前一池，广可二十余亩，中有鲤鲦、菱莲、蒲藻；岸上桃李繁绕，可惜时值深秋，若在春天，定然花团锦簇，美不胜收；池内设置画舫，宾朋光临，可游赏其中。朱熹禁不住又赞道："真是高蹈之墟，君子之居也！"

宅旁建一楼，高十丈余，名"百琴楼"，雕梁画栋，十分气派。朱熹穿过曲折起伏、雕镂精美的围墙，踱了上去。见内置瑶琴百具，洪志曾的三个儿子：长子洪法、字守成；次子洪汲、字守引；三子洪沐、字守泽，正在抚琴。看到朱熹进来，赶忙站起。朱熹见他们一个个长得神情俊朗，气宇轩昂的，心里非常高兴。立即招呼他们坐下，并带头弹起琴来。真是一琴响，百琴和，振振绳绳，如出一律。其声高，萧萧静夜鹤鸣皋；其声古，洞洞金徽传太初；其声洪，冗冗铁骑响万弓；其声幽，溶溶花落咽泉流。有时风，竹松送响和丝桐，飘扬午夜号长空，余音袅袅似鸣钟；似鸣钟，百琴之乐乐融融。有时月，清辉异影声疏越，嫦娥亲自云端阅，大笑人间音妙绝。音妙绝，百琴之乐乐泄泄。

洪志曾老人见朱熹情绪高涨，神态愉悦，赶忙将茶敬上，悄悄问："先生，我家那三桩怪事？……"朱熹马上打断说："不，不，草木乃得气之先者也，和气致祥，则动植之物先应焉。这是好的兆头呀，当应在你这三个儿子身上。"

果不其然，这一年洪公的三个儿子举于乡，一并与选。奏名礼部，成了同榜进士。老大洪法，还被朝廷拔擢为校书郎。

过了两年，洪家新祠落成，恰好朱熹又至。洪志曾老人问他："你前年来，我三个儿子还在读书，你怎么知道他们会考上呢？"朱熹告诉他："斯皆天意所钟,岂人力所能为哉！以洪公平昔律身端严,行己有耻,居家笃厚,伦理待人,不亢不阿,恭顺尊长,轸恤孤寡,种种德范,难以笔罄。斯殆天诞德裔,以张大其门,为善人积德光裕之报也！"

洪公听了,不胜喜悦,当即央求朱熹给新落成的祠堂题写匾额。朱熹略一思索,即用篆体认认真真写了"三瑞堂"三个大字,还附了一副对联："三瑞呈祥龙变化,百琴协韵凤来仪。"

詹安五子皆进士

詹　安(公元1068年前后在世)，宋遂安郭林(今郭村)人。举人。官浦江主簿。熙宁间，建双桂书堂于瀛山之麓，督教族戚子弟。生五子：长子曰林、次子曰至、三子曰厚、四子曰桎、五子曰槭，分别于宋元符三年(1100)至宣和六年(1124)间考上进士。成了名副其实的"五桂联芳""五子登科"。

詹　林，举宋元符三年(1100)李釜榜进士。授朝散郎，赐绯鱼袋，主管江州大平观事。

詹　至，举宋崇宁二年(1103)霍端友榜进士。建炎初，通判巩州。敌将压境，郡守假他檄去，至合民兵七千余人，诀家人死守，城赖以全。绍兴初，诏有事明堂，至奏请移费佐军，勉图兴复。议虽不行，识者韪之。张献忠督军，辟掌机事，以功除直秘阁。忠献去国，至丐祠归。累官中奉大夫，封建德县开国男。

詹　厚(具体科考年份不详)，举武进士。授武节郎、泗州通判兼监吕泗港。累赠武经大夫。

詹　桎，举宋宣和六年(1124)沈晦榜进士。官迪功郎，教授孟州。死于靖康之难。

詹　槭，与兄桎同榜进士。授宗正寺丞。

云村云一云　旗杆织茂林

　　此谚所描绘的是原合洋乡云峰、又名云村,在科举时代考中举人、进士的盛况。

　　据清《云峰吴氏宗谱》记载,从宋景德二年(1005)至清雍正八年(1730)的700多年间,云村考中进士21名:

吴　涟	吴　才	吴　诚	吴　语	吴　诩
吴　详	吴　璡	吴　仁	吴大贤	吴攀龙

邵桂子(吴攀龙之子,后出继邵氏)

吴　斌	吴　福	吴　祚	吴　倬	吴　钦
吴一杖	吴希哲	吴　贯	吴秉和	吴　璋

考中举人25名:

吴三锡	吴　应	吴　庸	吴武安	吴达和
吴骏显	吴颖芳	吴　宏	吴　宾	吴　鲍
吴敦矩	吴　憬	吴超莜	吴受中	吴作霖
吴上隆	吴　谡	吴上广	吴毓芝	吴应桂
吴泰政	吴凤起	吴清淑	吴　侃	吴宜徵

副贡3名：

吴　容　　吴希范　　吴　山

岁贡65名：

吴　宪　　吴　礼　　吴　钊　　吴　沛　　吴一枢

吴一机　　吴觐光　　吴光岳　　吴九龄　　吴万龄

吴万选　　吴宏浙　　吴之琦　　吴之琮　　吴　玉

吴孔昭　　吴仁锡　　吴孝锡　　吴敦俤　　吴梦熊

吴　怡　　吴　悦　　吴茂修　　吴　怿　　吴淳景

吴茂畿　　吴淳懿　　吴兆星　　吴　伟　　吴徵远

吴作楫　　吴承烈　　吴世培　　吴　湄　　吴世训

吴　琛　　吴承谟　　吴作哲　　吴廷榇　　吴承猷

吴承德　　吴邦柱　　吴廷掄　　吴文炌　　吴应选

吴应超　　吴清扬　　吴学素　　吴　都　　吴麟太

吴清泰　　吴麒太　　吴应道　　吴企奭　　吴萃耀

吴文煦　　吴　禹　　吴起标　　吴蛟腾　　吴良弼

吴晓华　　吴炳璋　　吴铭金　　吴道际　　吴际昌

恩选11名：

吴汝楷　　吴有志　　吴人杰　　吴人昌　　吴人徵

吴兆熊　　吴　恕　　吴茂育　　吴本岐　　吴应拔

吴元海

仕宦32名：

吴 党	吴 珏	吴 珪	吴 炯	吴文忠
吴文明	吴大器	吴 宏	吴 敏	吴文泮
吴文淡	吴谦光	吴奎光	吴惟信	吴应炯
吴可教	吴之玑	吴达道	吴启泰	吴中行
吴震锦	吴天彩	吴继亶	吴 瀚	吴徵裕
吴世昌	吴承谟	吴 淳	吴秀章	吴 栢
吴丁然	吴 达			

徵辟2名：

吴 骥　　吴希敏

札授16名：

吴 倫	吴 仕	吴 佐	吴 铨	吴 镗
吴 湘	吴 渝	吴文淳	吴文湛	吴一夔
吴一樽	吴尚价	吴尚贡	吴应机	吴希聪
吴 绅				

另外，还有封赠15名，著作者17名。

一个至1958年水库移民时才208户人家的村坊，竟出了这么多的进士、举人；这么多在京读书或当官作宦的人（几乎平均一户1人），不能不说是一个奇迹。故吴氏《宗谱》不无自豪地称，是"人文蔚起，科甲联翩""东西两浙、罕有匹俦"了！

按当时风俗,每考中一名进士均要在祠堂门口立一对旗杆,举人有立的有不立的,但至少在四十根以上,远远望去,齐刷刷、密匝匝的,确有"茂林"之感。

云村人文之所以如此昌盛,究其原因:一是历史悠久。早在后周显德二年(955),吴氏的鼻祖党公即从归安之射村迁居青溪,至今已逾千年。"族派繁昌,炯户稠密",而且"一姓相传,绝无他族逼处",宗族的感召力和凝聚力在长期起着作用。二是风水好。村外"四峰环绕,坎离相向",村中"渊涵迭流,震兑相交",且高峰上常有祥云护罩,故名"云峰"。置身其间,具有很强的愉悦、暗示作用。三是民风"敦淳茹朴,孝友砥族,仁让相先,不习骄盈,不尚机巧,务本而外他无所及"。四是读书风气很盛。《宗谱》上说,云村人有"负耒横经"的习惯,亦即背着农具下地,也不忘带着书看。五是有名师引导。像景泰二年(1451)高中会魁,后任兵部武库司主事擢升郎中的吴福,也急流勇退,回村造起了"万卷书楼",督教族侄子弟读书。从学者除了同族的吴祚,还有蜀阜的徐贯、徐鉴、邵新等人。他们后来都考上了进士,徐贯还当上了工部尚书,太子少保。

总之,云村是了不起的。它本可继续为我们重视教育、重视文化作出光辉典范,只可惜,这个村在建设新安江水库时被淹没了。全村208户999口人被分别迁往邻县的建德,江西的资溪、武宁等地。

现在,你如到鼓山工业园区门口看一下,那被湖水浸着,又被大量土石方逐步吞噬的云村遗址,心中定会升起一种莫名痛楚、怅然若失的感觉。

赋溪方氏一家五代出过八位著作家

方尚恂(1613年前后在世),字威侯,号录阿,明淳安赋溪人。万历四十一年(1613)进士。授刑部主事,历员外郎中。出知建宁府,有政绩,升湖广副使,办事精悍果断,后告老还乡。著有《玉磬斋诗集》、《麟旨》十二卷、《牖慈录》、《黔楚笔乘》、《敝帚》、《騑騑草》、《留耕堂文集》、《闽况客路吟·尺牍》。

方一镰(1662年前后在世),字野闲,方尚恂之子,清康熙元年(1662)贡生。著有《羼提道人集》《文斫七砭》。

方士颖(1675年前后在世),字伯阳,号恕斋,方一镰之子。顺治末诸生,工诗赋。著有《恕斋偶存》七卷,《骈俪杂文》三卷,《类钞》五十卷,《严陵诗选》二十四卷。

方士荣(1690年前后在世),字仲阳,方一镰次子。幼即能诗,短咏长吟,淋漓跌宕,壮年所作格益高。著有《萤芝园集》三卷。

方楘如(1711年前后在世),字若文,一字文辀,号朴山,方士颖之子。工诗古文词,与方舟、方苞并称"三方"。著有《郑注拾瀋》十二卷,《斋骚经解》一卷、《集虚斋学古文》十二卷、《十三经集解》四十卷、《四书考典》四十五卷、《读书记》八卷、《五经说疑》四卷、《诗集》六卷、《四书大全》八十卷、《家塾晚课》、《读礼记》、《朴山存稿》、《朴山续稿》、《四书口义》、《唤作诗》等。

方棻如(1713年前后在世),字若远,方槃如弟,著有《尚书通义》十四卷。

方荣如(1714年前后在世),字药房,号荔帷,方棻如弟。县学生。工诗。授徒课子,渊源伊洛。著有《缘情诗略》、《经书通解》三十二卷、《仪礼句读》二卷、《性礼本义》三卷、《诗经类对赋》一卷、《古赋》一卷、《自咏诗》八卷、《下学斋杂著》二卷、《周易通义》十四卷、《毛诗通义》十四卷。

方宽然(生卒年不详),字栗甫,方荣如之子。年十七补博士弟子,年三十以母亡而咯血病死,著有《铸古斋集》三卷、《三峡词源》十二卷。

收入《中国美术家人名辞典》的淳安人

（清以前共15人）

杨桂枝（1162~1232），宋青溪辽源（今淳安里商）十五坑杉树坞龙门墈杨家基人。宋宁宗皇后。通书史，善吟咏，书画造诣高。《中国书画鉴赏辞典》收有她的介绍及多幅题词。（《中国美术家人名辞典》第1186页，《中国书画鉴赏辞典》）

杨　镇（1275年前后在世），字子仁，号中齐，宋严陵（今浙江淳安）人，尚理宗女端孝公主，官至左领军卫将军驸马都尉。喜观图史，书学张即文。善画，尤工墨竹，师于毛存，品在郓王、员大夫间，蕴藉可观。用驸马都尉印。（《中国美术家人名辞典》第1202页，《画史会要、书史会要》）

邵亨贞（1309~1401），字复孺，自号贞溪，先世为淳安人，徙居华亭。博通经史，工篆隶。（《中国美术家人名辞典》第544页）

商　辂（1414~1486），字弘载，号素庵，明淳安里商人。工书，王世贞国朝名贤遗墨有其书。（《中国美术家人名辞典》第793页，《列卿纪·弇州续稿》）

任绍尹（生卒年不详），字傅良，明遂安四隅人。笔精墨妙，名震长安。（《遂安县志·文苑》）

姜奋渭（1670年前后在世），字腾上，清遂安人。康熙时贡生，荐侯补学博。工书法，楷隶草篆各擅其胜。（《中国美术家人名辞典》第582页，《清

朝书画家笔录》)

方土颖（1675年前后在世），字伯阳，清淳安赋溪人，工诗，尤喜楷书，称双绝。(《中国美术家人名辞典》第40页，《清朝书画家笔录》)

姜燮鼎（1604～1682），字理夫，号圣胎，一号蜕庵，清遂安人。工画善书，书画篆刻皆精绝。(《中国美术家人名辞典》第583页，《两浙名画记》)

毛际可（1633～1708），字会侯，号鹤舫，清遂安毛家人。画笔有米家风，又爱写高克恭青山白云之作。(《中国美术家人名辞典》第54页，《今画偶录·国(清)朝画识、图绘宝鉴续纂·画传编韵》)

方　庶（1740年前后在世），字以蕃，号砚樵，清遂安十六都人。山水古秀，得荆、关遗意。(《中国美术家人名辞典》第45页，《清朝书画家笔录》)

梁　炳（1711年前后在世），字豹文，清淳安人。诸生。有文名，与梁文庄相颉颃。习书、画，耽吟咏。(《中国美术家人名辞典》第908页，《两浙輶轩续录·画家知希录》)

毛文荪（生卒年不详），字畹思，清遂安人。廪生。于经学字学外，好绘事。水墨兰蕙，神韵古秀，迥异俗笔。(《中国美术家人名辞典》第51页，《清朝书画家笔录》)

毛绍兰（生卒年不详），字佩芳，一字溥堂，号云樵，清遂安人。博通经史，能诗，善摹印，一以秦汉为法，颇自矜贵。(《中国美术家人名辞典》第53页，《广印人传》)

汪　汉（生卒年不详），字文石，清淳城西隅人。布衣。以绘事名两

浙。(《中国美术家人名辞典》第458页,《清画家诗史》)

　　徐一麟(生卒年不详),号小痴,淳安人。廪生。善画。(《中国美术家人名辞典》第697页,《两浙輶轩续录》)

后记

十余年前的一日，刘志华老师QQ上发一个文件来，让我帮忙排版。我粗略浏览一眼，是他编的《著述录》。书做好了，打样，刘老师看了以后，对我的设计赞誉有加。他校对了几天，把样书送回，点窜之处我在电脑上细心做了修正，之后重新打样。我以为可送出版社，进入出版流程了，几天后再见刘老师，他却摆摆手，说，不忙，先放一放。

没想到，这一放，便是十余年。

书稿一直存在我的电脑里。我怕电脑硬盘坏了，把书稿弄丢了，便多复制了几份，分别存放。有时整理移动硬盘，看到这本书，会点开翻翻。就想下次见到刘老师，问问他一个除了打字、发邮件，电脑其他功能都不了解的人，又是用何种方法从什么渠道寻到这些著述信息，整理出这一部书稿的？

但一直没问。我们一见面，他总是跟我聊文学，聊时事。聊完了，他站起来就走，从不拖泥带水。

我与刘老师的交往，淡于水，也酽于茶。

现在，我走出李家坞公园的工作室，看到门口的石桌石凳，便会触景生情，那次刘老师来看我的一幕，马上浮现于眼前。

那日，一直在杭州住院的刘老师回来了，到文联办事时，听说我有一段时间经常痛风，便说下午来看我。邓勇忙打电话告诉我。我放下手中的事，先跑到刘老师家去敲门。聊到中午，刘老师留我吃饭，我怕累着他，连忙推辞。他说，有你喜欢吃的东西。人家给我带来了玉米馃，我煎给你吃。饭后他送我到门口，说，你先回去，我下午再到你那边去。我说，我来过了，你就不要再过去了。他说，要去的，我们再聊聊。我说，那我叫辆车来接你。他说，不用，我走路去，我喜欢走路。我回到李家坞公园的工作室没多久，他打电话来，说到李家坞了。我坐在办公室门口的石桌边等他，过一会儿，看到石阶上，浮上一头白发——刘老师背着一袋水果，慢慢从小路走上来。还记得那水果里，有提子，有哈密瓜，还有一种我至今都叫不出名。很沉的一大袋，我接过后，握住他瘦骨嶙峋的手，眼睛湿润了。那天我们聊了一个下午，我想起了那部沉睡多年的书稿，但没敢提，刘老师身染沉疴，我于心不忍。

接下去，我可以向刘老师聊聊书稿的机缘，还剩一次。

刘老师去世前半个多月，听说我要去中医院看他，打电话来说，疫情管控很严，你医院里进不来，还是我出去吧。今晚江滨公园里，不见不散。晚上六点多，我和儿子刚到公园，刘老师准时来了，带了一篮水果，还有一袋瓜子、一袋花生，外加一个面盆，用来放瓜壳果皮。那天晚上，洪美娟和洪运生也来了。我们一边吃瓜果，一边聊闲天。其间我又想起那部书稿，但看看已经瘦脱了形的刘老师，我知道，再说书稿的事，已经不合时宜。聊着聊着，不知不觉就过了八点半。湖面上吹来一丝丝风，我感觉出寒意，生怕刘老师着凉，便起身提议结束小聚，众人附和。我欲送刘老师回医院去，他不许，把我挡在马路这边。刘老师穿过马路，越走越远，我目送他单薄的身子，晃悠悠地融入夜色深处。

江滨公园一别，竟是永诀。

刘老师去世后，洪美娟写了一篇纪念文章，题目是《刘老师，你失信了》，其中有这么一段：

因痛风反反复复，方有半个月没见您了，本打算昨晚去看您的。无奈昨天下午脚又肿了起来，"那就明天上午再去看刘老师吧。"方这样安慰自己。然而，噩耗总是以令人猝不及防的方式降临，"唉，早知这样，……"方没有说下去，但隔着手机，我都能感觉出他内心的自责。

洪美娟文中的那个"方"，便是我。

我心中的遗憾，已经无法弥补。懊悔之际，想起那部书稿，我有了决定，不想再留下新的遗憾。

前段时间，好友鲍艺敏来访，聊起刘老师那部书稿，他说刘老师前几年听安徽文物部门的朋友说，他们那边发现一批古籍，内似有淳安人著述的信息。刘老师约他，说得空一起去趟徽州。我才知道，刘老师这些年来，心里一直没有放下那部书稿。

那一天，我打开电脑，找出刘老师那部书稿，重新做了设计，著述录后面，附上刘老师生前整理的《县史录》《名文录》《科举录》《名人录》和《轶事录》，手此一册，淳安主要文献或可了然于胸矣。我把书稿交给县政协。县政协文史委一向高度重视淳安的文化建设，审阅书稿后，把它列入了"人文淳安"系列丛书的出版计划。

只是有些美中不足，《淳安著述录》中的旧时著述，大多缺少刊藏信息,这部书稿,严格来讲,并没有完成。近现代部分我做了一些补充,但难免挂一漏万。旧时著述的搜寻,我不谙路数,又囿于时间,无从着手做些许的完善。好在我看来,《淳安著述录》本就是一部永远也收不了尾的大书,不光藏于各地图书馆和散落在民间的相关著述,今后需要继续淘掘,甄选,当代的著述也需要持续收集补充。这部大书,刘老师为我们开了个头,打下了基础,后面还需要有心人接着做下去。

淳安素称"文献名邦"。何谓"文献"? 朱熹注:"文,典籍也;献,贤也。"这"文献名邦"的牌子成色如何,著述录里藏着答案。《淳安著述录》里收录的,是淳安文化的种子,是千年绵延的淳安文脉,能使人从中学到知识,看到希望,坚定自信,从而更加热爱脚下这片生养的土地。

感谢刘老师,这个在我心中是恩师但更像父亲(他还真与我父亲同名)的人,留下这样一部书稿,让我有机会为它的面世,尽些绵薄之力。

方家明
癸卯年孟夏,于千岛湖镇李家坞公园